Comparative Welfare Capitalism in East Asia: Productivist Models of Social Policy
Mason M.S. Kim

東アジア福祉資本主義の比較政治経済学

社会政策の生産主義モデル

メイソン・キム 著
阿部昌樹・全泓奎・箱田徹 監訳

東信堂

Copyright©2015 by Mason M.S. Kim
First published in English by Palgrave Macmillan,
a division of Macmillan Publishers Limited under the title
Comparative Welfare Capitalism in East Asia: Productivist Models of Social Policy
by Mason M.S. Kim.
The edition has been translated and published under license from Palgrave Macmillan
through The English Agency(Japan)Ltd.
The author has been asserted her right to be identified as the author of this Work.

Published by **TOSHINDO PUBLISHING CO., LTD.**
1-20-6, Mukougaoka, Bunkyo-ku, Tokyo, 113-0023, Japan

訳者はしがき

　本訳書は、Mason M.S. Kim, *Comparative Welfare Capitalism in East Asia: Productivist Models of Social Policy*, Palgrave Macmillan, 2015 の全訳である。原著書の著者であるメイソン・キムは、韓国生まれの政治学者である。原著書の元となった博士論文によってピッツバーグ大学より博士号を取得した後に、テネシー大学の客員助教授およびテュレーン大学の助教授を経て、現在は、ジョージア州アトランタ市にあるスペルマン大学に、助教授として勤務している。グローバル化が開発途上国における雇用関係、国際移民、福祉国家の発展等に及ぼす影響に主たる研究関心があり、原著書も、そうした研究関心に基づいて執筆されたものである。

　原著書におけるキムの主張は、以下の3点に要約できる。まず第一に、東アジア諸国の福祉レジームは、自国の経済成長を最優先すべき目標として措定したうえで、その目標の達成に貢献しうる範囲で、あるいはその目標を阻害しない範囲で福祉給付の供給に取り組むという意味において、本質的に「生産主義的」である。第二に、東アジア諸国の福祉レジームは、そうした「生産主義的」な本質を維持しつつ、必要な資金を公的財源から支出する福祉給付の受給対象者を次第に拡張し、その包摂性の度合いを高めている「包摂型生産主義的福祉」と、福祉給付を、雇用者と被用者の双方が拠出する基金や個々人の自助努力に委ねている「市場型生産主義的福祉」と、それらの混合型である「二元型生産主義的福祉」という三つの下位類型に分化してきている。第三に、そうした分化をもたらした要因としては、各国が経済発展の特定の時期に、その時期に特徴的な国際的経済環境のなかで選択した経済成長戦略が最も重要であるが、それとともに、各国において民主化が進展した時期や、民主化が進展した程度もまた、そうした分化に看過し得ない影響を及ぼしている。

　キムは、こうした主張を、東アジアの11の国および地域を対象とした統計

分析と、韓国、シンガポール、および中国の三つの国を対象とした事例研究によって検証している。なお、いうまでもなく香港は「国」ではないが、原著書においては、「国および地域」という表現を繰り返し使用することの煩雑さを避けるためか、香港も含めて"11 East Asian countries"という表記を使用しているため、本訳書においても、それに倣って、香港も含めて「東アジア諸国」あるいは「11か国」と表現している。

キムの上記の主張のうち、東アジアの福祉レジームが、おおまかには三つのタイプに分岐してきているという主張と、そうした分岐をもたらした要因として、まず第一に、それぞれの国もしくは地域の経済成長戦略ないしその帰結としての国際経済への一国経済の開放度が、そして第二に、民主化の進展およびその程度が重要であるという主張は、データによって裏付けられており、おおむね首肯しうるものである。それに対して、東アジアの福祉レジームは本質的に「生産主義的」であり、エスピン-アンデルセンが提示した「社会民主主義的」、「保守主義的」、および「自由主義的」という三つの類型の福祉レジームのいずれとも異なった類型に属しているという主張は、それほど頑健なものではない。

そもそもキムは、東アジア諸国と欧米諸国との比較を、定量的な方法によっても定性的な方法によっても、試みてはいない。東アジアの福祉レジームが、欧米のそれとは本質的に区別される「生産主義的」なものであるという主張は、キム自身の実証的な検証によって裏付けられたものではなく、ホリデーの指摘を受容しただけのものにすぎないのである。そして、キム自身も第5章においては、東アジアの福祉レジームが、欧米諸国のそれとは本質的に区別される単一の類型に包摂されるという認識の妥当性に関して、あくまでも「将来的には」という留保をつけてではあるが、疑問を呈している。東アジア諸国とともに欧米諸国をも分析対象に含めた本格的な実証的分析を行ったならば、現時点においても既に、東アジアの福祉レジームのすべてを、単一の類型に包摂することはできないという結論が得られるかもしれないのである。

欧米諸国との比較の欠如はまた、キムがそうしているように、文化的伝統を独立変数とした説明を全面的に拒絶することが、果たして妥当なのかとい

う疑問にもつながる。もしも東アジア地域に広く共有された文化的伝統が存在するとしたならば、そうした文化的伝統は、東アジアのすべての国および地域における福祉レジームの形成に、ほぼ同質的な影響を及ぼしているはずであり、そうした影響を、東アジア諸国の福祉レジーム相互間の比較によって析出することは不可能である。文化的伝統が福祉レジームの形成に対して及ぼしている影響の有無や程度は、東アジア諸国とは文化的伝統を異にすると想定される欧米諸国をも比較の対象として、はじめて確認しうるものなのである。

　こうした問題点を指摘することは容易であるが、しかし、東アジアにおける福祉レジームの分岐の様相を描き出すとともに、そうした分岐をもたらしている要因の析出を試みたことは、重要な学問的貢献である。我々が、原著書の翻訳を思い立ったのは、まさにこの点に着目してのことである。

　ここで、翻訳の経緯を簡単に述べておくことにしたい。そもそも我々は、政治経済学や福祉国家論の専門家ではないし、国家間比較に主たる研究関心を有しているわけでもない。我々が、それぞれの専攻が異なっているにもかかわらず、研究関心を共有しているのは、都市における、地方政府や市民活動団体等による生活困窮者に対する援助の実践と、そうした草の根レベルにおける経験を共有し、相互に学習し合うことを目的として形成されつつある国内外の都市間ネットワークに対してである。

　我々は、そうした研究関心に基づいて、大阪市立大学都市研究プラザを拠点として、東アジアの諸都市において多様に展開されている、草の根レベルにおける福祉実践に携わっている人々や、それらの実践を直接的もしくは間接的に支援するエージェントである地方政府との交流に取り組んできた。各国の都市に赴き、福祉実践の現場を訪れ、現場の実践家や地方政府の担当者に直接に話を聞くという研究手法をとり、多くの知見を蓄積してきた。そうした知見は、それ自体として価値のあるものであると自負しているが、しかし、草の根レベルの福祉実践は、それぞれの国の国家レベルでの福祉制度や福祉政策を背景として展開されていることを、無視することはできない。個別のローカルな福祉実践のみに関心を集中させていたのでは、木を見て森を見ず

の弊に陥ってしまいかねない。

　我々が原著書に着目したのは、そこにおいて展開されている、国家レベルに焦点を合わせた比較分析が、我々が取り組んできた、ローカルな福祉実践の比較研究から得られた知見が有している意味を解釈するための、背景的知識を提供してくれるものであると判断したからに他ならない。すなわち、キムが析出した東アジア諸国における福祉レジームの分岐を前提とすることによって、我々が各国の都市において見出したローカルな福祉実践の意味を、正確に理解することができるのではないかと考えたことが、我々が原著書に着目した理由である。

　そして、原著書を読み進めるなかで、東アジアにおける福祉レジームの生成や展開に関心を寄せる者にとっても、そしてさらには、欧米の福祉国家を含む、福祉レジームの国際比較に関心を有する者にとっても、一読に値する内容を含んでいるのではないかと考えるに至り、翻訳のうえ、出版することにした次第である。

　先に述べたとおり、我々は、原著書の至らない点に気付いていないわけではない。また、我々の研究関心からすれば、そもそも、国家レベルに焦点を合わせた比較分析だけでは、それぞれの国や地域の特定の場所で暮らし、そこで種々の困難に直面している人々が利用可能な、そして実際に利用している福祉サービスの、全体像を把握することはできない。それぞれの国および地域の福祉レジームの正確な理解は、キムが試みているような分析に、我々が取り組んでいるようなローカルな福祉実践の比較分析を接合することによって、はじめて可能になるはずであるというのが、我々が共有している認識である。

　しかしながら、そうした認識を共有しつつも、なお我々が原著書の翻訳に取り組んだのは、原著書が、東アジアにおける福祉レジームの生成や展開をマクロな観点から把握するための、使い勝手のよい見取り図を提供してくれるものであると考えたからに他ならない。そうしたものとして、本訳書が多くの方々に読まれることを期待している。

　なお、翻訳作業の遂行、翻訳権の獲得、および本訳書の出版には、訳者の

ひとりである全泓奎を代表者とする研究プロジェクト「東アジア包摂都市ネットワークの構築——引き裂かれた都市から包摂型都市へ」に対するトヨタ財団からの助成金の一部を利用させていただいた。また、東信堂の下田勝司社長には、厳しい出版事情にもかかわらず、本訳書の刊行を快諾していただいたのみならず、より良い書籍とするための様々な助言をいただいた。両者のご厚意に心から感謝したい。

2019年1月

訳者を代表して

阿部昌樹

目次／東アジア福祉資本主義の比較政治経済学――社会政策の生産主義モデル

訳者はしがき　i
略語一覧　ix
訳者一覧　x

第1章　東アジア福祉国家への視座 …………………………………… 3
1．東アジア福祉国家という争点　5
2．本書の概要　11
　(1) 生産主義的福祉主義の三つのモデル　11
　(2) 経済開放度　14
　(3) 政治的圧力　15
3．用語、範囲、および分析の方法　18
4．本書の構成　21

第2章　東アジア福祉国家の制度的多様性 …………………………… 25
1．比較の視点から見た東アジア福祉国家　28
　(1) 東アジアにおける社会福祉への政府支出　28
　(2) 生産主義的福祉資本主義　29
　(3) 継続と変化　32
2．生産主義的福祉主義の制度的分岐　34
　(1) 分岐の諸次元　34
　(2) 分岐の測定　36
　(3) 生産主義的福祉資本主義の三つのモデル　43
3．経験的検証――クラスター分析　46
　(1) 変　数　46
　(2) 分析方法とデータ　49
　(3) 分析結果とその検討　51
4．小　活　56

第3章　何が東アジア福祉国家に多様性をもたらすのか ………… 59
1．福祉国家発展についての諸理論　61

(1) 福祉国家の経済理論　62
　　(2) 福祉国家の政治理論　65
　2．生産主義的福祉主義を分岐させる要因　69
　　(1) 経済開放度　70
　　(2) 政治的圧力　78
　3．実証的検証――クロス・セクション時系列分析　84
　　(1) 変　数　85
　　(2) 分析方法とモデルの特定化　87
　　(3) 分析結果とその検討　90
　4．小　括　99

第4章　生産主義的福祉資本主義の三つの事例……………………………101
　1．韓国――包摂型生産主義的福祉　103
　　(1) 韓国における包摂型生産主義的福祉の発展　104
　　(2) 韓国における包摂型生産主義的福祉の政治経済学　113
　2．シンガポール――市場型生産主義的福祉　124
　　(1) シンガポールにおける市場型生産主義的福祉の発展　126
　　(2) シンガポールにおける市場型生産主義的福祉の政治経済学　133
　3．中国――二元型生産主義的福祉　143
　　(1) 中国における二元型生産主義的福祉の発展　145
　　(2) 中国における二元型生産主義的福祉の政治経済学　154

第5章　東アジア福祉国家のこれまでとこれから……………………………167

　付　録　181
　参考文献　183
　謝　辞　201
　索　引　203

略語一覧

ADB	アジア開発銀行	PWC	生産主義的福祉資本主義
CCP	中国共産党	RTB	底辺への競争
CME	コーディネートされた市場経済	SEZs	経済特区（中国）
CPF	中央積立基金（シンガポール）	SOEs	国営企業（中国）
CSTS	クロス・セクション時系列	VOC	資本主義の多様性
DB	確定給付型	VOWC	福祉資本主義の多様性
DC	確定拠出型	WHO	世界保健機関
DPW	二元型生産主義的福祉	WVS	世界価値観調査
EDB	経済開発庁（シンガポール）		
EPB	経済企画院（韓国）		
EPF	被用者積立基金（マレーシア）		
FDI	外国直接投資		
GEP	国家公務員年金（韓国）		
HDB	住宅開発庁（シンガポール）		
ILO	国際労働機関		
IMF	国際通貨基金		
IPW	包摂型生産主義的福祉		
JECC	日本電子計算機株式会社		
KDI	韓国開発研究院		
LME	リベラルな市場経済		
MITI	通商産業省（日本）		
MLSG	国民基礎生活保障制度（韓国）		
MLSS	労働社会保障部（中国）		
MPF	義務的積立基金（香港）		
MPW	市場型生産主義的福祉		
NHI	国民健康保険（韓国）		
NIE	新興工業国		
NPS	国民年金制度（韓国）		
OECD	経済協力開発機構		
PAP	人民行動党（シンガポール）		
PAYG	賦課方式		
PCSE	パネル修正済み標準誤差		

訳者一覧

監訳者
　阿部昌樹（ABE Masaki）　大阪市立大学大学院法学研究科教授・同都市研究プラザ所長
　全泓奎（JEON Hong-Gyu）　大阪市立大学都市研究プラザ教授・同副所長
　箱田徹（HAKODA Tetz）　天理大学人間学部准教授

翻訳者
　謝辞担当：阿部昌樹
　第1章担当：全泓奎
　第2章担当：志賀信夫　長崎短期大学保育学科専任講師
　第3章担当：掛川直之　日本学術振興会特別研究員（PD）
　第4章担当：鄭栄鎭　大阪市立大学都市研究プラザ特任講師
　第5章担当：矢野淳士　大阪市立大学都市研究プラザ特別研究員
　付録担当：箱田徹

東アジア福祉資本主義の比較政治経済学
――社会政策の生産主義モデル

第1章

東アジア福祉国家への視座

　東アジア福祉国家は、Esping-Andersen (1990) において展開された福祉資本主義の3分類、すなわち、自由主義モデル、保守主義モデル、および社会民主主義モデルという枠組にうまく当てはまるであろうか。もしも当てはまらないとしたならば、多くのアジアの研究者たちが東アジアの社会政策は何よりもまず「生産主義」的である (Holliday 2000) と考えているように、東アジア諸国のすべてを包摂するような東アジア福祉モデルというようなものが存在するのであろうか。いわゆる「生産主義」モデルが説得力を持ち、受容可能なものであるとしたならば、このモデルの主な特徴は何であろうか。生産主義的福祉主義は、基本的な枠組の変化を経験したことがなく、それゆえ、その主たる特色は、東アジアの新興工業諸国 (NIEs) 間でほぼ同一であるとみなすことは妥当であろうか。そうではなく、東アジアの福祉国家は体系的な多様性を有するいくつかの下位類型に進化してきているとしたならば、そうした多様性の原動力は何であろうか。一言で言うならば、わたしたちは、今日の東アジア福祉レジームの持続性や変化とみなしてきたものを、どのように理解することができるのだろうか。

　実際のところ、東アジア福祉資本主義に関するこのような疑問は、比較福祉研究においてはけっして新しいものではない。過去20年間にわたる東アジアに対する研究関心の高まりは、東アジアNIEsが、乳幼児死亡率、平均寿命、識字率のような生活の質 (QOL) にかかわる主な指標において印象的な成

果を示しながら、一方における顕著な経済的力学と他方における低額の課税と福祉支出とを、いかにして結び付けることができたのかを説明しようとする試みから始まった。東アジアの独特な経験は、さらには、西欧社会における右派の政治家と左派の政治家とのあいだの、イデオロギー的な論争をも駆り立ててきた。たとえばイギリスの労働党は、経済成長、社会的結合、そして福祉水準の向上を同時に促進するための政府の積極的な役割の重要性を強調し、東アジアをひとつの役割モデルとみなした。それとは対照的に、イギリスの保守党は、個人の自立や低い水準の政府支出のような新自由主義的な信条が、経済的生産性のみならず財政的に持続可能な社会保障システムにとっても、いかに重要であるかを説明できる好例として東アジアを捉えた (White and Goodman 1998, p.3; Ramesh and Asher 2000, p.5)。東アジアの福祉国家についてのこれらの捉え方のいずれにおいても注目されていたのは、成し遂げられた「奇跡」が比較的低い水準の財政支出と両立していたということであった。実際、東アジア諸国の福祉支出は、国内総生産 (GDP) に対する比率で計測しても、政府総支出に占める割合で計測しても、ヨーロッパの先進国の、さらにはラテンアメリカの途上国の大半よりもかなり低い (Segura-Ubiergo 2007; Haggard and Kaufman 2008)。

　しかし、東アジア諸国を特徴付けているのは、低い水準の福祉支出だけではなく、社会政策の発展のパターンもまた、際立ったものである。社会保障が公的支出がなされる主たる政策領域である他の先進資本主義社会とは異なり、東アジア諸国のほとんどは、年金、健康保険、そして公的扶助等の「保護的」な政策領域にはあまり支出しようとしない一方で、教育や就労訓練のような人的資本形成に対しては、経済成長戦略の一環として重点的な投資を行っている。東アジア NIEs は、確かに、社会政策の「保護的」な効果よりも「生産的」な役割により重点を置いてきたのである (Rudra 2008)。このような生産主義的傾向の優越性はかなりの研究関心を惹き付け、いわゆる「生産主義的福祉資本主義 (Productivist welfare capitalism (PWC))」のモデルを提案した Holliday (2000) のような、重要な学問的洞察をもたらしてきた。間違いなく、PWC 理論は、東アジアの福祉国家の発展についての、東アジア「例外主義 (exceptionalism)」(Peng and Wong 2010, p.658) の観点からの説得力のある説明を提供してくれるものである。しかしそれと同時に、近年、韓国や台湾等いくつかの東アジア国家において、「保護的」社会政策構想が新たに導入されるに伴って、生産主義的福祉論の有効性について、いくつかの疑問が喚起されるようになった。これらの国々では、社会的保護の範囲が大幅に拡張されてきたからである (Choi 2012)。

したがって本書は、福祉資本主義が、東アジアにおいて、持続性と変化のそれぞれを経験してきたのか、また、経験してきたとすれば、それはどのようなものなのかについての一連の疑問に応えるために、生産主義的福祉資本主義をめぐる概念の精緻化や理論の再構築に取り組むことを目的としている。本章の後半では、生産主義的福祉資本主義についてのホリデーの説明を含む、東アジア福祉類型論に関するいくつかの争点をめぐる論争の概略を紹介したうえで、本書の主たる主張を提示するとともに、第2章以下において用いられる用語、検討される対象の地理的範囲、および採用される方法について説明する。

1. 東アジア福祉国家という争点

エスピン-アンデルセンの著作『福祉資本主義の三つの世界』が 1990 年に刊行されたことによって、そこで提示された社会民主主義的福祉レジーム、保守主義的福祉レジーム、そして自由主義的福祉レジームの三つの類型が広く引用されるようになり、影響力を及ぼしてきた。それとともに、福祉資本主義の東アジアモデルは、比較福祉研究の分野で次第に重要性を増してきた。福祉国家のいくつかのモデルを構築することは、福祉国家の発展のための社会経済的および政治的諸条件を明確化することにつながる可能性が高いことから、福祉国家相互間の類似と差異とを類型論に依拠して理解することは、疑いなく重要である (Wilding 2008)。そうした取り組みの一環として、エスピン-アンデルセンの福祉レジームの三つの類型のうちのいずれかに、個々の東アジアの事例がどのように当てはまるかを説明しようと試みてきた研究者もいる（たとえば、Esping-Andersen1997; Ku 1997; Kwon 1999）。しかしながらそのよ

うなアプローチは、西洋のコンテクストにおいて開発されてきた枠組を用いて東アジアの福祉国家を理解することの適切性や可能性を疑問視する人々から、直ちに批判を浴びることとなった。

　実は、東アジアにおいて福祉が発展してきた（もしくは発展してこなかった）独特の経験を概念化しようという努力は、東アジアにおける福祉国家の発展の全過程の背後に明確な推進力として機能していた、儒教の影響に焦点を当て、福祉国家の発展を左右する文化的決定因子を探究した研究者のあいだで、1980年代にすでに始まっていた。Chow (1987) は、家族構成員に対する福祉支援の供給にかかわる親族関係の役割という観点から、西洋と中国の文化的および歴史的な差異について考察を行った。また、中国の事例以外にも文化的な分析を拡張した研究者もいた。そうした研究のなかで最もよく知られた考え方として、儒教の教理がいかに香港、シンガポール、台湾、および韓国の経済的成功や社会政策に影響を及ぼしてきたかを説明するために導入された「家産制福祉国家（oikonomic welfare states、"oikos"とはギリシャ語で「家計経済」という意味）」と「儒教主義福祉国家」という二つの概念がある（Dixon and Kim 1985; Jones 1990, 1993; Goodman and Peng 1996; Rieger and Leibfried 2003）。こうした歴史・文化的な視角によると、東アジア社会は、親孝行、権威の尊重、忠誠心、愛国心、そして濃密な家族や親族間の紐帯のような、西洋的な社会経済システムおよび政治システムとは根本的に両立不可能なアジア的価値を信奉してきた。長期間にわたり引き継がれてきた儒教の伝統は、家族の世話や保護についての家父長制的責任の観念を含んでおり、それゆえに、福祉国家の西欧的概念の東アジアにおける発展を遅らせた。そのため、東アジアにおける低水準の福祉支出は、しばしば、公的な社会サービスに対する抵抗を生み出してきた「家族主義」に原因があると考えられてきた。

　しかしながら、文化的アプローチは直ちに、東アジア地域は非常に多様であり、安易に一般化することはできないと論ずる人々からの批判を浴びることになった（Ramesh and Asher 2000, p.7）。実際のところ、儒教主義では、なぜ中核的な「アジア的」価値と調和し得ない年金、健康保険、失業給付等の多様な福祉プログラムが、東アジア全域で長い時間をかけてさまざまな形態をとっ

て発展してきたのかを説明できない。さらに言うならば、文化的アプローチは、文化の影響を概念化し、測定するための指標が欠落しているというような、方法論的な制約を克服できていない。結局のところ、家族の義務、教育、そして社会的調和を強調する儒教主義的福祉国家の概念は、比較福祉研究の分野では副次的、もしくは周縁的としてさえ言えるようなものとなってしまったのである (Hudson, Küner, and Yang 2014, p.303)。

東アジア福祉研究のもうひとつの重要な流れは、成長指向的な軟性権威主義国家 (growth-oriented soft authoritarian states) の役割を検討してきた研究者に由来している。こうしたアプローチは、「北東アジアの資本主義的諸国の経済生活を構造化している政治、行政、および金融の影響の継ぎ目のない網」を簡略的に言い表した (Woo-Cumings 1999, p.1)、「開発主義国家」の理論に主たる基礎を置いている。開発主義国家とは、イニシアティブをとり、効果的に機能するための十分な政策手段を与えられている有能な官僚機構を擁する、経済発展において戦略的な役割を果たす国家である。Johnson (1982) は、開発主義国家の先駆的モデルとして日本を描き出し、戦後日本においては、官僚制の自律性が、国家的経済発展を達成させた主たる要因であったと論じた。彼は、日本政府は金融市場を厳しく規制し、急速な工業化のために戦略的産業へと資金を誘導したと述べている。このような開発主義国家モデルは、1960年代に入り軟性権威主義と資本主義との結合体が出現した韓国や台湾の工業化戦略にも影響を及ぼした (Johns 1987; Amsden 1989; Haggard 1990; Wade 1990)。

開発主義国家アプローチに強く影響を受けた数多くの研究が、東アジアにおいて、いかに福祉政治が社会経済的な諸条件と絡み合いながら登場したかについて考察を行った。そして、Midgley (1986) が「不承不承の福祉主義 (reluctant welfarism)」という概念を提示してからは、研究者の一団が、社会政策は概して、急速な経済成長という総体的な開発主義的目標に従属してきたと論じて議論に加わった。たとえば Deyo (1989, 1992) は、アジア四小龍各国における社会福祉の未発達は、1960年代と1970年代の初めに、急速な成長のために廉価でよく規律された労働力を求めた、輸出指向型で労働集約型の製造業と密接にかかわっていると主張した。また、Tang (2000) は、東アジア諸国の政府は、労働

力の安定的な供給の促進と権威主義体制の政治的正当化のために、教育、社会保障、健康保険、住宅、そして社会サービスを含む一連の社会福祉プログラムを創設したと付け加えた。要するに、東アジアの福祉国家は、低レベルの公的社会支出、労働市場の相対的な柔軟性、制限的な普遍主義と平等主義、そして政治的に重要とみなされる利益集団を対象とした、手段としての社会保障の適用によって特徴付けられる（Tang 2000; Midgley and Tang 2001; Kwon 2005; Hudson, Khner, and Yang 2014）。

　国家建設と非民主主義的体制の政治的正当化を促進する手段として社会政策を役割づけた開発主義的福祉主義については、その後、「生産主義的福祉資本主義（productivist welfare capitalism）」（PWC）という概念を提案した Holliday（2000, 2005）によって、より含蓄を有するやり方で、考察が深められていった。PWC理論と開発主義的福祉主義アプローチとは、社会政策が経済政策上の目的に従属していると理解する点においてほぼ一致しているが、前者は、自律的な国家の政治的なニーズよりも資本主義市場経済のダイナミクスを強調する（Choi 2013, p.212）。

　ホリデーの生産主義的福祉アプローチは、エスピン－アンデルセンの類型に対する批判をも含んでいる。エスピン－アンデルセンは、Polanyi（1944）の見解に依拠して、異なる類型の歴史的な階級連合が、社会的権利、社会階層、および国家―市場―家族関係の明確に区別可能な複数のパターンを生み出し、さらには福祉モデルの主要な特徴を決定付けたと主張した。エスピン－アンデルセンによると、労働者と農民との階級連合が、高水準の平等と普遍主義の原則とを促進する、北欧諸国における福祉資本主義の「社会民主主義」モデルを形作った。大陸ヨーロッパ諸国では、政治的保守主義者たちが「反動的」同盟を形成し、それが福祉国家の「保守主義」モデルにつながった。階級連合の経験のないアングロ・サクソン諸国では、ささやかな水準の福祉給付だけが一般的となる「自由主義」モデルが生成した。エスピン－アンデルセンはこのように、「社会的権利の質」、「社会階層」、および「国家、市場、および家族間の関係」という三つの規準に基づいて、市場を優先させる自由主義世界、社会的地位によって規定される保守主義世界、福祉を重視する社会民主主義世

表 1.1　福祉資本主義の四つの世界

	社会政策	社会的権利	階層化効果	国家－市場－家族関係
自由主義的	特権的でも従属的でもない	最小限	マイノリティにとっては平等な貧困、マジョリティにとっては市場によって差別化された福祉	市場による供給を奨励
保守主義的	特権的でも従属的でもない	かなり拡張的	既存の身分による差異の固定化	家族の保護
社会民主主義的	特権的	拡張的	所得に応じて累進的な普遍的給付	市場の排除、家族の社会化
生産主義的	経済政策に従属	最小限で、その範囲は生産活動にリンク	生産要素の補強	成長目標を最優先することが前提

出典：Holliday(2000, p.709)

界を同定したのである (**表1.1**参照)。

　しかしホリデーによると、三つのモデルは東アジアの現実にはそぐわず、それゆえ、東アジア福祉資本主義を同定するためには、もうひとつの規準が求められる。第一に、資本家の影響力は、東アジアにおいては、「自由主義的」福祉国家の形成を促進するほどには強くない。実際のところ、東アジアにおける資本主義は、国家によって主導された工業化 (Cumings 1984) のプロセスの一環として歴史的に作られたものであった。第二に、東アジアでは戦後の時期に、「保守主義的」福祉国家の形成を促すような強力な地主階級は存在しなかった (Kay 2002)。第三に、東アジアでは、労働者階級と農民とを結合させる連合が存在しなかったために、「社会民主主義的」福祉国家は発展できなかった (Kamimura 2006, p.316)。このような独特な歴史的コンテクストを前提とするならば、東アジア福祉レジームに関しては、その本質を同定するための別の尺度が求められる。ホリデーは、そのように考えて、福祉国家の類型化のための四つ目の規準として「経済政策上の目標への社会政策の従属」を提示したのであった。

　生産主義的福祉理論の中心的な主張は、東アジアにおける社会福祉は主として、生産活動とリンクした最小限の社会的権利、教育や就労訓練などの生産的要素の位置付けの強化、経済成長を指向する国家―市場―家族関係とい

う生産主義の諸原則によって決定付けられてきたというものである(表1.1参照)。政府の社会福祉支出は経済に負荷を与え、結果的に国際的な価格競争力を侵食することになるという信念のため、東アジアでは家族福祉、そして/もしくは、職業的に区分された企業福祉が、社会保障の主な供給手段として使われてきた(Song and Hong 2005, p.180)。このように、ホリデーや生産主義的福祉主義の主唱者たちは、東アジアの経済戦略が、一国の経済成長を促進するために必要なより有能な労働力プールを構築するために、教育への投資を拡大させる一方で、社会福祉へのいかなる強固な財政的コミットメントも回避するよう政府を誘引してきたと主張する。これこそが1960年代から1980年代までの急速な工業化の時期に、権利に基づいた福祉プログラムがほとんど発展しなかった理由である(Pierson 2004, p.11)。

　生産主義モデルは紛れもなく、東アジアを世界の他の部分と区別する東アジア福祉資本主義の重要な特徴を反映している。しかし、生産主義理論それ自体は、福祉国家論に対するその貢献の重要性にもかかわらず、なぜPWCの採用や拡張のパターンが東アジア全域において同一ではなかったのかについては、十分な説明を提供できていない(Kim,2010)。実際のところ、1990年代後半以降の東アジア福祉レジームの急激な制度的多様性や力学に気づくのは、困難なことではない(Peng and Wong 2008, 2010)。たとえば、シンガポール、香港、そしてマレーシアなどのように、**自助**(*self-help*)原則を強調する個人貯蓄制度を奨励する生産主義に留まり続ける国家が存在する一方で、**リスクプーリング**(*risk-pooling*)効果を見込んだ再分配的社会保障制度を発展させていった国家もある。後者のタイプの典型が、韓国と台湾である。また、タイや中国を含む東アジア国の別のグループは、社会保障と個人貯蓄制度の双方を同時に包含する、二元型のアプローチをとり続けてきた。換言するならば、生産主義的福祉主義の哲学や基本的諸原理に、抜本的な変化はほとんど生じていないということはそのとおりであるが、社会政策による保護の範囲と程度は、いくつかの国々において大いに拡大してきたのである。生産主義的福祉国家が、継続性と変化との双方を経験してきたのは、確かであると言わなければならない(Kwon and Holliday 2007; Peng and Wong 2008; Choi 2012)。こうした傾向は、東アジ

アの福祉国家を生産主義として特徴付けることが今でも有用なのかどうかという疑問を引き起こす。もしも生産主義が今でも、東アジアの福祉国家をひとつのまとまりとして理解するうえでの重要な特徴であるとするならば、社会的保護プログラムの最近の成長は、PWCの分析枠組のなかでどのように理解することができるのであろうか。

この点に関して、東アジアと世界の他の地域とのあいだの対照的な特徴に着目する地域間比較分析は多数存在するが、東アジア地域内での福祉レジームの多様性という問題を、体系的な方法で探究した研究は、ほとんど存在しない。そのことを踏まえて、本研究書は、東アジア諸国が、生産主義的福祉国家として類似した性格を有しているにもかかわらず、三つの異なるタイプの生産主義的福祉主義へと分岐したことを示すことを目的とする。この主張を検証するため、本書ではまず、PWCの三つの類型を示し、その後に、体系的な多様性をもたらす政治経済的諸条件を検討する。

2．本書の概要

(1) 生産主義的福祉主義の三つのモデル

生産主義的福祉資本主義は、東アジア諸国においては、社会福祉給付の支給が、労働生産性の向上、人的資本の形成、そして持続可能な経済成長という要請に従属しているとみなす点において、東アジアにおける福祉国家の発展についての魅惑的な説明を提供してくれる。しかし、東アジアの福祉国家は生産主義的であるという評価の継続性と安定性にもかかわらず、東アジア地域におけるPWCの制度設計や実施は一様ではない。東アジア国家間の多様性は戦後間もない時期から始まり、1997年のアジア金融危機以降いっそう顕著になってきた(Kown, H. 2009)。実際のところ、金融危機は、東アジア地域の広い範囲に厳しい打撃を与えたという点においてだけではなく、東アジア国家の多くに社会的保護の仕組みの重要性を認識させたという点においても、重大な分岐点であった。たとえば、シンガポール、マレーシア、そして香港では、加入が義務付けられている個人貯蓄制度が主導的な役割を果たし

ているのに対し、日本、韓国、そして台湾では、社会保険制度と公的扶助プログラムの拡充がより顕著である。一方、これらの二つのグループとは異なり、中国やタイは、社会保険と個人貯蓄を組み合わせる混合システムを意図的に追求している。

　このような想定される多様性を前提とするならば、現在の単焦点的な生産主義福祉アプローチは、東アジアの生産主義的福祉国家が相互に異なった様式の社会政策を発展させてきたのかどうか、そしてそうであるとしたならば、それはなぜなのかという疑問に、完全には答えてくれないと考えざるを得ない。それゆえに、東アジアの生産主義的福祉国家の力学に合わせて、既存のPWC理論を再構築することが必要となる。この目的を達成するために、本研究ではPWCの三つの下位類型を提案する。

　第一のモデルは、「**包摂型生産主義的福祉**（inclusive productivist welfare（**IPW**））」と名付けることができる。これは、社会保険制度や公的扶助プログラムに埋め込まれた、リスクプーリングの仕組みとしての性格を強調する。しかし、たとえ社会保険や公的扶助が再分配的な機能を有しているとしても、このモデルにおけるリスクプーリングの使用は、社会的権利それ自体の保護のためではなく、むしろ、経済成長に資するような社会経済的環境の創出のためであるということを、あらかじめ明記しておく必要がある。換言するならば、生産主義のコンテクストにおけるリスクプーリングの主たる目的は、再分配そのものではなく経済発展なのである。東アジアの国々の多くは、しばしば、リスクプーリングプログラムによる**包摂型**給付を、一国経済にとって中心的な存在とみなされた公務員や産業労働者に対して、選択的に提供してきた。結果的に、本当に社会的保護を必要としている脆弱な人々のうちのかなりの割合が、社会保障システムからしばしば無視されてきた（Kwon 2005）。このことは、保険給付の大きな部分が、主として、一国経済に重要な貢献をすることが期待できる中流および中上流所得層に与えられていたことを示しており、とりわけ工業化の初期には、それが顕著であった。実は、生産主義的福祉国家のなかには、最近、保険の対象を全人口の半数以上に拡大しており、西欧のような保護的福祉国家へと根本的に移行したように見えるかもしれないも

のもある。しかし、IPW 諸国における社会保障給付の拡大は、主として経済の自由化に伴うネガティブな効果を相殺することを意図したものであり、そのようなプログラムをパラダイムシフトとみなすのは誤りである。日本、韓国、そして台湾が、このモデルの典型例である。

　二番目のモデルは、「**市場型生産主義的福祉**（market productivist welfare（MPW））」と呼ぶことができる。このモデルは、社会保障制度を、社会的にプールされた貯蓄ではなく、個人貯蓄に基づいて構築することを目的としている。包摂型モデルと同様に、この市場指向型アプローチも、社会政策を経済発展の手段とみなす。しかし、前者が持続可能な経済成長に対するリスクプーリングのプラスの効果を強調するのに対し、後者は、リスクプーリングの仕組みによってもたらされるいかなる再分配効果も、政府に財政的な負荷を課し、結果として市場の効率性を損なうと信じているため、リスクプーリングの効果について悲観的である。しかしながら、このことは、市場指向型の国々が、社会保障の必要性や重要性をまったく無視しているということを意味するのではない。それらの国々は、再分配的手段の代わりに、独自のモデル、すなわち市場の効率性を促進することができる義務的貯蓄制度を構築している。このような**自立**（*self-reliance*）システムにおいては、労働者は自身の社会保障のためのすべての財政的な責任を引き受ける。給付は各人の拠出に完全に結び付いているため、リスクプーリングも財政的な欠損もない。結果的に、政府はいかなる財政的なコミットメントからも自由である。この市場型生産主義モデルの代表的な例は、シンガポール、香港、そしてマレーシアである。

　最後のモデルは、「**二元型生産主義的福祉**（dualist productivist welfare（DPW））」である。先の二つのモデルとは違い、二元型の国々は、包摂型（「社会保険」を通じた「リスクプーリング」）と市場指向型（「義務的個人貯蓄」を通じた「自立」）の双方の戦略を同時に追求する。DPW モデルは、とりわけ工業部門と農業部門、あるいは都市部と農村部とのあいだに大きな社会経済的格差がある国々において、経済成長のための最適な戦略であると信じられている。一般的に、二元型アプローチを採用した国々は、より生産的な都市労働者のために包摂的なプログラムを創設する一方で、生産的ではない農村居住者のためには、一

連の市場指向的な社会政策手段を発展させる。すなわち、二元型の国々は、農村人口には自助プログラムを提供するのに対し、都市の産業人口に対してはリスクプーリング型保険給付を提供する。このように、二元型福祉主義の顕著な特徴のひとつは、社会保障プログラムの部門特定的もしくは地域特定的な分断化である。現在、中国とタイがDPWのパターンの代表例である。

(2) 経済開放度

　東アジアの生産主義福祉国家は、包摂型、市場指向型、および二元型という三つのカテゴリーへと分岐してきているように見える。もしもこの分岐が体系的かつ強固なものであるとしたならば、次の課題は、国家横断的な多様性を生じさせる原因となるような要因群を提示することであろう。この課題に取り組むため、本書は、経済開放度と政治的圧力の影響を検討する。なぜなら、一般的に、時間的・空間的な多様性は、各国における生産主義的福祉主義の初期段階を形成した当初の経済的および政治的諸条件が変化した、その結果であるからである。

　たとえほとんどの東アジア経済が強力な国家に先導され、輸出主導型戦略を採用することによって工業化されたとしても、グローバル経済にさらされた程度と形態は、国ごとに大きく異なっている (Wan 2008)。外国証券投資と国際貿易の比重は東アジア諸国間で異なっており、そのことが結果として、この地域内に相対的に異なった経済構造を生み出すこととなった。たとえば、日本、韓国、そして台湾が、工業化の期間に、閉鎖的な金融市場を通じた「市場歪曲型 (market-distorting)」の発展戦略を追求したのに対し、シンガポールと香港は、開放的な金融市場のような「市場順応型 (market-conforming)」の発展戦略を繰り広げてきた (Wade 1990, p.28)。このような違いは独特の初期条件を生み出し、その初期条件の下で、経済的グローバリゼーションが社会保障制度の形成に異なる影響を与えることとなった。すなわち、経済開放度と社会保障制度のあいだに「戦略的相補性」が存在していたのである (Huber and Stephens 1999; Ebinghaus and Manow 2001)。

　市場指向型の社会保障施策が、「市場順応型」の発展戦略を採用している国

家において採用されやすいことは間違いない。開放的経済は外国の投資家の利害の影響を受けやすいため、ひとつの重要な政策課題は、外国からの投資にとって魅力的な、ビジネス向けの環境を創出することである。個人貯蓄に基づいた社会保障の仕組みは、自立の実現につながるという意味で理想的である。このように、高度の経済的自由化が進む生産主義的福祉国家は、より市場指向的な社会政策を発展させようとするのである。

対照的に、生産主義的福祉の包摂型の施策は、「市場歪曲型」の発展戦略を採用している国家において一般的である。それらの国々では、政府が重要な役割を担い、全体的な経済発展戦略を指揮する。企業は、外国証券投資よりも、政府保証付きの銀行融資や海外からの借り入れのいずれか、もしくは双方によって運営資金を調達する。それらの融資や借入金は、国際競争から国内産業を保護するために必要な強い政策的自律性を政府が獲得し、保持することに役立つ (Kim 2002)。**忍耐強く流動性の低い**資本の蓄積は、海外の株主の利害関心に対する一国経済の脆弱性を低下させることができる。そうした場合には、国内工業部門における熟練労働者の保護が、長期的な経済発展のための最も重要な課題のひとつとなる。この理由により、政府は、工業労働者を保護するための包摂型リスクプーリング制度を採用する。なぜなら、包摂型社会保険は拠出に基づくリスクプーリングの仕組みであるから、全面的な財政的責任を負うことは回避しつつ、不測の事態から重要な人的資源を保護することをめざす政府にとって、費用効果的な戦略だからである (Goodman and Peng 1999, p.207)。

このように、経済開放度の違いとそれに付随する諸戦略とが、東アジア諸国全体に生産主義の基本的諸要素が存在しているにもかかわらず、生産主義的福祉主義の制度的分岐を促すのだ。

(3) 政治的圧力

社会福祉の分析は、しばしば**供給**サイドに焦点を当て、どのような種類の福祉プログラムが政策立案者によって供給されているかを調査する。そうした傾向は、経済戦略が生産主義的福祉の発展に影響を及ぼしてきた東アジア

に関してとりわけ著しい。前述のとおり、「市場歪曲型」経済と「市場順応型」経済とは、異なる戦略的相補性を生み出し、生産主義的福祉主義の異なった経路を作り出してきた。しかしながら、社会政策の**需要**サイドの影響は無視できない。なぜならば、多くの場合、社会政策の特徴は、政治市場における供給サイド（政策立案者）と需要サイド（一般大衆）とのあいだの相互作用によって形作られるからである (Haggard and Kaufman 2008, pp.13-17)。

　一般的に、民主主義体制は、政治家が広範囲な選挙基盤に対応する必要があるため、権威主義体制よりも需要サイドの影響を受けやすい。民主主義体制における政治家は、選挙に勝利し、自らの職を保持するために、しばしば再分配的社会的プログラムを、広く有権者にアピールする手段として使い、強力に社会政策に関与していく。実際のところ、東アジアにおける民主主義への移行は大きな政治的圧力を生み出し、それが与党にとっての誘因構造を変化させるとともに、当局が生産主義的社会政策の新しい進路を形成することを余儀なくさせてきた。たとえば、韓国、台湾、フィリピンでは、政党間の競争を伴う民主的選挙制度の導入により、与党が、一般大衆の体制への支持を得るための手段として、社会保険プログラムを採用し、拡張するようになった。こうした事態は、民主的選挙制度さえなければ、避けられていたかもしれない (ibid, pp.221-61)。

　民主主義体制における政治的圧力の影響という観点からは、政府に対する市民の政治的態度も考慮する必要がある。一般的に、民主主義への移行は、政府に対する市民の期待に変化をもたらし、「批判的市民」（あるいは「不満足な民主主義者」）の量的な増加へと行き着く (Norris 1999)。経済成長と民主主義への移行は、権威にあまり敬意を示さず、政府の役割に対する高い期待を抱いてさまざまな抗議行動へと走る一般大衆を生み出す傾向がある (Huntington 1968, p.41)。こうした想定の妥当性は、日本、韓国、台湾のような民主的な IPW 諸国における政治的信頼の衰退と、シンガポールや香港を含む多くの非民主的 MPW 諸国における政治的満足度の高さを示すいくつかの研究によって裏付けられている (Tanaka 2001; Ahn and Kang 2002; Inglehart and Welzel 2005; Tang 2005; Wang 2005)。これらの諸研究の知見は、権威主義体制と比較して、民主的体制は、

政治的圧力に対してより脆弱であり、それゆえに、後者は、再分配的社会政策の拡大を通じて政治的支持を獲得しようとすることを示している。それはすなわち、国民の政治的態度が生産主義的福祉資本主義の経路に影響を及ぼすということである。

　もちろん、再分配的福祉給付は民主主義体制だけに見られる特徴ではない。権威主義国家もまた、体制への確固とした支持基盤を形成するために、年金や健康保険のような包摂的なプログラムを採用するかもしれない。Bueno de Mesquita et al. (2003) は、権威主義的支配者もまた、自らの支持層の動向には、そしてとりわけ、権力支持基盤と勝利連合の動向には、その政治的支持が権力の座に留まるためには不可欠であるがゆえに、政治的に敏感であると論じている。独裁者は本質的に、統治への支持や統治の受容を獲得するためにアメ（福祉給付）とムチ（威圧的かつ抑圧的な施策）の双方を用いる。1960 年代と 1970 年代における権威主義下の韓国や台湾の事例から見て取れるように、保険給付は主として、政治経済的に重要であるとみなされた人々、すなわち、熟練工業労働者、公務員、軍人等に対して提供されていた。包摂型福祉給付は、選別的な方法によって限られた国民に対してのみ提供され、そのことが、社会階級の分化や不平等を増大させたのである (Peng and Wong 2010, p.662)。

　市場歪曲型経済を採用している権威主義体制においては、工業化の初期段階において、経済的・政治的な必要性に基づいて包摂型福祉プログラムがしばしば実施されているが、全国民を対象にそのようなプログラムを拡大するよう促すような強力な誘因は欠如していた。給付対象や資格を広げたならば、財政的負担や政治的責任が増してしまうという認識が優勢であった。確かに、保護的政策の重要で意味のある拡大は、権威主義的な開発主義国家においては普通に行われることではなかった。逆に、政治的圧力や世論に対してより敏感に反応すると考えられている民主主義体制においては、包摂型社会政策がより顕著なものとなった。したがって、生産主義的福祉国家が民主化されるほど、選挙における競争や「批判的な民主主義者」に由来する政治的圧力の高まりに対応するための戦略的選択として、包摂型プログラムの拡大が政治的支配層に受け容れられるのだと結論付けることができる。このような観点

からすると、経済的諸条件（経済的自由化と開放的市場）が生産主義的福祉主義の制度的多様性を生み出す基盤を作り出すのに対して、政治的諸条件（民主主義的統治や政治圧力）は多様性の拡大を加速させると考えるのが論理的であろう。

3．用語、範囲、および分析の方法

　社会保障（social security）、**社会的保護**（social protection）、**福祉システム**（welfare system）、**福祉国家**（welfare state）、**福祉レジーム**（welfare regime）といった用語には数々の定義が存在するにもかかわらず、おのおのの用語が何によって構成されているのかについての、いかなる単一の合意も存在しない。たとえば、福祉国家とは、一連の相互に関連した法的、政治的、社会的諸権利を含意すると論じる者もいれば、大半の国々で見られる多数の社会的プログラムの便利な略称に過ぎないと考える者もいる。このように、これらの用語の意味内容は、曖昧で不安定である（Gough 2001, p.165; Overbye 2010, p.153）。それゆえ、本書においても、これらの用語は少々大ざっぱに用いている。しかしながら、これらの用語のそれぞれが有する際立った意味内容を明確化するために、それら相互間のある程度の区別は行っておく必要があろう。

　第一に、国際労働機関（ILO）は、**社会保障**を「社会が、一連の公的手段をとおして、その構成員に提供するセーフティネット」と定義している（ILO 1984, p.3）。ほとんどの場合、この用語は拠出型保険制度もしくは貯蓄型制度というコンテクストにおいて、やや狭い意味で用いられる。本書は、ILO の定義に従って、**社会保障**という用語を、保険プログラムもしくは政府によって創設された他の一部の公的制度と同義のものとして用いる。第二に、**社会的保護**は、「市民がリスクにさらされることを減らすとともに、偶発的事象や所得の喪失に対して自らを防御する市民の能力を高めることによって、貧困や脆弱性を軽減する」（Ortiz 2001, p.41）ように設計された、拠出型のみならず非拠出型のプログラムを含む、広範囲な公的および私的な施策を包含するものと定義される。第三に、**福祉国家**や**福祉システム**という語は、社会的保護への主要なニーズを充足させるための、一連の制度化された国家的施策を指すものと

して使われることが多く、そうした施策の範囲は、しばしば、老齢年金、保健、失業、労働災害、教育、住宅、公的扶助、社会的サービスに限定される (Wilensky 1975, pp.6-7; Pierson 2007, p.10)。すなわち、**福祉国家**と**福祉システム**という語は、社会的保護の制度的側面を指し示すために用いられる。最後に、**福祉レジーム**は、社会的ウェルビーイングについての、一貫性をもち深く根付いた諸原則と諸規範とを反映するように体系的に織り合わされた、社会政策の法的および組織的な複合的特徴であると定義される (Espin-Andersen 1990, pp.1-3)。それゆえに、**福祉レジーム**は、歴史的に社会の中に埋め込まれた諸原則を象徴するものであり、それらの諸原則のうちで中心的なものは、社会的保護の制度的形式を意味する**福祉国家**あるいは**福祉システム**の創設によって実現されるということになる。

　本書は、東アジアの生産主義諸国が、経済的・政治的状況に対応した制度的変化を経験してきたと考えられていることを踏まえて、生産主義的福祉主義の制度的多様性を調べることを意図している。広範囲の政策的アジェンダの中で、本研究は、老齢年金、健康保険、公的扶助について検討する。このように焦点を比較的狭く絞り込むことで、法定の社会的保護システムの公正な国家間比較が可能となる。年金、保健、公的扶助は、それらの総体としては、ほとんどの国々において、政府支出の最大とは言えないまでも、非常に大きな部分を占める政策部門であるので、本研究はこれら三つの政策分野の制度的形態や機能を検討する。

　もうひとつの問題は、東アジアの範囲をどのように定義するかということを巡って、起こり得る混乱にかかわっている。伝統的な考え方は、経済的・文化的類似性に基づいて、いわゆる「四小龍経済(韓国、台湾、香港、シンガポール)」に日本を加えるというものである (Goodman and Peng 1996, pp.194-98)。それに対して、本研究の主たる理論的アイデアは、韓国、シンガポール、中国に対する特別な関心に由来するものではあるが、東アジアという用語は、本書では、日本、韓国、台湾、香港、シンガポール、インドネシア、マレーシア、フィリピン、タイ、ベトナム、および中国の11か国を含む、北東アジアと東南アジアを合わせた地域の略称として用いている。東南アジアが北東アジアの福

祉レジームの型式を複製してきた程度を前提とするならば、本書における分析対象に東南アジア地域を包含することは合理的である。実際のところ、東南アジアは、社会政策がポスト植民地国家における国家建設の過程において作動しはじめたという点において、北東アジアと類似している。そのようなものとして、社会政策は東南アジア地域においても、経済発展の加速化に重要な役割を果たしているのである。そして、実際のところ、これらの東アジアの国々のほとんどでは、経済成長が最上の政策目的とみなされており、社会政策は生産主義の考え方によって大きな影響を受けてきた。これらの東アジア諸国はまた、その多くが、政治的危機に直面した際には、政治的支持を獲得し、非民主的体制を正当化する手段として、しばしば、社会保障の供給を散発的にではあるが率先して実施してきたという点においても、類似性を有している (Gough 2004, p.187; Schmidt 2005, p.2)。こうした理由から、本書は、より少数の国に焦点を合わせる最近の研究とは異なり、東アジアの生産主義的福祉主義のより包括的な全体像を提示する。

　北東アジア諸国だけではなく、東南アジア諸国にもPWC理論を拡張的に適用することには、方法論的な利点もある。何よりもそれは、「最も類似し最も異なるシステム」的方法の利点を享受することを可能とする (Przeworski and Teune 1970)。上記の11か国中、最初の5つの国々が開発主義国家の第1世代と長らくみなされてきたのに対し、残りの6つの国々は開発主義国家の第2世代と考えられている。この世代的要因は、統計分析において異なる所得水準と異なる工業化局面を統制する一助となる。また、中国とベトナムという二つの移行期経済国を包含することは、事例の数と多様性を増やすのみならず、事例選択の偏りを軽減することにもなる。

　この後に続く各章における分析は、統計分析と事例研究の組み合わせによっている。第2章では、東アジアにおける福祉国家の発展の決定要因を見つけるために、量的比較分析が用いられる。この種の分析の価値は実に明白である。一般に、集約的データの利用は、大まかなパターンを同定し、多様な要因間の因果関係の存在を確認することを容易にする。そうであるにもかかわらず、多くの東アジア福祉研究は、単に記述的であったり、単一事例のみに焦

点を当てるものであるため、それらの結論は説得力に欠ける (Ramesh and Asher 2000, p.2)。この問題は、主として体系的なクロス・セクション時系列データの不在によるものである (Ku and Finer 2007, p.129)。こうしたデータにかかわる問題は、生産主義的福祉戦略の背後にある因果関係の実相を発見することを困難にする。既存の研究成果の欠点を乗り越え、現在の生産主義的福祉をめぐる議論を理論的および実証的に精緻化することをめざして、PWCのいまだ明らかにされていない下位カテゴリーを探索するために、クラスター分析を用いる。その後に、本書では、経済開放度と政治的圧力とが、東アジアにおける生産主義的福祉主義の制度的多様性の生成に及ぼした影響の程度を評価するため、横断的時系列分析を用いる。

　こうした量的アプローチには大きな利点があるが、量的方法の問題点も無視することはできない (Janoski and Hicks 1994)。統計分析の最も明白な問題点のひとつは、福祉国家の発展の多様な側面を特徴付けるために、単一の数値を用いることである。さらに、国家レベルのデータや時系列データにありがちな不正確さは、そこから得られた知見の正確さに疑念をもたらしかねない (Peters,1998)。また、より多くの事例を追加することは、東アジア国家間には大きな不均一性があることを考慮に入れても、必ずしもプラスになるとは言い切れない (Haggard and Kaufman, 2008, p.18)。したがって、東アジアのPWCのより良い理解のためには、量的戦略に対して事例研究がもつ優位性を利用することが必要である。この目的のために、本研究では、韓国の包摂型生産主義的福祉、シンガポールの市場型生産主義的福祉、そして中国の二元型生産主義的福祉の三つの事例を研究する。量的アプローチと質的アプローチを組み合わせることで、生産主義的福祉主義の分岐の趨勢を、一般的状況と特定の状況の両面において理解することが可能となる。

4．本書の構成

　生産主義的福祉主義が東アジアにおいて連続性と変化との両方を経験してきたのかどうか、そして、経験してきたとすれば、それはどのようなもの

なのかにかかわる一連の問いを提示した本章に加えて、本書は、東アジア福祉レジームの制度的多様性のパターンと原因とを検討するための四つの章で構成される。第2章は、成長指向的な国家と経済的目的に対する社会政策の従属とが、生産主義的福祉主義の二つの主要な特色であることを際立たせることによって、比較の観点から東アジア福祉レジームを位置付ける。しかし、東アジアの国々には、多様性のあるパターンを構成するような、相互間での興味深い相違も観察される。第2章では、東アジア諸国は、そのいずれもが、長期にわたる国家主導型の開発戦略をとってきたにもかかわらず、社会的保護プログラムのリスクプーリングと自助の水準を異にする、三つの類型の生産主義的福祉主義へと分岐してきたと主張する。この章においてはまた、東アジア福祉国家が、生産主義の枠内において、より再分配的な、あるいはより市場指向的な方向に、どのように移行していったのかが示される。

　第3章は、どうして東アジア諸国が、市場指向型の制度を発展させていった諸国と、包摂型の福祉制度の創設へと向かう経路をたどった諸国とに分岐していったのかという問いに取り組む。この章は、異なる類型の生産主義的福祉主義の出現をもたらした機能的圧力を同定し、測定する。制度的分岐をもたらした、二つの要因が探究されることになる。ひとつは経済開放度である。たとえ東アジアの開発主義国家のいずれもが、工業化の時期に、一見したところ類似した国家主導型輸出戦略を採用してきたとしても、外国資本と貿易に対する依存の程度と形態は、国家間での違いが明らかである。そして、国際的な市場にさらされた程度の違いは、ある類型の社会保障システムと適合的な特定の経済的環境や開発戦略を生み出し、そのことが、東アジアにおける生産的福祉制度の分岐を促進した。もうひとつの要因は、社会的保護の拡大を求めるボトムアップ型の政治的圧力である。韓国の事例が示しているように、政策立案者が高度の政治的圧力を受ける生産主義的福祉国家は、政策立案者が政治的圧力に対して相対的に脆弱ではない生産主義的福祉国家よりも、包摂型福祉給付の対象を拡張する可能性が高い。第3章では、こうした経済開放度や政治的圧力と生産主義的福祉国家の分岐とのあいだの因果連関を解明するために、クロス・セクション時系列分析を行う。

第4章では、先行する章において示された分析枠組に基づき、経済的要因と政治的要因とが、生産主義的福祉主義の進化に伴う制度的多様性の発生にどのような影響を及ぼしてきたかを、より十全に理解するための一助となるような、三つの範型的事例を提供する。韓国の包摂型福祉アプローチ、シンガポールの市場指向型福祉、そして中国の二元型戦略の三つである。それぞれの事例研究はいずれも、とりわけ老齢年金制度と健康保険制度に焦点を合わせて、社会的保護プログラムの制度的特徴を探究するものである。老齢年金制度と健康保険制度に焦点を合わせるのは、それらのいずれもが、リスクプーリングと自立のパターンを理解するために重要であるからである。第4章ではまた、韓国、シンガポール、そして中国における生産主義的福祉主義の形成と進化をたどるために、これらの国々の政治的および経済的な諸条件に光を当てる。

　最後の章では、本書における主張や知見をまとめる。そして最後に、生産主義的福祉主義の制度的分岐は、将来的により拡大するのだろうかという問いを投げかける。もしそうだとしたならば、東アジアの福祉国家はどのようなものとなるのであろうか。この章は、グローバリゼーション、労働市場の柔軟化、不平等の拡大、高齢化等の新たに発生した諸問題が、東アジアにおける社会福祉の生産主義的パターンに及ぼすかもしれない影響を正確に評価し、予測するには、いまだ時期尚早であることを強調することで終わる。この問題に関しては、それゆえ、さらに多くの事例を観察し、比較することをとおして、継続して検討していくことが重要なのである。

第 2 章

東アジア福祉国家の制度的多様性

　政治経済学者のなかには、発展途上国における福祉国家は、いずれもほぼ同様であるという見解と、相互にまったく異なっているという見解のいずれにも異議を唱え、開発があまり進んでいない国々における福祉資本主義の体系的な多様性の可能性を検討する者が、近年において現れてきている。たとえば Rudra (2007) は、発展途上国は系統的に二つの理念型へと発展してきたと論じている。すなわち、社会福祉を「脱商品化 (decommodification)」する政府の役割を重要視する**保護的**福祉国家 (*protective* welfare state) と、労働生産性を社会政策と統合することをめざす**生産的**福祉国家 (*productive* welfare state) の二つである。興味深いことに、同論文の分析結果は、分析対象となった東アジア諸国のすべてが、生産的福祉国家であることを示している。確かに、東アジア諸国は、社会福祉の提供が久しく最重要の政策課題のひとつであるとみなされてきた西欧および北米の諸国とは異なる、いくつかの興味深い特徴を共有している。東アジアの NIEs は、社会政策の「生産的」機能に焦点を合わせて、教育や就労訓練のような人的資本形成に重点的に投資してきた一方で、年金、健康保険、所得保障等の「保護的」プログラムの提供には、それほどはコミットしてこなかった (Haggard and Kaufman 2008)。さらに興味深いのは、東アジア NIEs が、幼児死亡率、平均余命、識字率を含む多くの重要な領域において、税や福祉支出の大幅な増加を伴うことなく、印象的な政策的成果を達成してきたことである。

東アジアはこれまで、福祉資本主義の比較研究において、相対的に看過されてきたが、その類をみない経験は、理論的観点と実践的観点の双方からの研究関心を徐々に引き付けるようになってきている。なかでも Holliday (2000) は、東アジア NIEs が産業化や労働生産性の向上、および人的資本の蓄積などの経済目標を達成するために、どのように社会政策を利用してきたかを説明するために、「**生産主義的福祉資本主義 (productivist welfare capitalism = PWC)**」という概念を提示した。そして、Esping-Andersen (1990) の明らかに西洋中心的な三類型論に不満足であった研究者は、東アジアにおける福祉国家の発展を説明するための代替モデルとして、この生産主義的福祉主義のモデルを採用してきた。

　しかしながら、それらの研究者が一致して、社会政策の生産的諸側面を重要視している一方で、東アジア NIEs の諸国間には、社会福祉プログラムの具体的な制度設計に関しては、かなりの差異が認められる (Peng and Wong 2010; Choi 2012; Lin and Chan 2013)。**リスクプーリング**効果を重視した全国的な社会保険制度を創設した国が存在する一方で、**自助**原則に基づいて義務的な個人貯蓄制度の普及を推進してきた国もある。また、社会保険と個人貯蓄を組み合わせた二元構造を形成してきた国もある。このように想定された制度的多様性は明らかに持続性を有しており、説得的でもあるが、生産主義的福祉主義の詳細かつニュアンスに富んだ類型化の可能性を追究した実証研究はほとんどなかった。実際に Holliday (2000) は確かに、社会的権利が保障されている程度、階層化効果、および国家―市場―家族関係の程度に依拠して、「促進型 (facilitative)」「普遍的発展型 (developmental-universal)」「重点的発展型 (developmental-particularist)」という、PWC の三つの相互に異なるクラスターを同定している。促進型 (香港) においては市場の役割が優先されるが、普遍的発展型 (日本、韓国、台湾) においては、国家が何らかの普遍的プログラムによって市場と家族を下支えする。重点的発展型 (シンガポール) においては、国家は家族構成員相互間の福祉活動を誘導する。ホリデーのこうした類型論は、しかし、分析的というよりも記述的であり、より重要なことには、なぜ、そしてどのようにしてそれら三つの類型が出現し、発展してきたのかについての実証的な確認作業

が欠落している。さらに、多様性はそれほど大きくないとの断り書きもある (Holliday 2000, p.710)。結局のところ、生産主義的福祉という大きなカテゴリーのなかに、何らかの重要な下位類型が存在しているのかどうかや、そうした下位類型への分岐が理論的かつ実証的に確固たるものであるのかどうかについて、私たちはあまり知らないのである。生産主義的福祉主義の制度的多様性が体系的でありかつ強固なものであるとするならば、それでもなお、生産主義的福祉主義が、東アジアの福祉国家の主要な特徴を記述する包括的なモデルであると主張することができるのであろうか (Wilding 2008)。逆に、東アジアの社会政策は今なお、何よりもまず生産主義的であると確信し続けるとしたならば、その生産主義の枠組の内部における制度的多様性を、どのように理解することができるのであろうか。

　たとえホリデーの PWC 理論の概念的簡潔さに、何らかの潜在的な利点があるとしても、その全体論的な観点には、生産主義的福祉主義の推定される多様性を説明する能力に関しては、致命的な限界がある。したがって、ホリデーのオリジナルな PWC 理論の重要な貢献を損なうことなく、東アジアの福祉国家相互間の制度的差違に準拠した、生産主義的福祉主義の新たな類型論を展開することが必要である。東アジアの福祉国家のいずれもが、生産主義的な諸特徴を維持し続けていることを認めつつ、それら相互間の実際の制度的相違をも説明しうるような理論的妥協は、東アジアにおける社会政策の発展の本質をどのように説明すべきかについての、研究者相互間の見解の不一致の多くを解消する一助となるであろう。それゆえ本章は、生産主義的な福祉へのアプローチの力学に適合的な、すなわち、東アジア福祉レジームに制度的多様性をもたらした因果関係を検討することを可能にするような、より体系的な類型論を提示することを目的とする。

　本章の主たる主張は、東アジア諸国は、そのいずれもが長期にわたって国家主導の発展戦略を維持してはいるものの、生産主義的福祉主義の三つのタイプに分化してきているというものである。三つのタイプとは、包摂型生産主義的福祉 (*inclusive productivist welfare* = IPW)、市場型生産主義的福祉 (*market productivist welfare* = MPW)、および二元型生産主義的福祉 (*dualist productivist welfare* = DPW) である。本章は、こうした三つのモデルからなる生産主義的福祉主義の類型論を検証するために、東アジア 11 か国から得られたデータのクラスター分析を行う。

1．比較の視点から見た東アジア福祉国家

(1) 東アジアにおける社会福祉への政府支出

　1980 年代および 1990 年代に発展途上諸国に生じた政治的および経済的な変化は、東アジア、南米、および東欧における福祉国家の発展に対する学術的な注目を喚起した (Huber 1996; Kaufman and Segura-Ubiego 2001; Segura-Ubiego 2007; Haggard and Kaufman 2008)。研究者の関心は主として、福祉国家の発展にとって、産業化と民主化の双方もしくはいずれかの一方が必要不可欠な条件であるという、支配的な見解に基づいていた (Pierson 2007, pp. 9-40)。ところが、東アジア諸国は、過去数十年間の目ざましい経済発展にもかかわらず、社会保障および社会福祉に、歳入の相当部分を費やす国家となってはいなかった。福祉国家の発展の指標として政府の社会政策に関連した支出を用いると、東アジア諸国は、最も発展の遅れた福祉国家であるとみなさざるを得ないのである。図 2.1 は、1970 年代から 2000 年代のあいだ、東アジア諸国は、OECD 諸国、東欧諸国、およびラテンアメリカと比較して、社会政策への支出総額が圧倒的に少なかったことを示している。社会政策関連支出の平均的水準は、世界の他の諸地域では、国内総生産 (GDP) の 8.7 パーセントから 20.3 パーセント、政府の歳出総額の 37.6 パーセントから 55.8 パーセントに及んでいるのに対して、東アジア諸国では、国内総生産 (GDP) の 6.2 パーセント、政府の支出総額の 29.6 パーセントを占めているにすぎないのである。日本の社会政策関連支出は、政府の支出総額の 23 パーセントと、比較的高い水準にあるが、それでも西欧や北米の水準には達していない。東アジア諸国は、疑いなく、福祉に対して最小限の支出しかしていない国々の範疇に属しているのである。

　東アジア諸国はまた、もうひとつの興味深いパターンをも示している。社会福祉が政府支出の最も多くの部分を占めている OECD 諸国、東欧諸国、そ

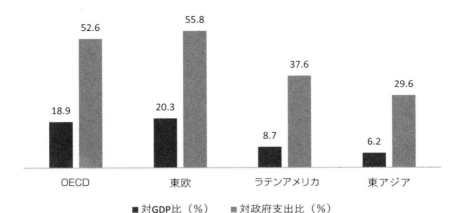

図 2.1　社会保障、保健、教育への政府支出平均（1970 年代〜 2000 年代）

注：(i) 対象は OECD19 か国、東欧 6 か国、南米 14 か国、東アジア 11 か国。(ii) 年代は、OECD 諸国と南米諸国が 1973 〜 2000 年、東欧諸国は 1990 年代のみ、東アジア諸国は 1980 年代〜 2000 年代。
出典：IMF, *Government Finance Statistics* ; Asian Development Bank, *Key Indicators*, および各国の統計年鑑。

してラテンアメリカと異なり、東アジア諸国は、経済開発プログラム（政府の支出総額の 22.7 パーセント）と教育（同 14.9 パーセント）に、医療（同 5.9 パーセント）や社会保障（同 8.8 パーセント）よりも、はるかに多くの支出を行っているのである（**表 2.1**）。東アジアにおいては、経済発展と人的資本の形成とが主要政策領域となっている一方で、福祉給付は相対的に周辺的な位置に置かれ続けているのは疑いようのない事実である。

(2) 生産主義的福祉資本主義

こうした対比は、次のような疑問を提起するよう、研究者を刺激し続けてきた。すなわち、なぜ東アジアでは福祉への支出が少なくてすんでいるのかという疑問である。また、なぜ東アジアでは、初等・中等教育や職業訓練に対する寛大な財政支出に示されているように、人的資本形成が中心的位置を占めてきたのであろうか。政治経済学者は、1990 年代初頭から、この疑問に対して、東アジアにおける社会政策は、主として、国家建設のために必要な

表 2.1 東アジアにおける社会経済政策への政府支出（1980年代〜2000年代）

	教育				医療			
	1980年代	1990年代	2000年代	平均	1980年代	1990年代	2000年代	平均
中国	11.5	14.9	13.3	13.2	5.4	5.8	4.8	5.3
日本	9.3	15.0	12.4	12.2	13.6	20.6	22.2	18.8
韓国	18.5	17.9	14.9	17.1	1.7	1.1	0.8	1.2
台湾	5.2	9.2	11.5	8.6	1.6	0.6	1.3	1.1
香港	16.4	17.9	20.7	18.3	8.4	11.3	12.4	10.7
シンガポール	17.0	20.3	20.9	19.4	4.8	6.4	6.0	5.7
インドネシア	11.7	8.7	4.3	8.2	3.3	2.5	1.4	2.4
マレーシア	16.7	20.5	23.3	20.2	4.3	5.8	6.8	5.6
フィリピン	12.4	15.6	15.3	14.5	3.7	2.7	1.8	2.7
タイ	19.6	20.9	21.0	20.5	5.4	7.1	8.3	6.9
ベトナム	.	11.7	12.5	12.1	.	4.2	3.3	3.7
平均	13.8	15.7	15.5	14.9	5.6	6.1	6.1	5.9

出　典：IMF, *Government Finance Statistics*; World Bank, *World Development Indicators*; Asian Development Bank, *Key* National Bureau of Statistics of China, *Statistical Yearbook of China*; General Statistical Office of Vietnam, *Statistical*

経済発展政策上の諸要請と、そうした政策がもたらした諸結果とによって方向づけられてきたと論じることによって、回答しようと試みてきた (Deyo 1992, p. 289)。この国家中心的アプローチは、東アジアの福祉レジームの三つの特徴を強調する。すなわち、社会福祉への政府支出の少なさ、産業労働者の選別されたグループへの社会保障給付、および教育の優先的な位置付けの三つである。

Holliday (2000) は、東アジアの福祉レジームのこうしたパターンを、「生産主義的福祉資本主義 (PWC)」という彼のモデルを提示するなかで再定義している。彼の主張は、社会福祉が概して社会民主主義的政治の成果である先進資本主義諸諸国とは異なって、東アジア諸国の社会政策は、経済成長という最優先の政策目標に厳格に従属しているというものである。PWC は、社会的保護の権利に基づいた**保護的 (protective)** な性格よりも、社会政策の**生産的 (productive)** な機能に着目する概念なのである。Holliday (2000) は、この点を踏まえて、東アジアにおける社会福祉が、次のような生産主義的諸原理によって決定付け

社会保障				経済分野			
1980年代	1990年代	2000年代	平均	1980年代	1990年代	2000年代	平均
1.7	2.3	7.9	4.0	53.8	41.0	30.1	41.6
18.8	18.6	23.6	20.3	7.4	8.9	9.3	8.5
7.0	9.6	17.1	11.2	19.3	22.0	21.9	21.1
15.2	22.3	23.8	20.5	16.7	18.4	19.2	18.1
5.3	7.4	12.4	8.3	22.3	18.6	18.6	19.8
1.2	3.3	5.8	3.4	16.6	13.4	13.1	14.3
.	5.9	6.5	6.2	60.9	22.7	5.7	29.8
4.0	3.7	4.2	3.9	24.7	19.9	18.3	21.0
0.8	2.3	5.0	2.7	27.6	24.0	22.6	24.7
3.7	3.5	8.5	5.2	16.0	29.8	20.6	22.1
.	12.4	9.0	10.7	.	27.2	29.9	28.6
6.4	8.3	11.3	8.8	26.5	22.4	19.0	22.7

Indicators; Ministry of Internal Affairs and Communications of Japan, *Japan Statistical Yearbook*; *Yearbook of Vietnam*.

られてきたと主張している。すなわち、(1) その外延が生産的活動と結び付いた最小限の社会的権利、(2) 教育や就労訓練等のような生産的諸要素の位置付けの強化、(3) 成長に向けた国家―市場―家族の諸関係の三つである。

　もちろん、現実世界のほとんどの国々は、**保護的**な要素と**生産的**な要素とを組み合わせた、混合的な形態の福祉国家である (Arts and Gelissen 2002, p.139)。普遍的な**保護的**福祉プログラムを有する OECD 諸国の多くは、過去数十年間にわたって、経済的効率性を増進させるために、生産的な社会投資政策の重要性を次第に強調するようになってきている (Jessop 2000; Hudson and Kühner 2009)。しかしながら、それらの国々においては、保護的要素と生産的要素との結合が、今日のグローバル化の時代における新たな政策的トレンドとして現れてきてはいるものの、改革の取り組みは、経済政策上の目標に対する社会政策の根本的な従属化を、もっぱらの目的としているわけではない。東アジア福祉国家の生産主義的な特質は、他にはまったく例のないほどにユニークな特徴で

あるとは言えないものの、世界の他の地域から東アジアを区別する際立った特性なのである。Rudra (2007) も、生産主義的福祉国家とは、経済的諸目標に社会政策を従属させることによって、国内企業の国際競争力を強化するために、政府が市場に介入するシステムであると考えている。要するに、生産主義的福祉主義の中核的原則は、急速な工業化の時期をとおして、普遍的で再分配的な福祉プログラムの実質的な拡大を抑制してきた、東アジアの「成長は分配に先立つ」という戦略と調和したものなのである (Lee and Ku 2007)。

(3) 継続と変化

　成長指向型国家であることと、産業上の目的への社会政策の従属ということとが、生産主義的福祉国家の二つの主要な特徴である。しかしながら、東アジア諸国には、多様性のあるタイプを構成する興味深い相違点が認められる。表2.1は、日本、韓国、および台湾が、1980年代から2000年代を通して、社会的保護のための政府支出を一貫して増加させてきたことを示している。それに対して、中国、シンガポール、インドネシア、マレーシア、フィリピン、およびタイにおいては、社会福祉と医療への政府支出の総体としての増加は、GDPの1パーセントをわずかに超えているにすぎず、政府の支出総額の10パーセントを大きく下回ってきた。なかでもシンガポールとマレーシアは、社会福祉のいかなる有意味な拡充に対しても慎重な姿勢を示し続けているが、公教育と職業訓練に対しては、強力な支援を継続している。現在に至るまで、これらの国は、いかなる種類の失業給付にも反対し続け、厳格に制限された社会扶助制度を維持しているのである (Ramesh and Asher 2000)。

　多様性は、韓国とシンガポールの事例に見られるように、非財政領域ではよりはっきり表れる。韓国は、とりわけ1997年の金融危機以降、日本の社会政策プログラムのいくつかを参照しつつ、社会的セーフティネットの基盤を整備するための一連の法律を制定した (Kwon 2002; Shin 2003; Hwang 2007)。1988年に国民年金制度 (National Pension Scheme = NPS) が導入された際には、その対象は大企業の被用者と工場労働者のみであったが、1990年代には、農民、漁民、および自営業者にまで、給付対象者の範囲が拡大された。韓国はまた、失業

保険制度を1995年に実施し、1990年代から2000年代にかけて、フォーマルセクターの全労働者にその給付対象者の範囲を拡大した。さらに、職種ごとに分離されていた数百の健康保険プログラムが、2000年には、単一の全国的な健康保険プログラムに統合された。加えて、旧制度下では公的扶助の必要があっても受給資格を有していなかった人々のために「国民基礎生活保障制度（Minimum Living Standard Guarantee = MLSG）」という新たな公的扶助制度が制定された。これに対して、シンガポールにおいては、1950年代以来、簡素で市場指向的な社会保障制度が存続し続けており、経済的に不利な立場にある人々に対する、適切なレベルの再分配的な給付は、有意味なものとしては、まったく制度化されていない。シンガポールのシステムの頂点には、退職やその他の事由によって発生する社会保障ニーズに対する個人責任を奨励するために設計された、強制的な貯蓄制度である中央積立基金（Central Provident Fund = CPF）がある。

韓国とシンガポールとの対照的なパターンは、しばしば、東アジア諸国の多くが生産主義的福祉資本主義の典型的形態から離れ、北欧的な社会民主主義モデルに近づいていることを示す指標とみなされている。生産主義的福祉主義という概念の有用性や有効性に、疑問を投げかけている研究もある（Kuhnle 2002; Ramesh 2003; Kim 2008; Wilding 2008）。しかし、韓国とシンガポールの相違は、生産主義陣営の崩壊を示すものではない。なぜならば、韓国における社会保障プログラムの拡充は、同国の福祉レジームの根本的な変化によって生じたものではなく、労働市場の柔軟性の高まりのような社会経済環境の変化がもたらす負の影響を緩和するための、制度的**調整**の結果であるからである（Kim 2002）。実際に、韓国における**生産的福祉**（saeng-san-jok pok-ji）の基本方針は、公的には、金泳三政権（1993-97）によって最初に提案され、金大中政権（1998-2002）によってさらに発展させられたものであるが、それは、貧しい人々や障害者への就労の機会や訓練の提供をとおして、全国レベルでの最低所得水準の実現のための、国家的支援を提供するというものであった（Song and Hong 2005, pp. 191-92）。すなわち、社会的保護プログラムの拡充は、持続的な経済成長のために必要な労働へのインセンティブの創出を狙いとした「ワークフェア」とほ

ぼ等しいものであったのである。

　より再分配的なアプローチとより市場指向的な戦略との間の二次元的な区別は、比較政治経済学においては、けっして新しいものではない。東アジア諸国は、社会的連帯と普遍性とを随伴する社会保険モデルと、社会保障の商品化と結び付いた市場ベースモデルのいずれかへと進化してきていると論じ、こうした制度的分岐を指摘した研究が、既に存在している（Peng and Wong 2008, 2010）。しかしながら、少々驚くべきことであるが、生産主義的福祉国家が、社会経済的な試練に対処するために、制度的に多様化したのかどうか、そして、多様化したとすれば、それはどのようなものかを追究するために、体系的な類型論を提示した研究はほとんどない（Mares and Carnes 2009, p. 104）。現在の単焦点的な PWC 理論は、東アジア福祉国家の力学を説明するために必要な、十分な包括性を有するものではない。生産主義パースペクティヴは、それゆえ、より体系的かつ経験主義的な方法によって精緻化される必要がある。それをめざして、次節では、想定される制度的分岐を測定するために、どのような概念と指標が利用可能であるかを探究する。

2．生産主義的福祉主義の制度的分岐

(1) 分岐の諸次元

　再分配と市場効率性の概念はしばしば、政治経済学において主要なイデオロギー的分化をもたらしている政治的諸教義の一組の「操舵装置」として論及される。それらの概念は永らく、多くの社会政策上の争点を支配し、研究者や政策立案者のあいだに、熱い論争や相互に競合し合う諸政策を生み出してきた（Garret and Mitchell 2001）。とりわけ西欧の保護的福祉国家においては、再分配と市場効率性のあいだの戦略的選択をめぐる政策上の競争は、際立ったものであった。ヨーロッパでは、1960 年代と 1970 年代においては、主として、基本的な社会的諸権利と完全に調和するとみなされた繁栄、平等、そして完全雇用ゆえに、再分配的財政政策は人気があり、広く実施されていた。しかしながら、国際市場の統合の度合いが高まるに伴って、1980 年代初頭には、

経済競争力の強化が主要課題として浮上した。寛大な福祉給付は、賃金以外の生産コストの大幅な上昇を招き、市場における競争力の喪失をもたらすものとして、非難の対象となった。その結果、福祉プログラムを削減しようとする圧力が強まり、そして広まった (Cerny and Evans 1999; Mishra 1999)。それ以来、西洋諸国の多くが、経済的効率性を向上させることを意図した大規模な福祉改革を、伝統的な社会サービスと累進的な税システムを犠牲にしつつ実施してきた。選挙における競争に付随する政治的コストが福祉の削減へと向かうことを妨げていたにもかかわらず (Pierson 2002)、ヨーロッパにおける保護的福祉国家は概して、市場競争と経済的効率性の要請に由来する容易ならざる試練に圧倒されたのである。

東アジアの生産主義的福祉国家もまた、グローバルな市場への統合の度合いが高まるに伴って、同様の試練に直面することになった。しかしながら、興味深いことに、それらの社会経済的試練への東アジア NIEs の応答は、同様のパターンに収束することはなかった。それらの国々は、政治的および経済的状況の変化に対応して、より再分配的なリスクプーリングのアプローチか、あるいはより市場指向的な自立のアプローチの、いずれかを発展させるという選択をしてきたのである。東アジア諸国のなかには、長期的な経済発展を促進するために、反再分配的政策を実施し続けた国もあるが、同様の目的を達成するために包摂的で再分配的な諸方策を採用してきた国もある。それゆえ、本章における分析は、生産主義的福祉国家が制度的に変化した程度を測定するための二つの概念として、**再分配** (*redistribution*) と **市場効率性** (*market efficiency*) とを採用する。

第一に、再分配とは、諸個人から拠出された資源の共有の蓄えが、合意されたルールに従って各メンバーに供給されるというプロセスである (Ortiz 2001, p. 167)。再分配とは所得移転と関連した概念であり、それゆえ、本研究はそれを、政府が継続的な経済成長を期待しつつ取り組む、リスクプーリングを促進するための諸政策の総体を指し示すものであると解釈する。換言すれば、生産主義的なコンテクストにおける再分配とは、産業労働者のような重要な人的資源を保護するという目的をもった、戦略的リスク共有であると考える。再

分配的施策はそれゆえ、社会的権利の進展としてではなく、経済的考慮に基づく戦略的選択として理解されることになる。

　第二に、市場効率性とは、政府が社会保障に関する諸個人の責任を強調する程度を測定するための概念である。一般的に、市場における競争の激化は、大規模な公的セクターと再分配的な税システムによって生み出される国内コストの上昇を抑制することへの国家の関心を高めるが、このことは、とりわけ海外資本に対して相対的に脆弱である発展途上国に強く妥当する。社会的保護への政府支出の増大は労働市場を歪ませ、投資を抑制し、ついには市場の競争力を浸食すると考えられるようになる (Pfaller et al. 1991; Teeple 1995; Clayton and Pontusson 1998)。こうした懸念は、自由貿易と自由市場への強いコミットメントを有する諸国において特に深刻なものであるが、それは、経済のグローバル化が国家の財政政策における自律性に、負の影響を与えることが多いからである。こうした認識を踏まえ、本研究においては、市場効率性という概念を、福祉システムに埋め込まれた自立の程度に言及するために使用する。

(2) 分岐の測定

　もしも生産主義的福祉主義が、再分配と市場的効率性という二つの径路に沿って進化していくとしたならば、どのような指標が、制度的変化の程度を測定するために使用可能であろうか。多くの研究は、福祉的努力の「一貫した」そして「比較可能な」尺度として、政府支出を使用しているが、それは、政府支出に関するデータが容易に入手可能であり、明解な比較をするために有用であるからである。しかしながら、福祉国家の発展の代理変数として政府支出に関するデータのみを排他的に使用することには、深刻な問題が随伴している。政府支出アプローチは、社会的保護の資源は政府会計のみであるということを暗黙に前提としているため、「福祉増進」を目的として諸資源を再配置し、かつ再分配する非財政的な「機能的等価項目 (functional equivalents)」を捉えそこないやすいのである (Esping-Andersen 1990, p. 19; Kwon 1998, pp. 29-32; Ebbinghaus and Manow 2001, p. 10; Allan and Scruggs 2004, pp. 497-98; Wibble and Ahlquist 2011, p. 129)。

　社会的保護は、ただ単に政府の支出総額を決定するという問題ではなく、

制度的な配置をどのように設計するかという争点にもかかわっていることは明らかである。現実には、発展の程度が低い段階にある国家の多くが、しばしば、社会保障システムを構築するに際して、あまり資源集約的 (resource-intensive) ではない方法を使用している (Rudra 2007、p.386)。実際に、Estevez-Abe (2008) は、制度構造の役割や積極的労働市場政策のような機能的等価項目の影響を明らかにすることによって、オーソドックスな福祉国家研究に挑戦している。彼女は、「異なる政策的ツールが組み合わせられる方法を見ることなしに、ある国における社会的保護の実際の範囲や全体としての性質を理解することはできない (ibid, p.4)」と論じている。Skocpol (1987) はさらに、「諸々のプログラムの全体としての配列」、「社会的保護プログラムのそれぞれのタイプの給付および人口カバー率」、そして「そうしたプログラムの、普遍的に利用可能な低所得市民のための公的扶助との統合」のような制度的諸側面を指摘している。したがって、政府支出と制度設計の双方を評価するための指標を見出すことが必要である。

　それでは、生産的福祉主義の制度的諸側面を評価するために、どのような指標が使用可能であろうか。一般的に社会的保護は、高齢、健康問題、失業、労働災害、および貧困の、五つの大きな領域を包含している。これらの社会経済的偶発事象に対応するために、政府は、(1) 政府の一般収入、(2) 被用者および雇用者のいずれか、もしくは双方が拠出を義務付けられた社会保障保険料、(3) 被用者および雇用者のいずれか、もしくは双方が自発的に拠出する社会保障基金のうちのひとつあるいは二つ以上を財源として用いて、社会保障給付の法的な基盤を確定する (Ramesh and Asher 2000、pp.34-38)。社会的保護の制度的基盤は、おおむねその財源に依存しているため、本研究においては、五つの主要な社会的偶発事象に対応するための、財政的なチャネルの諸類型を検討する。

　表2.2 は、どのような主体が資金を提供するかと、どのように資金の提供がなされるかを規準として、社会的保護の諸制度が区別可能であることを示したものである。第一に、もっぱら政府によって資金調達がなされるプログラムは二つの形態をとる。すなわち、「**公的扶助 (*public assistance*)**」と「**社会手**

表 2.2　社会的保護制度の類型と機能

	政府支出に基づく制度		強制拠出制度
類型	公的扶助	社会手当	社会保険
目的	救貧	社会的補償	収入維持（高齢、失業、労働災害）と医療支出の補填
受給資格	低所得世帯（資産調査あり）	規準を満たす者全員（高齢、障害、妊娠など）	拠出者（資産調査なし）
財源	税収	税収	保険料（定額）と税収
給付額	定額	定額	確定給付型［DB］（拠出額は所得に連動）
政府の役割	規制、運用、財政支出	規制、運用、財政支出	規制、運用、一部財政支出
リスク低減度	高い	高い	高い
リスクプーリング	限定的	広い	広い
再分配効果	高い	高い	高い

注：Jacobs（1998, p. 12），Ramesh and Asher（2000, pp. 34–38）および Ku（2009, p. 145）より抽出。

当（*social allowance*）」である。第二に、被用者および雇用者のいずれか、もしくは双方からの義務的な拠出によって資金調達される制度は、「**社会保険**（*social insurance*）」または「**個人貯蓄**（*individual savings*）」のいずれかの形態をとる。このうち後者は、積立基金（provident funds）としても知られている。第三に、被用者および雇用者のいずれか、もしくは双方から資金調達される自発的な貯蓄制度は、しばしば税の軽減措置によって補強される。本章における分析は、これら三つの類型のうち、第一と第二のもののみを対象とするが、それは、どのような制度形式が、生産主義的福祉主義のために政府によって設計され、実行されるのかということが、本研究における主要な検討課題であるためである。

a. 政府からの資金提供に基づく諸制度

公的扶助は、規準額よりも所得が少ない個人や家族の貧困や経済的困窮を軽減するための、政府から資金が提供され、資産調査（means-test）に基づいて

	任意拠出制度		
	個人貯蓄（積立基金）	民間保険	契約貯蓄
	収入維持（加齢、失業、労働災害）と医療支出の補填	収入維持（高齢、失業、労働災害）と医療支出の補填	収入維持（高齢、失業、労働災害）と医療支出の補填
	拠出者（資産調査なし）	拠出者（資産調査なし）	拠出者（資産調査なし）
	保険料（固定）	保険料（変動）	保険貯蓄（変動）
	確定拠出型［DC］（給付額は拠出額と金利に連動）	確定拠出型［DC］（給付額は拠出額と金利に連動）	確定拠出型［DC］（給付額は拠出額と金利に連動）
	規制、運用	税制上の優遇措置	税制上の優遇措置
	中程度	支払い済み保険料総額次第	貯蓄額次第
	なし	限定的	なし
	なし	なし	なし

運用されるプログラムである。もっぱら一般収入によって賄われており、多くの場合、就労訓練または自立支援プログラムに参加することが、受給の条件とされている。社会手当は、政府からの資金提供に基づく制度のもうひとつのタイプであり、受給者の所得水準にかかわりなく、人口統計学的、社会的、あるいは健康上の特定の規準に合致するすべての人々に対して、その便益が提供されるものである。公的扶助も社会手当も、その資金を税収によって賄っているがゆえに、本質的に再分配的である。しかしながら、公的扶助は、そのほとんどが普遍的である社会手当プログラムと比較して、リスクプーリングの観点からは、より包括的ではない。これらの政府からの資金提供に基づく諸制度は、その運営が相体的に容易ではあるが、高コストであるがゆえに、それらを社会保障の主要な仕組みとして使用することは、非現実的である。したがって、先進工業諸国の大半は、政府からの資金提供に基づく諸制度を、補助的なものとして使用している。

b. 強制的な拠出に基づく制度

　公的な社会保障制度の第二の形態には、国営の社会保険や個人貯蓄（積立基金）のような拠出制の仕組みが含まれる。今日においては、多くの国々が、加齢、健康問題、失業、そして労災などの主要な社会的リスクに対処するための手段として、社会保険プログラムと個人貯蓄プログラムのいずれかあるいは両方を創設し、規制し、運営している。拠出制の仕組みは、個々の被用者とその雇用者の財源に主として依拠しているため、プログラムの実施について、政府にまず第一に財政的責任を負うことを要求するものではない。その広範な財政的基盤と包括的な人口カバー率ゆえに、社会保険と個人貯蓄は、社会的保護の基礎的な制度的基盤として広く用いられている。しかし、それらには共通した特徴がある一方で、相互に際立った相違もある。そのひとつが、社会保険が確定給付型（defined-benefits = DB）プログラムである一方で、個人貯蓄は確定拠出型（defined-contribution = DC）プランであるということである（Holzman et al. 2000）。

　DB プランは、受給資格がある人々に対する給付の形態と水準とを規定したものである。拠出金は集合的に積み立てられ、退職、疾病、そして失業のような不測のニーズが生じた、すべての拠出者に対して支払われる。リスクプーリングへの参加は、相互に異なる所得階層に属するすべての労働者にとって義務的なものであり、それゆえに、それは本質的に再分配的かつ補償的であり、低所得階層に有利なものである（Van Ginneken 2003）。社会保険給付は、資金をプールする仕組みをとおして、労働者のライフサイクルに応じて供給されるが、それにもかかわらず、政府は、制度を運用するために必要な資金を調達する責任を、完全に免れているわけではない。なぜならば、被保険者は所得水準に応じて異なった給付額を受けるため、社会保険基金の不足が生じる可能性が常にあり、そのような場合には、政府がその不足を補うことが期待されているからである。したがって、社会保険基金の不足が、財源の確保を政府に求める圧力を生み出すときに、義務的な社会保険の再分配効果は高まる。実際、産業化の時期には、東アジア NIEs の多くが、しばしば、フォーマルセクターにおいて雇用されており、それゆえに社会保険基金に拠出可能な人々

に対して、社会保険の便益を**選択的**に供給した。結果的に、社会的保護プログラムは、社会経済的な不平等をしばしば強化し、全人口のうちの脆弱な部分を、社会保障システムの外側に放置してきた。要するに、生産主義的な状況における社会保険は、社会的権利それ自体を擁護するための政策的ツールというよりもむしろ、主要な労働力を保護するための戦略的手段であったのである。

　これに対して、個人貯蓄制度は本質的にDCプランであり、被用者とその雇用者に、個々の被用者のために開設された預金口座に、それぞれの被用者の賃金の所定の割合を拠出することを要求するものである。政府が各口座への貯蓄を集中的に管理し、給付水準は、それぞれの口座への拠出額とその投資収益の総額に応じて決定される。被用者は、退職したとき、あるいは住居、健康、そして教育等に関連した特定のニーズが生じたときに、自分自身の口座に蓄積された金額のみを受け取ることができる。それゆえ、この仕組みの下では、資金の不足が生じることはなく、政府が財政的な責任を果たすよう求められることもない。また、確定拠出型のシステムはその自助的性質ゆえに、労働へのインセンティブを歪めないと信じられている。さらに、こうした個人貯蓄制度は、経済政策上の目標を達成するためのツールとして、しばしば使用される。個人貯蓄を強制的なシステムとすることによって、政府は国民の貯蓄を推進することができる。長期にわたって引き出されることのない貯蓄の巨額の蓄積は、インフレという結果を招くことなく開発プロジェクトに投資するための資金を、政府に提供する。また、拠出率の変更を、経済活動を膨張もしくは収縮させるための、効果的なマクロ経済的ツールとして使用することもできる (Ramesh 2005, p. 1991)。これらの利点が、国際経済組織や個人貯蓄制度の拡充を主張する主流派経済学者にとっての、論理的な根拠となっている (World Bank 1994)。しかしながら、マイナス面として、不十分な所得のために十分な貯蓄ができない人々に対しては、ほとんど給付がなされないということがあげられる。換言するならば、個人貯蓄制度には、本当に保護を必要としている人々を保護するという効果は、ほとんどないのである。

c. 制度選択

　当然のことながら、すべてのタイプの社会的リスクに対処することができるような、あるいは、あらゆる国家に適した、単一の最適なアプローチは存在しない。それぞれの仕組みは固有の強みと弱みを有しているために、ほとんどの国は、二つ以上の仕組みを併用した社会的保護システムを発展させている。World Bank (1994) もまた、(1) 再分配的な所得移転のための、国家が資金を提供する仕組み、(2) 貯蓄のための、義務的でありかつ便益の提供のために必要な資金に不足が生じることのない、確定拠出型の仕組み、(3) より多くを貯蓄したい人のための自発的かつ補完的な仕組みによって構成される、多層的なシステムの採用を提案している。東アジアの生産主義的福祉国家も、例外ではない。それらの諸国もまた、全国的なセーフティネットを構築するに際して、いくつかの資金調達の形態の組み合わせを探究してきた。したがって、すべての東アジア諸国が、国によって給付水準は異なるものの、政府が資金を提供する何らかの仕組みを整備している。それに加えて、それらの国々

表 2.3　東アジア各国での社会的保護の制度選択

	高齢	医療	失業	労働災害	貧困
日本	社会保険と就労時給与の後払い	社会保険	社会保険	社会保険	公的扶助
韓国	社会保険と就労時給与の後払い	社会保険	社会保険	社会保険	公的扶助
台湾	社会保険と個人貯蓄	社会保険	社会保険	社会保険	公的扶助
フィリピン	社会保険	社会保険	該当なし	社会保険	公的扶助
ベトナム	社会保険	社会保険	社会保険	社会保険	公的扶助
タイ	社会保険と個人貯蓄	社会保険と個人貯蓄	社会保険	雇用者賠償責任	公的扶助
中国	社会保険と個人貯蓄	社会保険と個人貯蓄	社会保険	社会保険と雇用者賠償責任	公的扶助
インドネシア	個人貯蓄と社会保険	社会保険	該当なし	社会保険	公的扶助
マレーシア	個人貯蓄と社会保険	個人貯蓄	該当なし	社会保険	公的扶助
香港	社会保険と就労時給与の後払い	公的扶助＊	公的扶助＊	雇用者賠償責任	公的扶助
シンガポール	個人貯蓄	個人貯蓄	該当なし	雇用者賠償責任	公的扶助

注：＊香港政府は無保険市民に公的扶助を限定的に提供している。
出典：US Social Security Administration, *Social Security Programs throughout the World*, 2013.

は、(1) 全国的な社会保険制度（リスクプーリング）、(2) 強制的な個人貯蓄制度（自助）、(3) 両者の組合せ（二元主義）の三つのうちのいずれかの方向に、その取り組みを展開してきた。日本、韓国、台湾、およびフィリピンは、第一のタイプ（全国的な社会保険）の例であり、香港、シンガポール、およびマレーシアは、第二のカテゴリー（強制的な個人貯蓄）に属する国家として同定される。中国、タイ、およびインドネシアは、相互に異なる点はあるものの、第三のアプローチを追求している。**表 2.3** は、東アジアの生産主義的福祉国家において展開されてきた、社会的保護の制度選択のリストを示したものである。

(3) 生産主義的福祉資本主義の三つのモデル

再分配（リスクプーリング）と市場効率性（自助）とが、生産主義的福祉資本主義の三つの下位類型の同定を可能とする二つの次元である（**図 2.2**）。第一のタイプは「**包摂型生産主義的福祉**（*inclusive productivist welfare* = **IPW**）」であり、この類型に属する国々では、社会保険や公的扶助のようなリスクプーリングのプログラムが、経済成長に資するような社会経済的環境を創出するための政

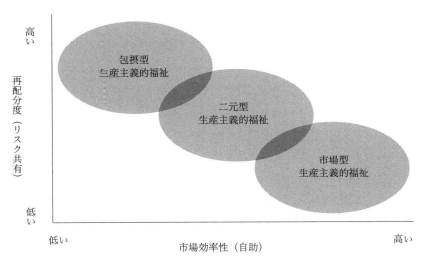

図 2.2　生産主義的福祉資本主義の三類型

策的ツールとして採用される。西洋の資本主義諸国においては、再分配的な福祉プログラムはしばしば、左派政党や労働組合が経済的に弱い立場に置かれている人々を守るために行った、政治的動員の成果であると理解されている(Korpi 1983, 1989; Katzenstein 1985)。しかしながら、生産主義的福祉のコンテクストにおいては、再分配的プログラムの主たる目標は経済発展の促進であり、そしてそのような教義は、主として、経済的に重要であり、それゆえに社会保険プログラムへの参加資格を付与された人々のあいだでのリスクプーリングを通して作動するようになる。そうした戦略的アプローチは、とりわけ日本と韓国において際立っていた。両国においては、華々しい経済的成功が、経済発展プラン、銀行システムに対する全面的な統制、重化学工業への国家主導の投資、そして強力な経済官僚制などの、工業化の時代における直接的な国家介入によって達成されてきた。このタイプの国家においては、熟練労働者の保護が、国家の重要な戦略的任務であるとみなされるために、リスクプーリングと再分配的な保険給付の大半は、低所得世帯よりも中所得および高所得世帯を対象としたものとなる傾向がある。

　しかし、脱工業化の時代に入ると、サービス産業分野の成長とともに経済はより多様化し、結果的に、非熟練労働者の保護が新たな政策課題として浮上する。この新たな状況において、再分配的戦略をとってきた生産主義的福祉国家は、社会保険の対象人口を拡大し、それまでは社会保険システムの外側にいた人々をも給付対象とすることを求める圧力にさらされる。この「包摂的」な動きはしかし、必ずしも北欧型の福祉資本主義への根本的な転換を示すものではない。というのも、IPWのそもそもの目標は、経済発展であるからである。それにもかかわらず、いかなる社会保険制度の拡充も、政府支出の増加の引き金となる傾向があるということは事実である。

　生産主義的福祉資本主義の第二のタイプは「**市場型生産主義的福祉** (*market productivist welfafre* = MPW)」であり、それは強制的な貯蓄制度を基礎とした社会保障システムの確立に焦点を合わせたものである。包摂型と同様に、この市場型もまた、社会政策を経済発展のための政策的ツールとして使用する。ただし、包摂型のアプローチが、リスクの共有は経済成長に対してポジティブ

な影響をもたらすという認識に基づいているのに対して、MPWを主張する者たちは、いかなる再分配的な仕組みも、生産費用の増大を不可避的に伴うがゆえに、有害であるとみなす。しかしながら、このことは、市場指向型の支持者たちが社会的保護の必要性を軽視または否定しているということを意味してはいない。政策立案者は、社会的保護の国家的プログラムの重要性を認識しつつ、給付が完全に拠出とリンクしており、それゆえに政府は財政的な責任をほとんど負わない、強制的な個人貯蓄制度を構築するのである。こうした意味で、社会的保護は、社会的リスクに対する経済的脆弱性を低下させるよう設計された、強制的な個人貯蓄の総計に等しい。

　MPWは、こうした市場指向的な特質ゆえに、貿易や海外資本への依存度が高い東アジア諸国にとって、魅力的なモデルである。いうまでもないことではあるが、シンガポールや香港のような高度に開放的な経済は、グローバルな市場の動向に敏感であり、それゆえに、海外からの投資を助長するような経済的環境の創出が、最重要政策課題のひとつとなる。この理由ゆえに、個人貯蓄制度が、最も魅力的で、費用対効果の点で優れた社会的保護の手法のひとつであるとみなされている。しかし、市場指向型の生産主義的福祉は、働いている時代に十分に貯蓄することができない低所得世帯に、ほとんど保護を提供できないという欠点を有している。

　最後のタイプは、「**包摂型**」と「**市場指向型**」の双方の手法を同時に採用している「**二元型生産主義的福祉**（*dualist productivist welfare* = DPW）」モデルである。全国的な社会保険か義務的な個人貯蓄のいずれかを中心としている諸国とは異なり、二元型のモデルを採用している国々は、両者の組合せを追求している。そうした国のひとつとして、日本を思い浮かべる者もいるかもしれない。日本の社会保険プログラムは、リスクプーリングと個人貯蓄の両方の要素を含んだ多層構造となっているからである（Tajika 2002）。しかし、それらのうち拠出型貯蓄の部分は義務的なプログラムではなく、拠出者の自発性に委ねられており、この事実は、貯蓄の部分の実施については、政府が直接的な役割を演じてはいないということを意味している。したがって、日本の多層的な仕組みは、二元型生産主義的福祉システムには分類されない。

DPW アプローチは、とりわけ製造業セクターと農業セクターとのあいだの格差や、都市部と農村部とのあいだの格差が大きい国々においては、発展に向かうための最適な戦略であると考えられている。二元型戦略を採る東アジア諸国は、都市部の工業労働者を保護するために再分配的なプログラムを実施する一方で、生産性で劣る農業セクターに対しては市場指向的な方策を採用する傾向がある。それゆえ、**フォーマルセクター対インフォーマルセクター**という分断および**都市部**対**農村部**という分断の、いずれか、あるいは双方を生み出す社会的保護の制度的分断が、二元型福祉主義の顕著な特徴となる。要するに、フォーマルセクターの労働者や都市部の居住者は、たいていの場合に統一的で比較的包括的な社会保険プログラムに参加する権利を有しているのに対して、インフォーマルセクターの労働者や農村の居住者には、一般的に、未熟な個人貯蓄制度か、あるいは、せいぜいのところ、選択の余地が少ない社会保険給付が提供されるにすぎないのである。

3．経験的検証――クラスター分析

前節では生産主義的福祉主義の三つのモデル、すなわち、包摂型生産主義的福祉主義(IPW)、市場型生産主義的福祉主義(MPW)、そして二元型生産主義的福祉主義(DPW)を、再分配(リスクプーリング)と市場的効率性(自助)の水準に焦点を合わせて探究してきた。より具体的には、社会保険と個人貯蓄が三つのモデルにどのように制度的基盤を提供するのかを検討した。この仮想的な三つのモデルからなる類型論は、生産主義福祉主義の分岐は系統的であり、かつ頑健なものであると確信できるほどに、経験的に信頼できるものなのであろうか。本章の残りの部分では、生産的主義的な諸国間での想定された分岐を検証することを目的として、それらの諸国を相対的に類似したグループに分類するための統計的な方法である、クラスター分析を行う。

(1) 変　数

生産主義的福祉の諸制度の包摂性や市場指向性の程度を測定するための、

第 2 章　東アジア福祉国家の制度的多様性　47

いかなる単一の変数も存在しないため、IPW と MPW のそれぞれの指標として、複数の変数を用いる。まず IPW 指標は、次の二つの要素によって構成される。すなわち、(1) 社会保険プログラムの成長、および、(2) 社会保障と医療への政府支出である (図 2.3)。両要素はいずれも、誰が何を得て、誰がどの程度支払うのかを、政府がどのように制度化するのかに関する重要な政治社会学的含意を有している (Hwang 2007, p. 133)。第一の要素、すなわち社会保険プログラムの成長は、(1) 保険給付の受給資格を有する者の範囲と、(2) 被保険者が全人口に占める割合という二つの尺度によって測定される。政府が社会保険給付を提供しているかどうかのみに焦点を合わせた単純な分析は、誤った結

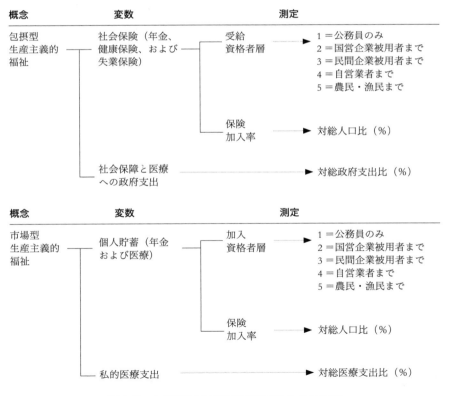

図 2.3　ＩＰＷとＭＰＷを測定するための変数

論を導く可能性が高い。なぜならば、全人口を対象とすることを意図した社会保険プログラムと、特定の選別された人々にのみ給付を提供することを意図した社会保険制度とのあいだには、質的な違いがあるからである（Smuthkalin 2006, p. 8）。換言するならば、福祉プログラムを包括的に理解するためには、あるかないかという単純な二分法以上の検討が必要となるのである。

　この点に関して、ここでの分析は、社会保険制度の有無を二値的に示すダミー変数ではなく、保険の受給資格の広狭と被保険者の対全人口比率という、二つの尺度を用いる。図2.3に示したように、受給資格の広狭に関しては、5段階の区分が用いられる。「1」は、政府に雇用されている者のみを対象とするプログラムであり、「2」は、それに加えて、国営企業の被用者をも対象とするように設計されたプログラムである。より広い範囲の人々を対象とするプログラムには、「3」以上の値が割り当てられる。このように、最も包括的でないもの（「1」）から最も包括的なもの（「5」）まで、順位が設定される。この受給資格の広狭が、社会保険プログラムが制度としてどのように設計されているのかを示す尺度であるのに対して、人口カバー率は、社会保険プログラムが実際に実施されてきたかどうかと、実施されてきたとするならば、どのくらい効果的であったのかを示す尺度である（Adam et al. 2002, p. 44）。

　さらに、政府支出変数が、IPW指標の第二の構成要素として用いられる。それは、公的扶助、社会手当、およびその他の中核的な福祉関連プログラムのような再分配的プログラムは通常、税収を中心とした政府歳入によって運営されているからである。本分析においては、政府支出は、対GDP比ではなく、政府支出全体に占める割合によって測定する。本研究は福祉支出の大きさそれ自体よりもむしろ、政府の福祉に対する取り組みの程度という、制度的側面を評価することを目的としているため、政府予算における社会福祉の相対的比重を見ることが適切なのである（Kwon 1998, pp. 29-32; Rudra 2008, p. 92）。

　同様に、MPW指標も二つの要素によって構成される。すなわち (1) 個人貯蓄制度の成長、および、(2) 私的医療支出である（図2.3）。第一の要素である個人貯蓄制度は、前節で説明したように、すべての雇用者と被用者に、退職後や加療が必要となった場合に備えて、被用者の個人口座への拠出を要求す

るシステムを指している。貯蓄ベースの制度が、自助原則に基づいて社会的不確実性を緩和しようという政府の努力の反映であることは、疑いのないところである。貯蓄制度の重要度を測定するために、本研究では再び、(1) そのプログラムに参加するための資格要件の広狭と、(2) 参加者が全人口に占める割合という二つの尺度を使用する。さらに、MPW指標には、各世帯が直接的に支払った医療費の総額が全世帯支出合計に占める割合によって測定される、私的医療支出割合という変数が含まれる。私的な医療支出の自助的な性質ゆえに、強固な市場指向を有する生産主義的福祉国家においては私的医療支出が世帯支出に占める割合が大きくなると想定するのは、合理的であろう。

(2) 分析方法とデータ

　本分析は、分析対象となっているケースを、各クラスターの内部では相互に同質でありかつ、他のクラスターに属するケースとは異質となるようにグループ分けする、多変量解析のための統計的手法であるクラスター分析を用いて、生産主義的福祉主義の三つのモデルからなる類型論の妥当性を検証するものである。このクラスター分析において、ある特定のクラスターに分類される生産主義的福祉国家相互間では、異なるクラスターに分類される生産主義的福祉国家相互間におけるよりも、包摂性（リスクプーリング）の程度と市場指向性（自助）の程度が、似通ったものとなると想定される。それゆえ、クラスター分析は、生産主義的福祉主義の下位類型を同定するための、効果的な方法である。すべてのクラスター分析の方法が同じ基本原則を共有しているにもかかわらず、クラスター化する方法には多くの異なったタイプがある。本研究では、凝集型階層クラスタリングの一手法であるウォード法を使用する。この方法は、N×Nの類似度マトリックスを構成したうえで、最も類似度の高いケースを、小さなクラスターからより大きなクラスターへと順次統合していくというものである。すなわち、この方法では、それぞれのケースがそれ自体でひとつのクラスターを構成しているという状態を起点として、最も類似性の高い二つのクラスターをひとつにまとめるという作業を、最終的にケースが単一のクラスターに統合されるまで繰り返す（Aldenderfer and

Blashfield 1984)。こうしたウォード法の大きな利点のひとつは、クラスターの順次的な統合を視覚的に示すために今日において広く用いられている樹形図もしくはデンドログラムと呼ばれるものを作出することができることである。この統計的情報の視覚化によって、適切な数のPWCの下位集団が示されることになるであろう。

　分析は11の東アジアの国々を対象として行うが、空間的には国を、時間的には5年間を分析単位とする。分析対象となる国は、日本、韓国、台湾、香港、シンガポール、マレーシア、タイ、インドネシア、フィリピン、中国、およびベトナムである。多くのPWC研究が、日本といわゆる「アジア四小龍」に分析対象を限定しているのに対して、本分析は、高所得国家と低所得国家の双方を含む、北東アジア諸国および東南アジア諸国の両方をカバーするものである。また、中国とベトナムという二つの移行期経済国をも含んでいる。東南アジアの後発国は、より早い時期に生産主義的福祉国家の形成に着手した諸国がたどった経済戦略と社会政策の経路を後追いしているがゆえに、分析対象となる諸国間には、明らかに多くの共通点がある (Gough 2004, p. 187)。それゆえ、北東アジアNIEs以外の諸国にもPWC理論を拡大的に適用することによって、事例選択に伴うバイアスを低減しつつ、東アジアの生産主義的福祉国家のより包括的なイメージを提示することが可能となる。

　また、本研究は、対象となる期間を1988年から1992年、1993年から1997年、1998年から2002年、および2003年から2007年の4期に区分することによって、5年間を時間的な分析の単位とする。多くのクラスター分析は、諸ケースの時間的な変化の可能性を無視し、特定の単一年に焦点化するか、または特定の期間の平均値を使用する。そのような静的なアプローチは、ある瞬間の限定された推計を提供するにすぎない。複数の時点におけるデータを用いた分析は、こうした欠点を除去することができ、生産主義的福祉国家のクラスターがいくつ存在するかだけではなく、それらが時の経過とともに進化しているのかどうか、また、進化しているとすれば、どのような方向になのかも示すことができる。それゆえ、本分析では上記の4期間を対象としたが、ここでは、最初の1期 (1988年から1992年) と最後の1期 (2003から2007年) の分析結果のみ

第2章　東アジア福祉国家の制度的多様性　51

を示す。これらの2期だけに限定するのは、全4期のうちの隣接する期間相互間の値の相違は、多くのケースにおいてそれほど有意なものではなく、それゆえ、4期すべての分析結果を示すと、多数の測定値がグラフ上の特定の箇所に寄り集まって表示されてしまい、さらには、混乱しているかのように見えるデンドログラムが作出されてしまうからである。2期のみを単純化して表示した方が、分析結果の解釈が、はるかに容易となるのである。

　先進産業諸国についての研究の多くが、データが豊富であるという利点を享受しているのに対して、東アジアの福祉国家に関する信頼に値する比較可能なデータの相対的不足は、ここでの試みを困難な挑戦とする。しかし、範囲と正確さには限界があるものの、アジア開発銀行（ADB）が、社会政策の諸指標に関する有用で比較可能な一連のデータを提供している。それゆえ、ここでは、ADBのデータを公的支出に関する主たる情報源として使用し、国際通貨基金（IMF）、世界銀行、国際労働機関（ILO）、および世界保健機関（WHO）のいくつかのデータベースによって、それを補完する。また、社会保険プログラムと個人貯蓄プログラムの制度的形態と人口カバー率に関しては、分析対象とした諸国のデータソースから収集したデータを使用する。

(3) 分析結果とその検討

　クラスター分析の結果は、以下の表と図に示したとおりである。分析の第1段階は、地域横断的かつ持続的に存在しているクラスターの数を同定することである。クラスター分析には、類似性を尤度に基づいた適合度の指標が存在しないため、本研究では、可能なクラスター化を視覚化した樹形図と、Calinkski / Harabasz の pseudo-F と Duda / Hart インデックスという、クラスター数を決定するための停止ルールとを併用する（Calinkski and Harabasz 1974;Everitt et al. 2001）。

　図2.4は、生産主義的福祉国家のさまざまなレベルのクラスターを図示したものである。この樹形図においては、二つのケースもしくはクラスターがひとつにまとまる点が、それぞれクラスターを示し、相違度を示す縦軸が、クラスターの強固さを示している。仮説として示したとおりの、包摂型（IPW）、

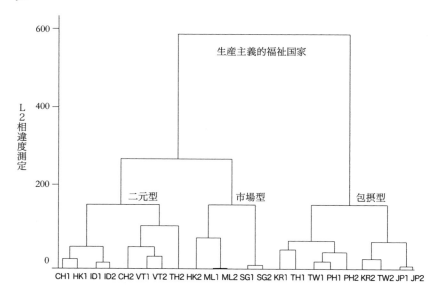

図2.4 クラスター分析の樹形図

注：CH（中国）、HK（香港）、ID（インドネシア）、JP（日本）、KR（韓国）、ML（マレーシア）、PH（フィリピン）、SG（シンガポール）、TW（台湾）、TH（タイ）、VT（ベトナム）。数字「1」は、1988〜92年の観測期間、数字「2」は2003年〜2007年の観測期間を示す。

市場型（MPW）、および二元型（DPW）という、生産主義的福祉国家の三つのクラスターが存在することが、この樹形図から確認できる。IPWクラスターは、第1期（1988年から1992年）および第2期（2003年から2007年）の日本、韓国、台湾、およびフィリピンと第1期のタイの、計9ケースが含まれる。MPWクラスターは、第1期および第2期のシンガポールおよびマレーシアと第2期の香港の、計5ケースによって構成されている。DPWクラスターには、第1期および第2期の中国、インドネシア、およびベトナムと第1期の香港、そして第2期のタイの、計8ケースが含まれている。

　クラスターの数については、私はこれまで、三つのクラスターが存在するという考え方を示してきたが、クラスターは二つであるという考え方も成り立ちうる。樹形図は、クラスターの最も適切な数を決定するための技術的規

準を何ら提供してくれないからである。したがって、結論に達するための別の規準が必要となる。そこで本研究では、クラスターの数を統計学的に決定するための技術的方法として広く用いられている二つの停止規則、すなわち、Calinski / Harabasz インデックスと Duda / Hart インデックスを採用する (Duda and Hart 1973; Milligan and Cooper 1985)。Duda / Hart の pseudo-T-square は、実際には単一のインデックスではない。それは、受容可能なクラスター数を同定するために有用な Je(2) / Je(1) という追加的な指標を含んでいる。一般的には、最も受容可能性の高いクラスター数を決定するためには、Calinski / Harabasz の pseudo-F の値が大きく、Duda / Hart の pseudo-T-square の値が小さく、そして Je(2) / Je(1) インデックスの値が大きいという組み合わせが必要である。

表 2.4 は、クラスターの数が三つのとき、Calinski / Harabasz の pseudo-F の値が 20.21 と最大であり、pseudo-T-square の値が 8.41 と小さいことを示している。これら二つの値は、概ね必要条件を満たしている。Je(2) / Je(1) の値は 0.45 であり、十分に大きなものではないが、Duda / Hart インデックスの全体としては、受容可能な水準であると結論することができる。それとは対照的に、クラスター数を 2 とした場合、Je(2) / Je(1) の値は大きくなるが、Calinski / Harabasz の pseudo-F の値が、きわめて小さくなってしまう。また、クラスター数を 4 とすると、pseudo-T-square の値があまりにも小さくなってしまい、問題である。2 クラスター案も 4 クラスター案も、3 クラスター案を凌駕する、説得力のあ

表 2.4 クラスター分析の停止規則

クラスター数	Calinski/Harabasz Pseudo-F	Duda/Hart	
		Je(2)/Je(1)	Pseudo-T-squared
1	.	0.5202	18.45
2	17.15	0.5715	8.25
3	20.21	0.4544	8.41
4	19.00	0.4780	6.55
5	19.39	0.2675	8.22
6	19.78	0.2414	6.29

る代替案とはみなし難いのである。したがって、東アジアにおける生産主義的福祉資本主義は、包摂型、市場型、二元型モデルの三つのグループから構成されていると結論付けるのが合理的である。

そうすると、次なる疑問は、このような分岐は固定的なものなのか、それとも変化しつつあるものなのかということである。**図2.5**の散布図は、8個のIPW指標と5個のMPW指標から得られたものであり、生産主義的福祉主義の諸国が、最近の数十年間を通して、明らかに、包摂型、市場型、あるいは二元型のいずれかのパターンをより顕著に示す方向に進化してきていることを示している。それらの諸国は、(1) リスクプーリングのための保険制度の拡大によって、より再分配的に、(2) 個人貯蓄制度に埋め込まれた自助原理とともに、より市場指向的に、あるいは、(3) その双方を包含するかたちで、より二元的になってきているのである。

包摂型の福祉国家のなかで、日本は、包摂的な福祉プログラムに対するその伝統的なスタンスを長いあいだ維持している。社会政策に関連した政府

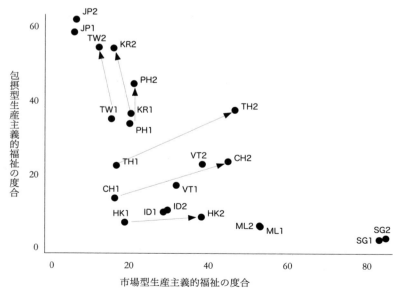

図2.5 生産主義的福祉国家の多様性

支出の相対的な少なさと、公的扶助を支給する際の厳格な資産調査が示しているような、直接的な金銭給付に対する忌避感にもかかわらず、日本は、一連の包摂的な福祉プログラムを通して、相対的に平等主義的な所得分配を達成しようとしてきたのである。そうした福祉プログラムには、国民年金保険、厚生年金保険、船員保険、公務員共済、私立学校教職員共済が含まれる (Estevez-Abe 2008, pp. 20-30)。韓国、台湾、そしてフィリピンもまた、相対的に短期間のうちに、福祉支出のかなりの増加と社会保険プログラムの大幅な拡充を伴う、より包括的なリスク共有システムへの明確な移行を経験してきた (Aspalter 2002)。それらの注目すべき成果が、図 2.5 に示したように、これらの諸国を、IPW の次元に沿って、より上方へ移動させたのである。

　それとは対照的に、市場指向型の諸国家は、1980 年代から 2000 年代にかけて、自助的なスタンスをより強化したようである。シンガポール、香港、そしてマレーシアはそれぞれ、社会保障の制度的基盤として、中央積立基金 (Central Provident Fund = CPF)、義務的積立基金 (Mandatory Provident Fund = MPF)、そして被用者積立基金 (Employees Provident Fund = EPF) という、個人貯蓄プログラムを発展させてきた。これらの積立基金プログラムは、工業化の時期に政策立案者のあいだで流行していた「生存本能」に由来している (Tang 2000、p.136)。たとえば、香港は 1997 年に中国に返還されたが、新政府は、「限定的な政府介入」の原則を提唱することによって、社会政策の新たな方向を示した。MPF はその政策的結果のひとつである (Chan 2003)。

　その間、中国、タイ、インドネシア、およびベトナムは、包摂型の手法と市場型の手法の双方を包含する二元的な戦略を追求してきた。中国では、中央政府の指導者層が、過去数十年間にセーフティネットを新たに編み直すために多大な努力を払い、包摂型の社会的リスクプーリングと市場指向的な個人預金口座から構成される、多柱的な新たな年金制度を提案した (Salditt et al. 2008; Gao et al. 2013)。しかし、そうした制度がもたらす便益は、その大部分が都市部のフォーマルセクターに限定されている。中国の政策立案者は、財政支出とリスクプーリングが、中国の社会経済の発展に複数の望ましい効果を及ぼしうることに徐々に気付きつつあるものの、福祉供給の総体的なコストを

削減すべしという強い圧力の下に置かれているのである。それゆえに、経済の市場化の進展に対する過度の関心が、完全に包摂型の計画か、あるいは完全に市場指向型の計画のいずれかを採用するよりも、二元型の福祉プログラムを追求するという方向に中国を導いていくことになり、都市部のフォーマルセクターと農村部のインフォーマルセクターとのあいだの、社会保障のはっきりとした制度的分断を帰結したのである。

タイとインドネシアも、とりわけ壊滅的な金融危機が両国の経済を直撃した1997年以降は、類似の行程を歩んできている。タイ政府は、危機への対応として、民間部門の被用者を対象とした社会保険プランと、国営企業の被用者を対象とした積立基金制度とを組み合わせた社会保障システムを発展させた。インドネシアも、1990年代後半から、Jamsostekと呼ばれる積立基金システムを拡充させてきている。興味深いことに、Jamsostek（労働者社会保障制度）の医療に関する部分は、政府によって運営される社会保険である。すなわち、インドネシア政府は、個人貯蓄と社会保険制度の双方を併用する二元的戦略を採用してきているのである。しかし、Jamsostekが対象者に参加を義務付ける仕組みであるにもかかわらず、労働者の90パーセント近くがそのシステムの対象外となっている（Ramesh and Asher 2000、pp.40-42）。国家の財政的能力が厳しく制約されているがゆえに、インドネシアの社会保障システムのMPW的な部分は、Jamsostekの社会保険的な部分を含めても、周辺的なものに留まっているのである。

4．小　活

1950年代の後半から、福祉レジームの類型論は、比較政治経済学と福祉国家研究における最も重要な争点のひとつであると考えられてきた。エスピン―アンデルセン（Esping-Andersen 1990, p. 3）が強調しているように、多様性を認識することこそが、現代福祉国家のそれぞれを結び付け、あるいは分け隔てる基本的属性を、実証的比較研究によって解明するための大前提である。福祉の多様な類型を理解することなしに、どのように、そしてなぜ福祉国家の

それぞれは相互に異なっているのかといった問いに答えることはできない。Holliday (2000) は、東アジアの福祉国家を理解するための取り組みの一環として、「生産主義的福祉資本主義 (PWC)」とよばれる理論的枠組を提示した。東アジア NIEs の社会政策は、現金給付による社会的保護ではなく、むしろ、労働生産性の向上、人的資本形成、そして経済官僚の指導の下での持続的な経済成長といった不可避の諸要請に対応することを意図したものであったと、彼は論じている。

　PWC 理論は確かに、東アジアの福祉国家の基本的な諸特徴についての重要な洞察を提供したが、しかし、生産主義的福祉主義の制度的多様性や時間的変遷については、ほとんど論及していない。日本、韓国、および台湾においては、社会保険制度やそれと関連した公的支出が中心的である一方で、シンガポール、香港、およびマレーシアにおいては、積立基金プログラムが重要である。これら二類型のあいだで、中国、タイ、そしてインドネシアは、社会保障システムを構築するために、社会保険と貯蓄ベースの仕組みの双方を追求している。既存の理論的な言説によったのでは、このような制度的分岐を十分に理解することは困難である。理論的な洗練とその経験的な基礎づけの必要性に応じるために、本研究は、社会保障制度の再分配性（リスクプーリング）と市場指向性（自助）の程度の違いを識別規準とする、包摂型生産主義的福祉 (IPW)、市場型生産主義的福祉 (MPW)、二元型生産主義的福祉 (DPW) という三つのモデルを提示した。この 3 モデルからなる類型論は、東アジア 11 か国のデータのクラスター分析によって検証され、その結果、生産主義的福祉の制度的多様性は経験的に頑健なものであることが示された。

　これらの知見は、東アジアの福祉研究に、いくつかの重要な示唆を与えるものである。第一に、東アジアの生産主義的福祉国家は共通した諸特徴を有してはいるが、それら諸国の制度的発展は一様ではない。したがって、東アジアの福祉国家に関するいかなる研究も、比較分析を行う際には、過度の単純化を行わないよう注意する必要がある (White and Goodman 1998, p. 19)。第二の示唆は、生産主義的福祉の制度的多様性と政治経済的諸条件の変化とのあいだの因果関係に関するものである。市場指向型の福祉プログラムがしばしば、

外国資本の役割や影響が顕著であるシンガポールのような、「市場順応型」経済の国々において観察されるのは、驚くべきことではない。それとは対照的に、より包摂的なプログラムは、典型的には、国家主導の工業化が国家、国内の企業、および国内銀行のあいだの密接な繋がりを通して達成されてきた韓国のような、「市場歪曲型」の経験を有する国々において一般的に採用されている。また、包摂的な福祉プログラムは、民主主義的レジームにおいてより顕著である。しかしながら、こうした因果関係の存在を確認できるかどうかを探究した経験的研究は見当たらない。そこで、次章では、どのような要因が制度的多様性を促進していくのかを検討する。

第 3 章

何が東アジア福祉国家に多様性をもたらすのか

　東アジアにおいては、社会政策のそもそもの目的は、権利を根拠とした社会的保護の提供よりもむしろ、生産性の向上にあった。社会保障と福祉政策は本質的に、労働力生産の要請に従属していた。したがって給付は、経済成長に必要とみなされた公務員や産業労働者に選択的に提供された。この「経済最優先」の思考法は、東アジア NIEs が人的資本形成に多くを費やす一方で、公的所得移転や社会サービスの拡充には後ろ向きな理由でもあった。東アジアの福祉レジームのこうした生産性指向に関する、一連の仮説が提示されたことをきっかけに、生産主義的福祉資本主義 (PWC) をめぐる議論が、研究者のあいだで活発に行われた。確かに PWC 理論は「主流派」の文献において広く認知されているわけではないし、この概念の妥当性やその操作化の可能性に疑問を呈する研究者もいる (Hudson and Kühner 2009)。だが見過ごせないのは、この概念が、東アジアにおける社会政策の発展の基本的な特徴を理解するうえで、説得力のある理論枠組を提供していることである。

　とはいえ、この概念を注意深く検討してみると、特に社会福祉政策の制度構造について、生産主義的福祉資本主義にはかなりの多様性が見られることがわかる。第 2 章で検討したように、日本、韓国、および台湾が、経済のグローバル化や人口動態の変化に対処するために、リスクプーリングに力点を置いた義務的社会保険制度を発展させてきたのに対して、シンガポール、香港、およびマレーシアは、自助原則に基づいて義務的個人貯蓄制度を奨励してい

る。第2章のクラスター分析の結果から、こうした制度面での多様性が体系的かつ頑健であることが確認された。それではなぜ、社会保障制度に組み込まれた包摂型リスクプーリングの仕組みへと向かう道を選ぶ国もあれば、個人貯蓄制度のもとで確立された市場型自助原理を選ぶ国もあるのであろうか。生産主義的福祉国家で社会保険プログラムの拡充と歳出の増大を促す要因はどのようなものであろうか。また個人貯蓄制度を促進し、政府の財政負担を最小化するような動きが生じる条件とはどのようなものであろうか。

　福祉国家の発展というテーマに興味を持った多くの研究者たちは、1960年代の初頭から、相互に競合しあう複数の理論を、相争うように提示していくようになった。しかしながら、東アジアの福祉国家について、そうした理論枠組で捉えようとする体系的な試みは、ほとんど存在しない。本章のねらいは、東アジアの生産主義的福祉資本主義に制度面で多様性が生まれ、その差が拡大している、ことの背景を考察することによって、比較福祉研究において東アジアのコンテクストが一般に等閑視されるという現状に挑むことである。議論が依拠する仮説は、社会福祉政策に見られる制度面での多様性は、そうした制度の形成を後押しする経済的および政治的な環境に生じた変化の結果であるというものである。本章では、こうした考え方に基づき、二つの主要な独立変数、すなわち経済開放度とボトムアップ型の政治的圧力の重要性を指摘する。

　本章の主張の第一は、国際市場にどれくらい開かれているかによって、それぞれの国の経済環境と発展戦略にふさわしい社会保障制度の類型が決まるというものである。東アジアNIEsでは、工業化の時期に一見似たタイプの国家主導型輸出戦略が実施されたが、外国資本と国際貿易への依存度、またその具体的中身にはかなりの違いがあった。経済環境が国ごとに異なる以上、グローバル化がその国の経済と福祉制度に及ぼす影響も異なる。実際、シンガポールなどの「市場順応型」経済では、個人貯蓄を基礎とした福祉制度がかなり普及しており、所得再分配施策は外国からの投資の誘致に負の影響を与えるとみなされている。対照的に、社会保険を基礎とする福祉政策は、韓国などの「市場歪曲型」経済でかなり普及しており、それらの国々では、社会的

偶発事象から熟練労働者を保護することが、国家主導型工業化戦略の重要な一部であった。

　第二の主張は、民主政治で重要な役割を果たすボトムアップ型の政治的圧力が、生産主義世界で制度面での多様性を育むな主な要因であるというものである。一般的に民主主義体制の政治家は、選挙で勝つために幅広い支持基盤を獲得する必要に迫られており、ボトムアップ型の政治的圧力により敏感であるため、包摂的かつ再分配的な社会福祉プログラムを拡充する。たとえば、韓国や台湾で民主的な選挙制度が始まると、与党は社会保険や公的扶助のプログラムを、政治的支持の獲得手段として用いるようになった。こうした給付は工業化の時期には選択的に提供されていたが、韓国と台湾で民政移管が進んだ1980年代後半以降、対象は国民のほぼ全体に拡大されたのである。

　本章の構成は次の通りである。まず次節では、生産主義的福祉の制度進化を説明するうえでの、既存の理論がもつ強みと限界を評価する。それ以降の節では、本章の主要な論点を示したうえで、クロス・セクション時系列分析による検証の結果を示す。最終節では得られた知見をまとめて提示する。

1．福祉国家発展についての諸理論

　福祉国家の起源と発展についての理論的説明はいくつも存在するが、その多くは、経済的要因と政治的要因のどちらに重心を置くかで大別できる。それらはいずれも、福祉国家の発展を理解するのに役立ちはするが、東アジアにおける福祉国家の発展の背後にある根本的要因については、ほとんど何も教えてはくれない。既存の理論的説明は、もっぱら西洋の産業民主主義国の経験に基づいているからである。発展途上国を対象とした比較福祉研究が近年増えているとはいえ、東アジアについての研究は、依然としてかなり遅れている。本節では、東アジアの生産主義的福祉レジームの多様性を説明するために、関連する諸理論を概観する。

(1) 福祉国家の経済理論

　福祉国家についての経済理論は、成長や開放度といった経済的諸条件が福祉国家の基礎であるという、機能主義的な前提に基づく。そうした理論は、工業化の論理を重視するもの、資本主義の論理を強調するもの、および福祉資本主義の多様性 (VOWC: varieties of welfare capitalism) を指摘するものの、三つに大別できる。第一に、初期の福祉国家研究の多くは、工業化によって、政府には福祉ニーズの増加に対応せよとの圧力が加えられると考えている (Wilensky and Lebeaux 1958; Kerr et al. 1960; Cutright 1965; Aaron 1967; Pryor 1968; Wilensky 1975, 2002; Pampel and Williamson 1989)。工業化論のポイントは、福祉国家の出現が分業、農村から都市への大規模な人口移動、景気変動に伴う循環的失業の増加、高齢者および都市人口の増加といった変化と連関しているというものである。工業化は、家庭生活や地域生活の変容とあいまって、こうした根本的な変化を促す。伝統的な福祉提供主体 (家族) の福祉ニーズの増加に対応する力が弱まるため、多くの脆弱な人々が、適切な福祉支援を求めるようになるからである。言い換えると、社会保障への圧力と需要が工業化によって大きくなることで、国家は次第に新たな任務 (貧困救済、産業社会で生じる社会的リスクからの保護、社会サービスの提供など) を引き受けるようになる (Van Kersbergen and Vis 2014, p. 35)。このように、工業化とそれに伴う人口面での変化が、福祉国家出現の主な要因であると理解されているのである。

　先進国を扱った初期の実証研究は、工業化の水準と社会支出の総額とのあいだに正の相関があることを示した (Wilensky 1975)。しかしこの相関は、先進国と後発国の双方を標本として、再分析を行うと消滅する (Mares and Carnes 2009, p. 96)。さらに工業化アプローチは、すべての先進国が農業資本主義から産業資本主義への転換を似たようなかたちで経験し、同一類型の福祉給付に収束すると想定する。しかしそうした想定によったのでは、日本、韓国、台湾、シンガポール、香港といった工業化を果たした東アジア諸国で、生産主義的福祉資本主義がさまざまなかたちで発展した理由を知る手がかりを得ることはできない。

　ネオマルクス主義などのラディカルな理論も工業化アプローチに属するが、

主要な関心を資本蓄積と政治的正統化との矛盾に向けている。ネオマルクス主義理論によると、資本主義国が社会給付を拡大するのは、多くの利潤を生む資本蓄積に有利な環境をつくりだすための政治的正統化の手段としてである (O'Connor 1973; Gough 1979; Offe 1984)。すなわち、資本主義国家において社会給付の提供とは、資本蓄積を確保すると同時に労働不安を緩和することによって市場を補完する、効果的な方法なのである。確かに歴史を振り返れば、社会的保護はしばしば市場の失敗を防ぎ、市場を救ってきたことがわかる (Polanyi 1944)。だが逆説的なことに、資本主義システムの正統性を強化するための社会福祉の拡大は、財政危機を招きがちである。そのような事態は、小さな政府と最小の生産費用という資本主義の理想と齟齬をきたす (O'Connor 1973)。福祉国家の今後は険しい。この矛盾が資本の蓄積需要に大きな脅威をもたらすからである。こうして資本主義の論理は、資本主義パラダイムに固く埋め込まれた矛盾を明らかにすることで、福祉国家の発展の起源に関するさらなる洞察を提示する。しかし、資本主義経済国はすべて同じようなタイプの移行を経験し、最終的に同じ福祉供給類型へと収束することが決まっているとする、ネオマルクス主義の理論的立場をとると、福祉国家に多様性が存在する可能性に気づきにくくなる。資本主義を画一的に捉える資本主義の論理に依拠したのでは、なぜ東アジア資本主義経済諸国ではさまざまなタイプの生産主義的福祉資本主義が育まれてきたのか、という問いに答えを出すことはできないのである。

　これら二つの機能主義的アプローチに固有の構造的限界は、資本主義社会は根本的に均質であり、地域性やエスニシティによる分割は表面的なものにすぎないという認識にはっきり表れている。この限界を克服するために、多くの研究者が、資本主義の収束から分岐へと力点を移動させた。Hall and Soskice (2001) が提唱し、現在多数の文献で引用されている「資本主義の多様性 (VOC: varieties-of-capitalism)」理論は、資本主義システムの弾力性と特異性こそが、コーポレートガバナンス、雇用関係、職業訓練と職業教育、企業間関係の体系的な差異を生み出すと主張する。言い換えれば、経済のある領域で特定のタイプの調整がなされている資本主義経済は、他の領域で「補完的な制度」を

発展させる傾向にある。VOC 理論は制度的補完性という概念に基づいて、資本主義経済を「リベラルな市場経済」(LMEs: Liberal Market Economies)と「コーディネートされた市場経済」(CMEs: Coordinated Market Economies)という二つの理念型に分類する。コーディネートされた市場経済の特徴は、非市場的手法、協力、企業間での信頼できるコミットメントが随所に見られる点である。これに対してリベラルな市場経済は本質的に、市場指向型の競争的な関係、フォーマルな契約、需要と供給の価格シグナリング・システムとして捉えられる (Streeck and Yamamura 2001; Hancke 2009)。

　資本主義システムには複数国にまたがる多様性が見てとれる、というのがVOC 理論のもつ有益な視点である。この点に着目した最近の研究では、VOC 理論の主だった仮説を組み込むかたちで、生産レジームの違いから、異なる福祉国家の発展の異なったパターンがどのように生み出されるのかを理解しようという試みがなされている (Ebbinghaus and Manow 2001; Swank 2002; Swenson 2002; Mares 2003; Iversen 2005)。実際には、経済システムと社会的保護のあり方とのあいだに因果関係があるかという議論は、1990 年代後半まで人目を引かなかった。その主な理由は、福祉国家と市場はまず両立しないという考え方にあった。しかしながら、福祉国家は、資本主義にとって制度上の反対原理であるとは限らない。むしろ、企業などのさまざまなアクターの経済戦略は、特定の社会政策や労働市場制度に対して補完的である (Haggard and Kaufman 2008, p. 2)。資本主義モデルと福祉レジームとのあいだには「選択的な親和性」があることを示す多くの研究がある。たとえば、コーポレートガバナンスと年金制度 (Jackson and Vitols 2001)、技能形成と雇用保護 (Estevez-Abe, Iversen, and Soskice 2001) である。このようにいわゆる、VOWC 研究は、福祉国家の発展類型が分岐する理由は、金融システム、コーポレートガバナンス、労使関係、雇用関係の編成の違いにあると考える (Mares and Carnes 2009, p. 101)。

　VOWC 研究の成果に触発され、途上国の開発戦略と福祉政策との関係を調査した研究グループもある (Haggard and Kaufman 2008; Rudra 2008; Wibbels and Ahlquist 2011)。興味深いことに、それらの研究はいずれも、東アジアが人的資本形成 (教育と技能訓練) を社会政策の中心に据えた地域であると論じている。こうし

た知見が、比較政治経済学の大きな進展を示すものであることは間違いない。しかし、この分野の研究は示唆に富むものではあっても、生産主義的福祉に制度的多様性を生じさせる要因は何であるか、という問いへの答えを提供するものではない。多くの経済学的研究が示しているように、東アジア諸国は、産業政策、外国からの投資への依存度とそのあり方、国家と社会の関係について、均質でも画一でもない (Hughes 1988; Patrick and Park 1994; Ramesh 1995; Kwong et al. 2001)。だからこそ、経済政策のタイプと経済開放度の違いが、東アジアの生産主義的福祉主義における制度的多様性にどのような影響を与えてきたのかを検討することが必要なのである。

(2) 福祉国家の政治理論

急速な工業化とそれに続く人口構成の変化によって、第二次世界大戦後の早い時期にヨーロッパで起こった社会福祉の劇的な拡大を説明することができるかもしれない。また、経済のグローバル化と新自由主義が主導権を握る時代の到来が、1980 年代から世界各地で福祉削減圧力が強まった原因であると考えられている (Strange 1996; Mishra 1999; Scharpf 2000)。しかし、これまで検討してきた福祉の拡充と削減についての経済理論はどれも、福祉の拡充や削減を求める圧力に直面する国々のあいだで、福祉国家の発展に違いが生じる原因を、不十分にしか説明できていない。こうした経済理論は確かに、福祉国家の「盛衰」についての貴重な洞察を含んではいるが、経済的要素と社会的保護との制度的連関を絶対視する点で、誤解を招いてしまう。なぜならば、福祉の拡充や削減の幅が決定されるにあたっては、政治的要因も重要な役割を果たしているからである。国家の介入を引き寄せる経済的な「引力」と、社会的・政治的活動家による政治的な「圧力」とは、区別されなければならない (Van Kersbergen and Vis 2014, p. 48)。こうした考え方に基づいて、多くの研究者が、社会福祉制度に影響を及ぼす政治的条件に関する研究を行っている。

代表的な政治理論として**権力資源**アプローチがある。福祉国家の発展を、労働組合や左派政党によって表象される労働者階級の歴史的な強さをとおして理解しようとするものである (Korpi 1983, 1989; Shalev 1983; Esping-Andersen 1990,

1996; O'Connor and Olsen 1998; Huber and Stephen 2001)。この理論によれば、不平等な経済関係こそが、利害の対立する社会階級のあいだに根本的な隔たりを生じさせる原因である。一般に選挙は、諸階級に利益獲得の機会を提供する。労働者階級の大半が左派政党に投票するのに対して、中流上層階級は右派政党に投票するため、社会福祉や関連プログラムへの政府支出の動向は、労働者階級の相対的な強さに大きく依存している。したがって、階級闘争こそが、福祉拡大の国家横断的な多様性を理論的に理解するうえで枢要であり、そのことは多数の研究によって実証的に支持されている (Hewitt 1977; Castles 1982; Esping-Andersen 1985; Myles 1988; O'Connor 1988; Korpi 1989 ; Heidenheimer et al., 1990)。

　しかし、権力資源論には、労働組合の規模と密度、国政選挙の左派票の割合といった指標が、労働者階級の実際の力を表してはいないという欠点がある。というのも、多くの国では、労働組合に加盟する左翼政党支持者はその数が少なすぎて、政権獲得が実現しないからである (Segura-Ubiergo 2007, p. 9)。さらに言えば、労働者は、共通の利益によって固く団結するとは限らない。Offe (1984) は、労働者階級と中産階級とを包含した戦略的同盟が、包括的な福祉国家の確立、拡大、および存続の要だと主張するほうが、より現実的であると論じている。

　権力資源アプローチに依拠した「旧い政治学」が厳しく批判されるなかで、1990年代以降にあらわれた研究動向は、より新鮮かつ学術的なアプローチをを案出し、それを福祉国家の新しい政治学と命名した。いわゆる「新しい政治学」の基本的な前提は、社会政策のあり方についての選択肢と戦略の幅は、階級闘争ではなく、政府の立憲的構造によって確定されるというものでである (Immergut 1992; Pierson 1994, 1996, 2001; Swank 2002)。第一に福祉国家の持続的隆盛、そして第二に福祉国家の制度的慣性という、二つの中心的な前提に基づいて、「新しい政治学」は、連邦主義、二院制、強力な大統領制といった政治制度が福祉国家の発展に及ぼす影響を強調する (Starke 2006)。そして、英米の保守政権をたびたび参照して、西洋民主主義諸国で福祉プログラムの削減がうまくいかなかった理由を説明する。一言で言えば、垂直的および水平的な権力分立が進んだ政府では、現状を変更するに際してその同意を必要とする拒否権

プレイヤーが多数存在するがゆえに、既存のシステムが大きく変わる可能性は低いのである (Tsebelis 2002)。

しかし、新しい政治学に異を唱え、旧い政治学が依然有効であることを示す実証的な根拠を追究する研究グループも存在している。だが、統計的知見は、決定力にかなり乏しい。福祉支出に政党が与える影響を裏付ける、伝統的な政治理論を支持する証拠を見出す研究がある一方で (Garrett 1998)、それに反駁する証拠を挙げる研究もある (Swank 2002)。折衷的な結果も報告されている (Iversen and Cusack 2000; Huber and Stephens 2001; Kittel and Obinger 2003)。それでもやはり、「旧い」政治学と「新しい」政治学とがともに、今日の福祉の拡充と削減についての理解を深めてくれることは明らかである。

問題は、こうした理論的な見解が、東アジアのコンテクストにそっくりそのままあてはまるものではないということである。東アジアの生産主義的福祉国家において一連の社会プログラムが開始されたときには、強力な市民社会や利益集団はおろか、有力な左派政党も組織された労働組合運動も存在しなかった。権力資源論は北欧諸国での労働者階級連合の歴史的経験に基づく仮説を提示するものの、東アジアで包摂型福祉プログラムが実施されるようになったのは、権力資源論の仮説とは異なり、労働組合の圧力や左派政党の積極的役割によってではなかった。東アジアにおいては、民主化以前には、階級を基盤とする運動も階級横断的な連携も、そのほとんどが権威主義体制によって暴力的に弾圧されていた。たとえば韓国や台湾においてそうであったように、民主化の時期に労働側が権力を獲得した場合ですら、その関心は最低賃金の引き上げなどの賃金に関連した争点にほぼ限定されていたのである (Hwang 2006)。

拒否権プレイヤーの存在と制度的慣性とがもたらす制約的効果を強調する新しい政治学のアプローチも、東アジアの生産主義的福祉主義に生じた分岐を説明できない。Pierson (2001) によれば、現政権の政策選好の如何にかかわらず、過去の政策的なコミットメントは、しばしば「ロックイン」効果を発揮し、現在の選択肢を制約する。したがって、新しい政治学のアプローチから得られる重要な示唆は、生産主義的福祉資本主義の基本的な哲学と諸制度が、そ

の「粘着性のある」生産主義的性格ゆえに、その後の政策の展開に強い影響を与え続けるというものである。しかしながら、東アジア NIEs は、経済成長を最優先の政策目標とし、それに社会政策を従属させることを長年の原則としてきたにもかかわらず、第 2 章で示したように、社会保険を基盤とする制度、あるいは義務的貯蓄を基盤とする制度のいずれかへと向かうという別々の経路を発展させてきた。**経路依存**効果に注目する新しい政治学は、東アジアにおけるこうした**経路離脱**的な制度面の分岐を、どのように説明できるのであろうか。

階級または制度のいずれかを重視する理論の抱える限界に対処するために、「国家をふたたび議論の中心に据える (bring the state back in)」研究者グループは、中央官僚のパターナリスティックな行動と政策立案能力が、福祉国家の起源と発展の源にあると考える (Heclo 1974; Evans et al. 1985; Evans 1998)。この理論枠組においては、中央官僚は明確な目的と動機を有しており、また、立案した政策の実行に直接かかわる専門知識を保持していると想定されている。歴史を見れば、とりわけ東アジアのパターナリスティックな権威主義国家に見られるように、社会的圧力から完全にまたは部分的に自律的な中央官僚が、特定の福祉レジームの確立に対して、国家建設に不可欠な要素である、固有の利害関心を有している事例が散見される。国家中心的アプローチは、とりわけ強固なパターナリズムの伝統をもつ権威主義国家を検討する際には、有用かつ有益である。たとえば、オットー・ビスマルクは、1870 年代に、ドイツで健康保険制度と年金制度を創設し、みずからの統治に正統性を付与するとともに、労働者を社会民主主義運動への急進的なコミットメントから引き離した (Flora and Heidenheimer 1981)。東アジア NIEs も似た道をたどり、社会政策を国家建設の不可欠な要素として用いた。そのことは、公務員と軍人とが、公的資金が投入された社会保障制度の主な受益者となっている事例に見られるとおりである。実際、支配的なエリート層は、急速な経済成長のための前提条件であるとみなされた官僚と軍人の体制への忠誠心を強化するために、いくつもの社会福祉プログラムを開発した (Ramesh and Asher 2000, p. 9)。国家中心的アプローチが、生産主義理論と調和的であることは確かである。しかしながら、

東アジアの政治的指導者には、包摂型の社会保障プログラムを拡充する者もいれば、市場指向型貯蓄プログラムを発展させる者もいるのはなぜなのかという疑問は残る。

2．生産主義的福祉主義を分岐させる要因

東アジアの生産主義世界でのリスクプーリング制度と自助制度との分岐の**発生**と**成長**を促す要因とは何であろうか。本研究の第一の主張は、東アジア NIEs が開発主義パラダイムのさまざまな軌道を作り出し、そしてそれによって PWC 内部で制度的分岐が生じたというものである。とりわけ外国からの投資と国際貿易への開放度とを、多様性を「誕生」させた主要因として検討する。第2の主張は、選挙における競争がもたらすボトムアップ型の政治的圧力と政治的な起業家活動の戦略的必要性により、包摂型社会保障施策の拡充が促されることで、包摂型類型と市場指向型類型との相違が拡大するというものである。すなわち、制度的多様性の**成長**は、民政移管に付随する政治的圧力

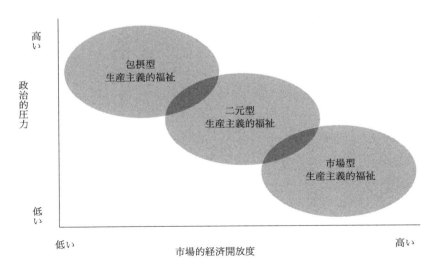

図 3.1　生産主義的福祉資本主義を分岐させる要因

の程度に大きく従属しているということだ。**図 3.1** は、こうした二つの主張を図示したものである。

(1) 経済開放度

　工業化の時期の東アジア諸国は、国家としてのたぐいまれな力量とさまざまな圧力からの自律性とを備えることで、輸出主導型の発展を促した (Woo-Cumings 1999)。こうした一般化は妥当なものとはいえ、どのような産業を奨励し、どの程度またどのようなかたちで外国資本に依存し、どの程度のボトムアップ型の政治的圧力に遭遇したかについては、かなりの違いがあることを過小評価してはならない。事実、そうした違いは東アジアの福祉システムの形成プロセスに重要な役割を果たしてきた (Ramesh 1995, p.234)。なかでも外国資本と国際貿易が示すパターンは、東アジアの新たな工業化戦略とそれに対応する社会政策と密接な関係がある。東アジアにおける外国資本フローと国際貿易を扱った文献が不足しているわけではもちろんないが、経済開放度と社会的保護との関係については、ほとんど研究が行われていない。したがって本節では、経済のグローバル化と福祉国家の発展との因果関係を検討する。

a. 外国資本

　1960 年代から 1990 年代にかけて、NIEs は急速な工業化を達成し、速度はまちまちであったが、労働集約型産業から資本集約型産業に移行した。東アジアの経済的成功には、国内資本ストックの急速な蓄積を可能にした貯蓄率と投資率の高さが一役買っている。資本蓄積は輸出指向型アプローチによっても促され、東アジアは最も魅力的な投資先の仲間入りをした。初期の資本流入は外国からの援助のかたちをとったが、商業資本フローにとっての東アジアの与信適格性が上昇するにつれて、輸出信用、銀行貸付、外国直接投資、有価証券投資が続いた。しかし、東アジア諸国の経済にとっての、外国資本の性格と重要性は、国によって異なっており、それは、受入側の産業政策および発展段階とおおむね一致した (Parry 1988, p. 97)。産業政策の本質とは、成長速度の上昇を目的として、生産部門構造の変革を目指す政府の取り組みであ

るため、そのことが、獲得する外国資本のタイプに変化をもたらす傾向がある (Noland and Pack 2003, p.10; Wan 2008, p. 21)。

　たとえば、日本と韓国においては、輸出に力点が置かれてはいたが、産業政策の目的は、一部の戦略産業について、国と銀行とが密接な関係を保ちつつ、資本市場を外国投資家に開放しないままに維持できるような垂直統合経済を構築することであった。日本の通商産業省（当時）を扱った Johnson (1982) の古典的な研究が簡潔に示しているように、東アジアの産業政策は、事業の育成と規律によって急成長を実現するという起業家機能を備えていた (Amsden 1989; Wade 1990)。たとえば日本政府は、日本電子計算機株式会社 (JECC) を設立して、国内の電算機生産者のキャッシュフロー問題を緩和した。また半導体関連の共同研究プロジェクトへの資金提供も行った。後者は、日本企業がグローバルな情報通信市場で競争可能となるために、欠かせない要因であった (Evans 1998, p. 76)。国家、銀行および産業が密接な関係にある環境では、外国資本は周辺的な位置にとどめられ、規制が保護する経済のなかで限られた役割しか果たしえなかったのである (Haggard 1990, p. 197)。

　対照的に、シンガポールと香港は中継経済の確立に成功し、外国資本には国家規制の少ない良好な基盤が与えられた。シンガポールは経済開発庁(EDB)を設置した。日本の通産省とよく似た官庁だが、役割にはかなりの違いがあった。基本的な任務が国内産業の統制よりも、外国からの投資の誘致にあったからである。外国人投資家にとっては、経済開発庁は建設、採用、移住、雇用関係、工場用地、従業員用宿舎、納税、納入業者といった分野で「ワンストップ」サービスを提供する、有能な組織であった (Kwong et al. 2001, pp. 22-24)。香港も、工業化を目的に、外国からの投資に便宜を図る同様の仕組みを構築した。シンガポールと香港は、市場に友好的な手法をとることで、World Bank (1993) がほめそやすように、この地域で「ファンダメンタルズを整えた」国際的な金融・商業・貿易の新たな中心地として登場したのである。

　表 3.1 は、韓国とシンガポールという代表例を用いて、外国直接投資 (FDI) の規模に関して「市場歪曲型」経済と「市場順応型」経済とを対比したものである。韓国では、借款が国家主導型工業化の重要な資金源であった。理由の

表3.1 東アジアへの外国直接投資の流入（総固定資本形成比 [数字は%]）

	1985-95	2001	2003	2005	2007	2009	2011
日本	.	0.6	0.7	0.3	2.1	1.4	-0.2
韓国	1.0	2.6	2.1	3.1	0.8	2.1	3.2
台湾	3.0	7.8	0.8	2.3	.	.	.
フィリピン	7.4	7.0	3.7	7.5	15.5	9.2	6.7
中国	6.0	10.5	8.6	9.2	6.8	5.8	6.5
タイ	4.2	14.6	5.7	7.2	21.0	13.6	14.0
インドネシア	3.4	-9.4	-1.3	8.5	9.4	5.7	18.7
ベトナム	28.3	13.6	11.0	11.3	24.4	14.7	26.2
マレーシア	13.8	2.5	10.8	15.2	22.4	3.9	27.5
シンガポール	32.9	55.5	46.5	78.9	102.1	41.8	115.8
香港	18.4	55.7	40.6	97.0	122.2	108.5	192.8

出典：Wan（2008, p. 206）；UNCTAD（2013）。

　ひとつは、金利が国内市場で調達するより大幅に低いことであったが、さらに重要なのは、政府にとって、資本を外部調達しながらも政策の自律性を保つことができる効果的な手段であったことである（Wan 2008, p. 284）。その結果、韓国の平均外国借入額は1960年代後半から1980年代初めにかけて、金融システムの厳格な政府管理のもと、国民総生産（GNP）の5パーセント近い水準であった（Patrick and Park 1994, p. 330）。

　対照的に、シンガポールは、工業化の時期以降、外国からの投資に大きく依存してきた（表3.1）。1975年から1990年にかけて、外国直接投資が総資本形成に占める割合は、韓国ではわずか1パーセントであったのに対して、シンガポールでは約30パーセントであった。外国からの投資が総固定資本形成に占める割合について、シンガポールが示したこの比率は、間違いなく東アジア諸国経済で最も高い部類に入る。同様に純外国直接投資について見ると、韓国では同じ期間に総外国資本流入額の約12パーセントを占めたが、シンガポールでは102パーセントであった。1980年代から1990年代初めにかけて、シンガポールは経済協力開発機構（OECD）非加盟国に対する外国直接投資総額の10パーセント以上を呼び込んだ（Perry et al. 1997, p. 15）。シンガポールは外国直接投資の比率が高かっただけでなく、外国人所有企業の割合も高かっ

た。1989年時点での外国人の企業所有割合は、韓国ではわずか50.4パーセントであったのに対して、シンガポールでは72.6パーセントであった (Yeung et al. 2001, p. 163)。シンガポールでは、外国企業が他国よりもはるかに重要な役割を果たしており、1978年から1986年にかけて雇用の約60パーセント、輸出の90パーセントを占めていた (Parry 1988, pp. 111-16)。

b. 金融システム

東アジア諸国の経済は、急速な工業化という類似した目標を掲げながらも大きく2パターンの経済戦略を発展させてきた。そして相異なる外国資本へのアプローチからは、相異なるタイプの金融システムが生まれた。実際、NIEsでは国内金融市場への介入は、方法も中身もさまざまであった (Stubbs 2005, p. 9)。工業化の時期の日本と韓国では、政府が国内企業と銀行を密に連携させたうえで、規制権限を使って外国資本を遮蔽した。両国の金融システムは基本的に閉ざされ、国際市場から隔離されていた。日本と韓国は、複数の外国銀行に支店開設と国際貿易への融資を認めており、その目的は1970年代まで続いた米国の低金利を利用するためであった。だが、外国金融機関は限られた役割を果たすのがせいぜいで、市場占有率も低かった (Patrick and Park 1994, p. 330)。対照的に香港とシンガポールでは、外国資本の浸透水準が全体としてはるかに高く、結果として高い競争力をもつ金融市場の設立に貢献したのである。

Zysman (1983) は、この二つの対照的なパターンを「銀行信用ベース」の金融システムと「資本市場ベース」の金融システムと名付けた。銀行と資本市場の相対的重要性は、比較政治経済学の分野にあっても、似たような用語によって把握されてきた。たとえば、「銀行指向型金融システム」と「市場指向型金融システム」(Rybczynski 1984)、「債務ベースの金融システム」と「株式ベースの金融システム」、または「媒介型の金融システム」と「有価証券ベースの金融システム」(Berglof 1997)、「インサイダー型金融システム」と「アウトサイダー型金融システム」(Franks and Mayer 2001) などである。「コーディネートされた市場経済」(CMEs) と「リベラルな市場経済」(LMEs) という昔ながらの区別も、同じ議

論の枠内にある。コーディネートされた市場経済の特徴は、長期融資とそれに対応する経済制度（規制された労働市場、職業訓練、企業間での幅広い調整など）の利用可能性を保証する、非市場的調整の傑出性にある。このような経済では、信用ベースの金融機関（銀行）が預金活用、資本配分、企業経営者の投資決定の監督、リスク管理手段の提供において主導的役割を果たしている。対照的に、リベラルな市場経済の力点は、国家の限定的な役割、少ない規制や課税に置かれている。リベラルな市場経済の市場ベースの金融システムでは、資本市場が銀行とともに中心的な役割を担い、人々の預金の企業への移転、企業統制の実施、リスク管理の緩和を行う (Berglof 1997)。一般に、銀行ベースの金融システムは、安定した長期的かつ**寛大** (patient) な資本を企業部門に提供でき、それによって企業は従業員に長期的な責任を果たすことができる。対照的に市場ベースの金融システムが提供するのは、短期的利益を期待し、かつ不安定な雇用方針を求める、高度に**流動的** (liquid) な資本である (Jackson and Vitols 2001, p. 173)。

　「信用」か「市場」かという二分法に基づく類型論は、東アジアの事例にうまくあてはまる。外国資本がほとんど身動きのとれない市場歪曲型経済で、銀行が重要な役割を果たしてきたことは間違いない。たとえば日本政府は、銀行と企業が政府の指導のもとで株式持ち合いを通じて連動する金融システムを作り出した。銀行と企業の分離を保つ米国とは異なり、日本の中心には、大手銀行を核とした産業集団システムである「系列」が作られた (Hutchison et al. 2006)。同時に日本政府は、銀行の利益を実質的なかたちで保証し、外国人の企業所有を規制し、資本市場を全体として未発達な状態にすることで、銀行の国際金融市場からの分離を促した (Takahashi 2012)。事実、1954年から1984年にかけて、日本の非金融部門への外部融資の大半は銀行貸付 (45-63パーセント) と貿易信用 (20-36パーセント) であり、株式 (4-15パーセント)、債権 (2-5パーセント)、外国直接投資は少なかった (Wan 2008, p. 284)。このタイプの金融システムは、韓国や台湾などの市場歪曲型経済でよく見られるものであった。たとえば台湾では、国営銀行が金融システムを支配するにあたり、政府の保護が大きな役割を果たした。金利は厳格にコントロールされ、銀行の新規参入は制

限された。また、政府は、優遇する国営企業や輸出企業に銀行信用を供与した。その結果、銀行貸付が増え、1977年には金融市場、資本市場、国内銀行からの資金調達全体の70パーセント、1984年には60.7パーセントを占めていた(Wan 2008, p. 285)。

東アジアにおいて、銀行ベース金融システムに支援された産業政策は、金融自由化プロセスが新自由主義イデオロギーの台頭によって加速した1980年代後半に崩壊した。それにもかかわらず、銀行貸付への政府規制や一時的な政治介入は、ノンバンク型金融機関の規制緩和と相まって継続した(Hamilton-Hart 2008, p. 46)。したがって東アジアでは、市場歪曲型経済は、銀行ベースの金融システムに根深く恒常的な影響を遺したのである(Park et al. 2005)。こうした見方は、金融システムの規模や活動、効率性を尺度に市場資本総額を数値化することを目的とした金融構造指数(FSI)を提案したDemirguc-Kunt and Levine (1999, 2001) によって実証的に支持されている。

c. 貿 易

貿易もまた、市場順応型経済と市場歪曲型経済との違いが見て取れる領域である。確かに圧倒的な輸出実績は、東アジア一帯で生じた経済的奇跡の特徴である。工業化のプロセス全体をとおして、NIEsでは輸出崇拝に近いものが生じた。日本をはじめ、NIEsは輸出に大きく依存し、輸出は経済成長に大きく貢献した。東アジア諸国は、20世紀最後の四半世紀に、年平均貿易成長率12パーセントを達成し、世界平均の5パーセントの2倍以上の伸びを見せた。これと同じ時期、NIEsが占める世界貿易シェアは4パーセントから16パーセントに増加した(World Bank 2000)。しかし東アジア各国の経済は、輸出入総額の対国内総生産(GDP)比に関しては、相互に際だった差異を示していることもまた事実である。日本は主要な貿易国であるが、実際のところ国際貿易開放度はそれほど変わらず、2006年から2010年までの期間においては、輸出入総額はGDPの30パーセント前後に留まっている。韓国と台湾の輸出入総額は、2000年まではGDPの100パーセント以下に留まっていた。対照的に香港とシンガポールは、**表3.2**が示すように、国際貿易開放度がきわめて高い。両国

表3.2 東アジアにおける貿易（輸出入総額の対GDP比（%））

	1981-85	1986-90	1991-95	1996-2000	2001-05	2006-10
日本	27.17	18.67	17.06	19.85	23.25	30.84
韓国	68.07	63.58	55.02	69.95	71.18	87.36
台湾	96.28	92.56	86.87	94.71	109.56	-
フィリピン	48.38	55.21	70.20	104.13	102.48	78.96
中国	49.23	64.40	81.92	102.04	131.26	138.78
タイ	49.39	45.18	51.82	67.76	61.25	52.62
インドネシア	-	40.44	71.79	99.87	127.83	147.14
ベトナム	22.87	32.58	44.15	39.13	56.46	60.96
マレーシア	106.59	124.63	167.98	202.98	203.88	180.82
シンガポール	355.85	350.54	335.14	344.03	399.96	400.22
香港	191.31	238.33	270.79	263.17	330.56	400.82

出典：*Penn World Table 6.3*（2009）; *World Development Indicators*（World Bank）

では、貿易自由化のもうひとつの指標である平均関税率は、ほぼ0パーセントであるが、日本、韓国、台湾などの市場歪曲型経済の関税率は、この数十年来10パーセントに達している。このように、香港とシンガポールは貿易と貿易面での経済開放度とに大きく依存しているために、グローバル市場の経済環境の変化にかなり敏感に反応するようになったのである。さらに、両国政府は規制を簡素化し、対外経済取引への介入を減らした。そうだとすると、次に問うべきは、これら二つのパターンに見られる対照的な特徴が、東アジアの生産主義的福祉主義の制度的多様性とどのような関係にあるかである。

d. 経済開放度と福祉の関係

一般に、市場順応型経済は国内市場を自由化し、外国投資家がとりわけ資本市場で積極的な役割を果たすようにする。この場合、国の政策の自律性は、グローバルな市場環境に大きく左右され、短期的な事業利益を求める株主に制約される（Strange 1996; Scharpf 2000）。外国直接投資額と証券投資額、貿易高が大きいとき、内外からの政府への圧力は、採用できる政策オプションの幅を狭める可能性が高い（Drezner 2001）。とくに税制を通じた福祉支出は、価格競争力の喪失を招くことで、世界市場での競争力低下をもたらす要因とみなさ

れる (Rudra 2002)。したがって、自由主義的な経済政策をとる政府は、社会保障制度にさまざまな自助策を用いる傾向がある。Cameron (1978)、Ruggie (1982)、Katzenstein (1985)、Rodrik (1997, 1998)、Garrett (1998)、Hicks (1999) らの見解はこれとは対立し、経済のグローバル化により、グローバルな市場競争で負の影響を受ける人々への補償の一環として、福祉国家には社会保障給付の大幅な拡大を求める圧力がかかると論じる。だが、経済開放度と福祉拡大とが正の関係にあるのは、OECD諸国だけである。換言すれば、経済開放度が上昇すると、非西洋地域では、個人貯蓄ベースの社会的保護と「制度面で一致」した市場順応型システムが育成されるのである。このアプローチの具体例には、シンガポール（中央積立基金）、香港（義務的積立基金）、マレーシア（被用者積立基金）がある。

　対照的に、市場歪曲型経済は、市場順応型経済よりも市場投資家の利害に左右されにくい。政府は貿易障壁を築き、外国資本を統制することで国内企業を外国の浸透から保護しているからである。企業は政府関連の銀行融資や政府保証付きの借款を、自社の成長戦略の主要な資金源とすることが多い。こうした手法は、政府が市場に対する強力かつ指導的な介入主義的役割を果たすことで、急速な工業化を実現しようとする際に採用されることが多い。この戦略をとるには、政府が外的圧力に屈して政策の自律性を失うことなく、また資本市場の短期変動に大きく振り回されることもなく、国内産業向けに「寛大」かつ「流動的ではない」資本を用意することが求められる (Ebbinghaus and Manow 2001; Burgoon 2001; Estevez-Abe et al.2001; Iversen 2005)。このとき政府の主な関心は、産業と銀行との協力関係をどうはっきりさせるか、また産業労働者を社会的偶発事象からどう保護するかにある。したがって、**中核的な**産業労働者への社会保険給付が、熟練労働力を保護するうえで非常に安定的で、かつ費用対効果の優れた方法であるとみなされる。(Goodman and Peng 1996, p. 207; Wibbles and Ahlquist 2011, pp. 127-28)。日本、韓国、台湾では、工業化と社会保障の発展にこのようなパターンが見てとれる。

(2) 政治的圧力

前節では、経済的要因がなぜ、また、どのように包摂性（または市場指向性）の高い社会保障システムの採用へとつながるのかを説明した。しかし市場歪曲型経済では、工業化の初期段階で**包摂型福祉プログラム**が採用されたものの、給付は普遍的ではなかったことを思い出しておきたい。社会保険プログラムの主な受益者は、経済成長の中心とみなされた一握りのフォーマルセクターの労働者であった。だが、興味深いことに、そうした給付は多くの場合、時を経るにつれて他部門の労働者にもスピルオーバーし、包摂型生産主義的福祉（IPW）と市場型生産主義的福祉（MPW）との制度面での分岐を拡大した。経済的要因によって分岐の**はじまり**が説明されるとするならば、どのような条件が分岐の**拡大**をもたらすのであろうか。

a. 民主主義と福祉との関係

非民主主義体制の下で、包摂型福祉政策が採用されることもある（Rudra and Haggard 2005）。社会政策の大半はヨーロッパや北米の民主主義国で採用されたが、途上国の7割以上は、社会政策を採用した時点においては独裁政権であった（Mares and Carnes 2009, p. 97）。東アジアも例外ではなかった。1970年代と1980年代において、韓国と台湾の権威主義政権は、経済発展戦略の一環として、一連の社会保障制度を導入したのである。

しかし、こうした包摂型福祉プログラムの**拡大**には、経済的動機以上のものが必要である。民政移管は、政策立案者に包摂型福祉給付の拡大検討を促す政治的要因として、真っ先に考えられるものの1つである。民主主義体制では、社会的保護の需要から生じる政治的圧力により、政策立案者は政府収入を社会福祉に多めに配分する（Kaufman and Segura-Ubiergo 2001; Adsera and Boix 2002）。権威主義体制では市民が政治参加し、政策に懸念を表明する機会が本質的に制限されているが、民主主義体制では事情が異なり、民主的な選挙による競争の力学によって、政治指導者は国民のニーズに応える大きなインセンティブを持つことになる。言い換えれば、限られた数の産業労働者を対象とした包摂型社会保障制度の**導入費用**は、権威主義的指導者にとって大した

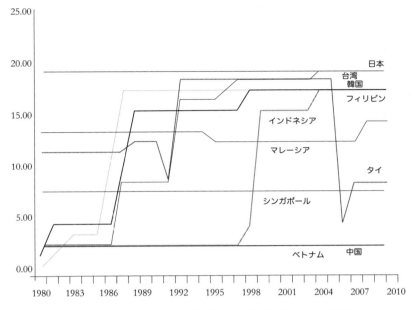

図 3.2　東アジアにおける民主的ガバナンスの水準

出典：Polity IV database。

額ではないが (Gallagher and Hanson 2009)、制度の対象範囲と資格の**拡大**には、権威主義的指導者の手には担い切れないほどの、財政的および政治的な責任が伴っているのである。

　この点で、包摂型福祉プログラムの大幅な拡大が、権威主義下の生産主義的福祉国家ではほとんど起こらないとする仮定は妥当なものであろう。日本、韓国、台湾の経験は、民主主義国での政治的圧力が包摂型福祉の発展にどのような点で、またどのような意味で重要なのかを示す好例である (Tang 2000, p. 60; Gough 2004, p. 201)。韓国と台湾では1980年代後半に民主化運動が起こり、その結果、1990年代には、社会福祉に国家が責任をもつ方向へと大きく舵を切った。東南アジアでも、似たような動きが今後起きると見てよいであろう。というのも、民主的ガバナンスの関連指標を見ると、包摂型生産主義的な社会保険を備える国々の大半は、市場指向型貯蓄制度をもつ国々と比べて、民主的ガバナンスの水準が高いことが確認できるからである (**図 3.2**)。

b. 政策状況の変化と国家 – 社会関係の変化

これまで説明したように、民主主義体制は生産主義的福祉国家に対して、包摂性と再分配度を強化するよう促すという仮定は論理的である。より正確には、民主主義への移行とそれに伴うボトムアップ型の政治的圧力の上昇によって、PWCの多様性は影響を受けるが、その影響は(1)政治的コンテクストが変化し、それまでは国家が支配していた政治過程への市民参加が可能になる公共圏が作り出されること、および、(2)国家と社会の関係性が変化し、ガバナンスの性格が統制からアカウンタビリティへと移動することによってもたらされるのである。

民主的な政策形成過程には、国家部門だけでなく社会のさまざまな成員も参加している。後者は利害がばらばらであり、そのために、政府が定めた集団的利害とは異なる、個人としての目標を追求しがちである (Brooks and Manza 2007, p. 25-33)。東アジアでは、経済成長が国家の主要な目標であるべきと考える人々がやはり多いが、民主化によって国家の政策形成過程に対する態度に変化が生じている (Dalton and Shin 2006)。韓国と台湾の保健政策を論じた Wong (2004) は、民主化の影響を受けて、課題設定、利害関心、アイデア生成だけでなく、政策形成過程にかかわるアクターやネットワークがどのように変化していくのかを示す好例である。つまり、政治空間が新たに開かれることで、政府は、経済政策官僚の意見だけでなく、社会政策部門の要求も反映するようになる (Yang 2000)。これは、権威主義的生産主義国家と民主化された生産主義国家とのあいだに見られる、政策コンテクストの顕著な違いである (Ku 2009, p. 149)。

民主化は政策コンテクストを変えるだけでなく、国民に多くの権力を与えることで、国家と社会との垂直的な関係も変える。伝統的なトップダウン型の権力関係は、東アジアの民主化された生産主義的福祉国家についていえば、ガバナンスの支配的なかたちではもはやない。その代わりに、ガバナンスの正統性を決める重要なメカニズムとなっているのが選挙である。政治家は、選挙に勝利して議席を維持するため、政策市場で包摂型福祉施策への強いコミットメントを提示しなければならない (Segura-Ubiergo 2007, p. 38)。保守政党で

すら、選挙で幅広い支持を得るために、社会的プログラムを用いるインセンティブをもつ（Haggard and Kaufman 2008）。たとえば、1980年代の韓国と台湾では、民主化が始まったことで政治的再編が促されたため、与党は社会保険の適用範囲を拡大せざるをえなかったのである。

韓国では、1963年に任意の健康保険制度（医療保険法）が導入され、1976年には強制加入制度が導入されたが、その対象は500人以上の大規模事業所に限定されていた。しかし、1980年代の民主化とそれに続く総選挙の実施により、新たな社会政策改革の流れが生まれ、政府は社会保険の適用範囲の拡大に動いた。たとえば、与党は、健康保険の適用範囲を、1988年には農民などに、また1989年には都市部自営業者に拡大し、国民皆保険が達成された。これは、大統領選挙と総選挙での支持を得るためであった（Peng and Wong 2010, p. 662）。政府が国民年金制度を導入し、一般市民にアピールしたのもこの時期のことであった。とりわけ、1997年の経済危機が及ぼした悪影響にもかかわらず、金大中政権（1998-2002年）が包摂型福祉を強力に推進したことは注目に値する。こうした改革は、非民主主義的な状況においては実現しえなかったであろう。市民社会の発展と非政府組織（NGO）――韓国で最も率直に意見を述べるリベラル派の組織「参与連帯」など――の急増は、金大中政権に対し、社会保障給付の拡大と失業者や社会的脆弱層の保護を求める、政治的圧力となったのである（Moon and Yang 2002, p.153）。

台湾政府の民主化に対する反応も、似たようなものであった。まず、権威主義的な国民党政権は、1950年に限定的な労働保険制度（労工保険）を導入した。しかし与党国民党は、1980年代後半、民主化運動の高まりのなかで制度改革の議論を始め、1996年の総統選挙に先立つ1994年には、包括的な国民健康保険制度（全民健康保険）が法制化された（Haggard and Kaufman 2008, pp. 225-29）。こうした捉え方は、域内で最も民主主義が強固に制度化された日本にすら適用できる。日本では、1990年代に自由民主党の一党支配体制が終わったことで政界再編が起き、政策革新のきっかけが生まれるとともに、新たな民間組織が政策形成過程に参加することができるようになった（Cheung 2009, p. 32; Peng and Wong 2010, p. 671）。このように、民主化の進展と選挙における競争に随伴する政

治的インセンティブは、東アジアにおいて生産主義的施策の一環として実施された社会保険の拡大と普遍化の引き金となったのである。

c.「批判的市民」の台頭

言うまでもなく、社会的保護の供給を完全に免れている民主主義政権は存在しない。それに対するコミットメントの程度が異なっているだけである。とはいえ、供給側（国家）の役割だけでなく、政治領域での需要側（市民）の態度も検討すべきである。一般に、民主主義への移行は政府に対する市民の期待を変化させ、民主主義を支持しても自国の民主主義体制には満足しない「批判的市民」（または「不満足な民主主義者」）を大幅に増加させる (Burnell and Youngs 2010, pp. 101-02)。この議論には、経済成長と民主化によって、人々は権威をさほど尊重しないが、政府への高い期待をもち、さまざまな抗議行動に積極参加する傾向を示す、という前提がある。とりわけ経済が危機を迎えたり、社会に変化が生じていたりするときには、人々は不安を覚え、指導者への異議申立てを行い、政治家への要求水準を上げ、統治エリート層を難しい立場に追いやることが多い (Inglehart 1997, p. 9)。実際、新たに民主化された体制では、自らが選んだ政府のパフォーマンスに満足しない、多数の批判的市民の懐柔を求められることが広く観察されている (Norris 1999; Newton 2006)。

日本、韓国、台湾における長期的な変化を対象とした最近の縦断研究は、政府のパフォーマンスと経済とに関する政治的信頼が数十年にわたって低下していることを示しており、この想定の正しさを裏づけている (Shin and Rose 1998; Tanaka 2001; Ahn and Kang 2002; Catterberg and Moreno 2006; Shyu 2010)。これに対して、シンガポールや中国など多くの非民主主義国では、政治への信頼度と満足度が比較的高い (Inglehart and Welzel 2005; Wang 2005)。たとえば、国内政治家への満足度を評価する World Value Survey (WVS) 1999-2002 のデータからは、民主主義が最低水準にある国々で、体制支持率が著しく高いことがわかる (**図3.3**)。対照的に、東アジアで最も古い民主主義国である日本では、政府に満足していると答えた人は8パーセントにすぎない。Gallup Millennium Survey を用いた別の研究でもまた、日本、韓国、台湾など民主主義が高度に発達した国々では、

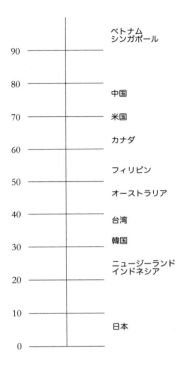

図 3.3　中央政府への満足度（満足と答えた回答者の割合［％］）

出典：*World Value Survey 1999-2002*（Wang et al. 2006, p. 143）。

政治への信頼度が低いことが確認されている（Inoguchi and Carlson 2006）。東アジア・バロメーター調査やその他のデータセットからも、日本、韓国、台湾の方が、シンガポールや中国よりも政府支持率が低いことが、一般的に明らかになっている（Tang 2005; Wang et al. 2006; Wong et al. 2009）。

　もちろん、政治への信頼度が高いからといって、権威主義的国家が本当に政治的に支持されているとは限らない。それはおそらく、政府への反対を公言することがためらわれることの結果であろう。しかし、上記のような知見は、少なくとも、権威主義国家は民主主義国家よりも、政治的圧力に対して脆弱

ではないことを示している。それゆえに、民主主義国家は、市民の政治的支持を獲得するために、包摂型の社会的保護施策を用いる傾向が強いのである。民主主義国家であり、政府機関への支持率が低い日本、韓国、台湾の政策立案者は、包摂型社会保障プログラムの適用範囲の拡大に取り組む傾向がある。逆に、シンガポールとマレーシアでは、人口の大多数が自国の半権威主義政権を公正であり、尊敬に値し、なおかつ応答的であると答えており、社会福祉の「商品化」にそれほどの抵抗感や圧力を示していない。一言でいえば、国民の政治的態度は政治の動態にさまざまな面で影響を及ぼしており、生産主義的福祉主義の包摂型パターンと市場指向型アプローチとのあいだのギャップを広げているのである。

ここで注目すべきは、政府への見方が地域や部門のあいだでかなり分断されている国では、生産主義的福祉主義の包摂型戦略と市場指向型戦略がともに分断されたかたちで同時に存続しうるということである。たとえば中国では、1990年代の国営企業改革で仕事と福祉給付を失った国家部門の都市労働者が、大規模な抗議を行い、中国共産党の公約違反を訴えた。都市労働者の高まる不満に対し、中国政府は都市部で公的年金制度（城鎮企業職工基本養老保険、1997年）などの包摂型施策を発展させた。残念なことに、こうした給付が、仕事関連の抗議行動に労働者がほとんど参加せず、農民の姿はほぼ見当たらない農村部で提供されることはほぼない (Wright 2010)。このように、国民のあいだに見られる政治的態度の地域（あるいは部門）レベルでの断片化は、二元的な政策対応を引き起こしうるのである。

3．実証的検証——クロス・セクション時系列分析

生産主義的福祉資本主義に制度的分岐を生じさせる要因は何であろうか。また、生産主義的福祉国家を包摂型あるいは市場指向型へと向かわせる要因は何であろうか。これまで論じたように、経済開放度とボトムアップ型の政治的圧力とがもたらす影響が多様性を促すのであろうか。本章の残りの部分では、クロス・セクション時系列分析を行い、主たる二つの仮説を検証する。

仮説1：東アジアにおいて、経済開放度は、他の事情が同じならば、包摂型生産主義的福祉制度に負の影響を与えるが、東アジアの市場指向型生産主義的福祉制度とは正の関連がある。

仮説2：政策立案者に強い政治的圧力がかかる生産主義的福祉国家は、包摂型プログラムの便益をより多くの人々に与える傾向がある。

(1) 変 数

　この研究の目的は、生産主義的福祉主義の社会保障制度を異なった経路へと向かわせる、経済的・政治的諸条件を明らかにすることである。そのため、本章における分析には二つの従属変数、すなわち**包摂型生産主義的福祉**（IPW）と**市場型生産主義的福祉**（MPW）が含まれている。これら二つの変数に関し、本章における分析でも、第2章で提示したIPW指数とMPW指数を用いる。IPW指数は、(1)〔受給〕資格と人口カバー率から捉えた社会保険プログラムの発展水準、および(2)社会保障と医療への政府支出から求める。またMPW指数は同様の方法で、(1)〔加入〕資格と人口カバー率から捉えた義務的貯蓄制度の発展水準、および(2)私的医療支出比率から求める。従属変数とその測定について、詳しくは第2章を参照されたい。

　独立変数としては、**経済開放度**とボトムアップ型の**政治的圧力**が重要な2大要因である。まず経済開放度は、貿易自由化度と金融開放度から構成され、国際市場への開放度合いが生産主義的福祉制度の分岐に及ぼす影響を評価するための変数として用いられる。グローバル化を扱った先行研究の大半が用いる慣習的な方法に従い、貿易自由化度は輸出入総額の対GDP比（％）で測定する。貿易量は経済規模の影響を受けるため、分析には国別ダミー変数とGDP情報を含め、誤りをもたらしうる結果をコントロールする。金融開放度については、総民間資本フローを、国際収支勘定に記録された直接投資、証券投資、その他の資本流入および資本流出の絶対値で測定する。この指標は、米ドル換算の対GDP比（％）で算出する。なお、本書が採用するアプローチとは異なり、金融開放度をQuinn (1997)のいう資本勘定「規制」基準を用いて推計

する研究もある (Avelino et al. 2005, p. 630)。だが、規制ベースの基準は、その多くが、金融開放度の水準を正確に反映していない可能性がある。また規制は市場動向を速やかに反映してもいない。なぜなら、資本の実際の動きは、国際経済環境に従属して変動するからである。したがって本章における分析では、資本フローの実際量を用いる。

二つ目の独立変数は、ボトムアップ型の政治的圧力である。残念ながら、政治的圧力の水準を直接計測できるような指標は存在しないので、レジーム(体制)類型を代わりに用いる。これは政治的圧力は、選挙が開かれたかたちで行われ、かつ重要性をもつ民主主義体制のほうが、一般に高いという仮定に基づいている。実際、前節で見たように、中央政府とその政策への不満は民主主義体制の方がはるかに強いのは、多くの調査研究が示すところである。したがって、レジーム類型を政治的圧力の強さを測る指標として用いることができる。ここでの分析では、レジーム類型をダミー変数として用い、民主主義体制を1で、残余カテゴリーである権威主義体制を0で符号化する。この変数のデータを得るために、Marshall and Jaggers の Polity IV データベースを用いる。Polity IV は、「最も権威主義的」のマイナス10から「最も民主的」のプラス10まで連続的な尺度を提供しているため、データを変換して、プラス5以上の国を「民主的(democratic)」、それ以下の国を「非民主的(non-democratic)」とみなす。**表3.3**は主要変数の記述統計を示す。

主な変数と並んで、この分析には、比較福祉研究で広く用いられる統制変数が複数含まれている。GDP(経済規模)、GDP成長率(経済成長)、都市化、失業率の変動(経済ショック)、人口(国の大きさ)、および65歳人口の割合(人口学的特性)である。これらの変数については、アジア開発銀行『主要指標集(Key

表3.3 主要変数の説明

	サンプル数	平均値	最小値	最大値	標準偏差
包摂型生産主義的福祉 (IPW)	235	24.19	1.65	62.30	19.96
市場指向型生産主義的福祉 (MPW)	218	32.52	5.45	86.77	23.00
貿易開放度	302	121.97	16.11	456.94	106.22
金融開放度	187	22.44	1.21	175.57	31.37
民主主義	319	0.40	0	1	0.49

Indicators)』、国際通貨基金『政府財政統計 (Government Finance Statistics)』、世界銀行『世界開発指標 (World Development Indicators)』、および Polity IV から得たデータを国ごとの個別の統計情報によって補完した。**付録1**に変数、出典、測定単位の説明を記載してある。

(2) 分析方法とモデルの特定化

　分析の対象は、東アジアの計11か国とした。日本、韓国、台湾、フィリピン、中国、タイ、インドネシア、ベトナム、香港、シンガポール、マレーシアである。標本期間としたのは1980年から2008年までで、データは、特定の国と年との組み合わせが1つの観測値となるクロス・セクション時系列 (cross-sectional time-series = CSTS) セットの形式をとっている。したがって、データ・マトリックス全体は、最大319個の観測値 (11か国×29年) で構成される。しかし、標本とした国のなかには、統計機関の能力が低いところもある。したがって、使用可能データに制限が生じることは避けられない。このデータ欠損の問題があるため、ここでの分析に使用可能なのは約180個の観測値だけである。利用可能なデータが限定されるという、このような問題を克服するため、多くの研究が、それぞれの国について利用可能なすべての年についての関連変数を用いて、欠損データ分をしばしば補っている (Wibbels and Ahlquist 2011)。欠落データについてのこうした扱いは、とりわけ統計調査で広く行われている。利用可能なデータをすべて用いることができるうえ、最大の標本を元にして母集団についての推定を行うことができるからである (Howell 2007)。けれども CSTS データセットの場合、この方法は推定にバイアスを生じさせ、妥当性と信頼性に疑問を生じさせる可能性がある。したがって、欠損データを埋めることはせず、オリジナルの観測値180個のみを分析対象とした。

　仮説を検証するために、国家間比較と時系列分析を組み合わせた CSTS 回帰分析を行う。CSTS は、観測値を増加させ、信頼性の高い推計値を得るのに役立つ。さらに CSTS 分析は、単一の時点に依拠していないので、時の経過に伴う変化のパターンもトレースすることができる。このように、プールされたデータセットには大きな利点があるが、CSTS の空間的・時間的特性は最小

二乗法 (OLS) の使用に問題を生じさせる。つまり、最小二乗法推定の基本仮定のうち、少なくとも二つに反する可能性があるのである (Hicks 1994)。第一には、データのクロス・セクション構造により**不均一分散**、すなわち誤差項の散らばり方が各国間で等しくない可能性が高まることである。また、異なる複数のパネルに同時に影響を及ぼす空間的プロセスが存在する可能性もある。これは、生産主義的福祉主義の発展予測に大きなバイアスが生まれることを意味する。第二の潜在的な問題は、データの時間的構造が**自己相関**の可能性を高めること、すなわち、同一時点間における異なるユニット間で、誤差どうしが相関してしまうことである。これは、任意の一時点における観測が真に独立していない可能性があることを意味する。理論的には、不均一分散と自己相関があっても、回帰係数にバイアスは生じない。しかし、両者の存在は標準誤差の大きさを低下させ、推定係数の有意性を人工的に増加させる (Gujarati 2004, p. 442)。したがって、生産主義的福祉資本主義の制度的分岐をより完全なかたちで理解するためには、こうした技術的問題に対処しなければならない。

　Beck and Katz (1995) は二つの方法を推奨している。(1) 最小二乗回帰標準誤差をパネル修正済み標準誤差 (PCSE) で置き換え、不均一分散問題を解決すること、および (2) ラグ付従属変数とともに最小二乗回帰推定を用い、自己相関を補正することである。この分析では、提案 (1) に従い、パネル修正済み標準誤差を用いて誤差項問題を処理する。パネル修正済み標準誤差法は、この分析のように、時間点の数がケースの数より多い場合にとりわけ有用である。他方で自己相関の問題については、提案 (2) とは異なる方法を選択した。変数が時の経過につれて大きく変化しないのであれば、ラグ付変数を用いてもさほど効果的ではないからである (Avelino et al. 2005, p. 629)。さらに言うと、ラグ付従属変数はふつう最も重要な説明因子であるので、ある従属変数とそのラグ付変数との高い相関性は、それ以外のほぼすべての説明変数の有意性を否定し、さらに無意味にすらしてしまう。言い換えれば、ラグ付従属変数が重要な説明因子として分析に含まれている場合、重要な理論的関心事である経済的、政治的、人口的、あるいは歴史的因子が果たす役割が減じられてしまう

のである。Achen (2000) は、ラグ付従属変数が実質係数を無視できる値へと偏らせることで、みずからの効果を不自然に増大させることを示している。要するに、ラグ付従属変数を用いると、その他の独立変数の効果が減少してしまうが、だからといって、その使用が説明に大いに貢献するわけではない。

おそらく、これまで概略を述べてきた重要な理論的命題を確かめる最良の方法は、プレイス―ウィンステン推定法 (Greene 1990) と呼ばれるデータ変換を行うことである。この方法を用いると、ラグ付従属変数の使用にまつわる落とし穴を回避しつつ、系列相関を補正できる。Plümper, Troeger, and Manow (2005) は、PCSE と組み合わせたプレイス―ウィンステン変換の使用を、推定手続のひとつとして推奨している。統計技術の近年の発展を反映したうえで、本研究では次のベースライン・モデルを検証する。

$$\begin{aligned}\text{IPW}_{it} \text{ (and MPW}_{it}) =\ & \alpha_i + b_t + \beta_1 \text{Trade}_{i,t-1} + \beta_2 \text{Capital}_{i,t-1} \\ & + \beta_3 \text{Democracy}_{i,t-1} + \beta_4 \text{Trade}_{i,t-1} * \text{Democracy}_{i,t-1} \\ & + \beta_5 \text{Capital}_{i,t-1} * \text{Democracy}_{i,t-1} \\ & + \Sigma\, (\beta_j \text{Controls}_{i,t-1}) + e_{i,t} \end{aligned}$$

このモデルでは、α は国のダミー、b は年のダミーをそれぞれ表す。β はパラメータ推定値、e は誤差項を表す。添え字 i は観測国、t は観測年をそれぞれ表す。*IPW* と *MPW* という二つの従属変数は、それぞれ包摂型生産主義的福祉および市場型生産主義的福祉の制度発展を表す。また *Trade* および *Capital* は、それぞれ国際貿易と資本市場との接触水準を表す。最後に、*Democracy* はボトムアップ型の政治的圧力の存在を評価する指標である。このモデルには貿易－民主主義および資本－民主主義の交互作用項が含まれる。経済開放のもたらす影響が政治的圧力の強さに依存しているかどうかを検証することが目的である。このモデルでは、すべての独立変数と統制変数の値は、従属変数の値よりも1年前のものである。Rodrik (1997) が主張しているように、経済的・政治的変化が政策アウトカムに影響を及ぼすには時間がかかると想定することが、理論上は合理的であるからである。換言すれば、ある年度の経済的・

政治的条件は、政策調整期間が必要なために、その翌年の政策アウトカムに影響を及ぼすと予想されている。

(3) 分析結果とその検討

　経済開放度とボトムアップ型の政治的圧力は、生産主義的福祉国家を包摂型または市場指向型へと向かわせるのであろうか。本節で示された分析結果によれば、包摂型福祉主義と市場指向的福祉主義の水準は、経済的変数と政治的変数の大きな影響を受けるが、影響の方向性と強さはいくらか混合している。回帰分析からは四つの重要な知見が得られた。(1) 経済開放度の影響——自由貿易と資本フローは、包摂型生産主義的福祉と負の連関があること、(2) 民主主義は包摂型生産主義的福祉と正の関連をもつが、その交互作用効果はいくらか混合した様相を見せていること、(3) グローバルな貿易市場および資本市場との統合が進むことで、市場指向型生産主義的福祉の水準が高くなること、(4) 民主主義体制での政治的圧力は、市場型生産主義的福祉の水準を大幅に低下させることはないが、その交互作用効果には整合性がなく、統計的に有意でもないことである。要するに、民主主義と包摂型福祉制度は互いを強化しあうが、経済自由化は市場指向的な福祉制度と正の連関を有しているのである。

a. 包摂型生産主義的福祉

　表3.4は、東アジアにおける包摂型生産主義的福祉の制度発展の決定因子を調べる一連の回帰分析の結果を示したものである。モデル(1)と(2)では、経済自由化とレジーム類型が包摂型生産主義的福祉の発展に及ぼす影響を推定した。前節で議論したように、国際政治経済学の研究がしばしば予測するところでは、経済のグローバル化が福祉国家の発展と負の関連を有している一方で、再分配型福祉プログラムと民主主義との間には正の連関がある。モデル(1)と(2)によると、この伝統的なアプローチは東アジアのケースにも当てはまる。東アジアにおいては、貿易は、保険ベースの福祉プログラムの拡充のみならず、福祉プログラムに対する政府支出にも、統計的に有意な負の

表 3.4　包摂型生産主義的福祉を従属変数とした回帰分析の結果

	(1)		(2)		(3)		(4)	
	b	PCSE	b	PCSE	b	PCSE	b	PCSE
Trade$_{t-1}$	-.068***	.008	-.064***	.013	-.071***	.008	-.057***	.013
Capital$_{t-1}$	-.006	.010	-.036**	.018	-.001	.010	-.043**	.018
Democracy$_{t-1}$	3.766**	1.649	3.730**	1.642	23.499***	3.145	6.325	4.589
Trade$_{t-1}$ * Democracy$_{t-1}$					-.191***	.021	-.033	.036
Capital$_{t-1}$ * Democracy$_{t-1}$					.279**	.116	.200	.092
GDP$_{t-1}$			.006***	.001			.006***	.001
GDP per capita$_{t-1}$			-.001***	.000			-.001**	.000
GDP Growth$_{t-1}$			.054	.072			.067	.082
Urbanization$_{t-1}$			.088	.065			.059	.064
Δ Unemployment$_{t-1}$			-.086	.283			-.085	.314
Inflation$_{t-1}$			.051	.066			.022	.079
Δ Exchange Rate$_{t-1}$			.014	.013			.023	.017
Population (65+)$_{t-1}$			2.248***	.346			1.737***	.298
Population$_{t-1}$			-.013***	.002			-.012***	.002
Constant	29.756***	.826	13.628***	3.676	31.264***	2.299	16.035***	3.623
Observations	179		178		179		178	
Prob > Chi^2	.000		.000		.000		.000	
R^2	.274		.617		.795		.616	

注：* $p < 0.1$ ** $p < 0.05$ *** $p < 0.01$.

影響を及ぼしている。また、金融自由化は、再配分型福祉プログラムとの間に負の連関をもつ。こうした知見は、東アジアにおいては、他の事情が同じならば、経済の自由化は包摂型生産主義的福祉の発展を阻害することを示してる。

　しかし、こうした理解は、貿易開放度と金融開放度の条件付効果が、民主主義とこの二つの開放度を示す変数とのあいだの交互作用項を含むかたちでモデル化されると変化する。多くの研究は、経済のグローバル化は不確実性と変動性を増大させ、その結果として社会的保護への需要を高めることで、民主主義国家において福祉給付の上昇を促すと論じている（Rodrik 1997; Garrett 1998; Kittel and Obinger 2003）。モデル（3）とモデル（4）の相関係数は、この主張は真であるが、東アジアにおいて部分的にあてはまらないことを示している。

モデル (3)

$$IPW_{i,t} = 31.26 - 0.07 \text{ trade}_{i,t-1} - 0.001 \text{ capital}_{i,t-1} + 23.50 \text{ democracy}_{i,t-1}$$
$$- 0.191 \text{ trade}_{i,t-1} * \text{democracy}_{i,t-1}$$
$$+ 0.279 \text{ capital}_{i,t-1} * \text{democracy}_{i,t-1} + e_{i,t}$$

if democracy (1): $\quad IPW_{i,t} = 54.76 - 0.26 \text{ trade}_{i,t-1}$
$$+ 0.28 \text{ capital}_{i,t-1} + e_{i,t}$$

if non-democracy (0): $\quad IPW_{i,t} = 31.26 - 0.07 \text{ trade}_{i,t-1}$
$$- 0.001 \text{ capital}_{i,t-1} + e_{i,t}$$

モデル (4)

$$IPW_{i,t} = 16.04 - 0.06 \text{ trade}_{i,t-1} - 0.04 \text{ capital}_{i,t-1} + 6.33 \text{ democracy}_{i,t-1}$$
$$- 0.03 \text{ trade}_{i,t-1} * \text{democracy}_{i,t-1} + 0.20 \text{ capital}_{i,t-1} * \text{democracy}_{i,t-1}$$
$$+ \Sigma (\beta_j \text{ Controls}_{i,t-1}) + e_{i,t}$$

if democracy (1): $\quad IPW_{i,t} = 22.36 - 0.09 \text{ trade}_{i,t-1} + 0.16 \text{ capital}_{i,t-1}$
$$+ \Sigma (\beta_j \text{ Controls}_{i,t-1}) + e_{i,t}$$

if non-democracy (0): $\quad IPW_{i,t} = 16.04 - 0.06 \text{ trade}_{i,t-1} - 0.04 \text{ capital}_{i,t-1}$
$$+ \Sigma (\beta_j \text{ Controls}_{i,t-1}) + e_{i,t}$$

モデル (3) と (4) の係数を解釈しよう。まず定数である。包摂型生産主義的福祉への貿易開放度と金融開放度の影響を示す回帰式の切片値は、民主主義国と非民主主義国のそれぞれについて、モデル (3) では 54.76 と 31.26、モデル (4) では 22.36 と 16.04 である。民主主義国と非民主主義国とのあいだに見られるこうした大きな隔たりは、等式の右辺の独立変数のいかんにかかわらず、包摂型福祉の初期水準が非民主主義体制よりも民主主義体制で高いことを示している。やや意外なことに、貿易開放度の偏相関係数が、モデル (3) では民主主義体制の値 (-0.26) の方が、非民主主義体制の値 (-0.07) よりも大きな負の値となっている。このパターンはモデル (4) でも反復されるが、結果は統計的に有意ではない。この帰結が示唆するのは、貿易自由化が包摂型生産主義的福祉主義に対して、とりわけ包摂度の初期水準が高い民主主義諸国においては、

第3章　何が東アジア福祉国家に多様性をもたらすのか　93

大幅な削減効果を有しているということである。換言すれば、民主主義体制は通常、経済的な目的から社会保険プログラムと公的資金に基づく福祉プログラムを発展させるが、貿易自由化の強力な推進期を自国経済がいったん経験すると、包摂型福祉プログラムの拡大から撤退しがちであるということである。つまり経済的なグローバル化の進展によって、生産主義的福祉国家に

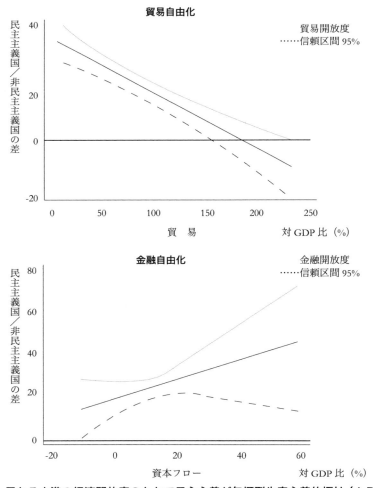

図3.4　異なる水準の経済開放度のもとで民主主義が包摂型生産主義的福祉（ＩＰＷ）に及ぼす限界効果

は「底辺への競争 (race-to-the-bottom = RTB)」効果がもたらされるのである (Rudra 2008)。

　しかしグローバル化の効果は、金融開放度に関しては、正負の符号が入れ替わる。モデル (3) の場合、金融開放度の係数は民主主義国家について 0.28、非民主主義国家について -0.001 である。同様にモデル (4) では、民主主義国家では 0.16、非民主主義国家は -0.04 であるが、この差には統計的な有意性は認められない。この結果は「補償効果」の存在を示している。金融市場の自由化が進むにつれて、民主主義体制は再分配型福祉給付を拡大するということである。対照的に非民主主義国家は、金融開放度が上昇するにつれて、包摂型福祉給付を削減する傾向がある。これらの分析結果から次のことが言えるであろう。すなわち、貿易開放度は、レジーム類型と関係なしに強力な福祉削減効果をもたらす要因であるということ、および、金融開放度の与える影響はそれより小さく、重要性も高くないが、体制が民主主義でない場合にのみ、社会的保護に引き続き負の効果を与えていることである。

　図 3.4 は、モデル (3) に基づいたものであり、上で示した結果の解釈に役立つ。民主主義体制と非民主主義体制とが、異なる水準の経済開放度のもとで包摂型福祉制度をどう発展させるかを図示したものである。実線の両側の 95 パーセント信頼区間は、信頼区間の上限と下限が縦軸のゼロの値を示す線より上または下にあるとき、効果が統計的に有意とみなされることを示している。図 3.4 のひとつ目のグラフが示すように、包摂型福祉に関する民主主義国と非民主主義国との差は、貿易開放度の値が増加するにつれて減少する。この結果は、対 GDP 比貿易総額 (単位はパーセント) が 150 未満である場合、95 パーセント信頼区間で統計的に有意である。したがって、民主主義体制は包摂型福祉主義の水準が当初は高いが、民主主義効果は、貿易自由化が対 GDP 比 150 パーセントまで進行するまで徐々に縮小する。逆に、二つ目のグラフは、資本市場が自由化されるにつれて民主主義と福祉の関係が強化されることを示している。しかし、この観察が妥当であるのは、民間資本フローが対 GDP 比の約 10 〜 20 パーセントにある場合に限られる。資本流入と資本流出が同 20 パーセントを超え、さらに自由化が進んでいる (香港やシンガポールなどの)

場合、民主主義の「補償」効果は無意味で信頼できなくなる。したがって、東アジアの生産主義的福祉国家においては、包摂型福祉給付と経済のグローバル化とが逆相関していると結論することは統計的に正当化される。

b. 市場指向型生産主義的福祉

さて、本研究の理論的予測どおりに、国際市場への開放度合いの上昇によって、市場指向型福祉が実現するかどうかを検討しよう。表3.5は、分析に用いた統制変数がどのようなものであるかにかかわらず、すなわちモデルをどのように特定化しようとも、貿易開放度は、市場指向型制度に一貫して正の効果を及ぼしていることを示している。貿易開放度偏相関係数は、モデル(5)では0.19、モデル(6)では0.23である。この結果は統計的に有意であり、仮説の

表3.5 市場型生産主義的福祉を従属変数とした回帰分析の結果

	(5)		(6)		(7)		(8)	
	b	PCSE	b	PCSE	b	PCSE	b	PCSE
Trade$_{t-1}$	.189***	.019	0.227***	.016	.168***	.019	.237***	.021
Capital$_{t-1}$	-.134**	.068	-.015	.038	-.114*	.061	-.023	.041
Democracy$_{t-1}$	-.097	1.363	.138	1.472	-11.195***	2.819	-1.208	3.448
Trade$_{t-1}$ * Democracy$_{t-1}$					.096***	.022	.011	.029
Capital$_{t-1}$ * Democracy$_{t-1}$					.055	.094	.043	.087
GDP$_{t-1}$			.014***	.003			.014***	.003
GDP per capita$_{t-1}$			-.001***	.000			-.002**	.000
GDP Growth$_{t-1}$			-.141	.089			-.111	.092
Urbanization$_{t-1}$			.082	.065			.137*	.080
Δ Unemployment$_{t-1}$			-.310	.211			-.336	.233
Inflation$_{t-1}$			-.148**	.073			-.152**	.077
Δ Exchange Rate$_{t-1}$			-.016	.018			-.015	.020
Population (65+)$_{t-1}$			-3.749***	.688			-1.483***	.407
Population$_{t-1}$			.001	.004			-.001	.004
Constant	12.352***	.826	29.262***	5.184	14.805***	2.507	14.196***	3.748
Observations	179		178		179		178	
Prob > Chi^2	.000		.000		.000		.000	
R^2	.817		.833		.695		.785	

Note: * p < 0.1 ** p < 0.05 *** p < 0.01

とおりでもある。しかし、2番目の変数は別の事態を表している。他の事情が同じならば、金融開放度の上昇は市場型生産主義的福祉主義の低下をもたらす。係数はモデル (5) で -0.13、モデル (6) で -0.02 である。モデル (6) では、統制変数を含めると統計的に有意ではなくなるものの、金融開放度が市場型生産主義的福祉と負の関係をもつことはやはり注目に値する。この検証結果は、貿易開放度が市場指向型社会保障給付を促進するうえで大切な役割を果たすが、他方で金融開放度がそうした給付を阻害する、と結論づけるための実証的な手段を提示している。

それでは、ボトムアップ型の政治的圧力の影響はどうであろうか。**表3.5**によると、民主主義が市場型生産主義的福祉に及ぼす効果は、強くもなければ、一貫してもいない。偏相関係数は、モデル (5) では -0.1、モデル (6) では 0.14 である。因果方向が恒常的でも統計的に有意でもないことから、民主主義は、東アジアにおける市場指向型福祉制度の形成と発展に大きな影響を与える、決定的な因子ではないと結論づけることができる。

モデル (7)

$$MPW_{i,t} = 14.81 + 0.17\ trade_{i,t-1} - 0.11\ capital_{i,t-1} - 11.20\ democracy_{i,t-1}$$
$$+ 0.10\ trade_{i,t-1} * democracy_{i,t-1}$$
$$+ 0.06\ capital_{i,t-1} * democracy_{i,t-1} + e_{i,t}$$

if democracy (1): $MPW_{i,t} = 3.61 + 0.26\ trade_{i,t-1}$
$$- 0.06\ capital_{i,t-1} + e_{i,t}$$

if non-democracy (0): $MPW_{i,t} = 14.81 + 0.17\ trade_{i,t-1}$
$$- 0.11\ capital_{i,t-1} + e_{i,t}$$

モデル (8)

$$MPW_{i,t} = 14.20 + 0.24\ trade_{i,t-1} - 0.02\ capital_{i,t-1} - 1.21\ democracy_{i,t-1}$$
$$+ 0.01\ trade_{i,t-1} * democracy_{i,t-1}$$
$$+ 0.04\ capital_{i,t-1} * democracy_{i,t-1}$$
$$+ \sum (\beta_i Controls_{i,t-1}) + e_{i,t}$$

第3章　何が東アジア福祉国家に多様性をもたらすのか　97

if democracy (1):　　MPW$_{i,t}$ = 12.99 + 0.25 trade$_{i,t-1}$ + 0.02 capital$_{i,t-1}$
　　　　　　　　　　　　+ Σ (β_j Controls$_{i,t-1}$) + $e_{i,t}$

if non-democracy (0):　MPW$_{i,t}$ = 14.20 + 0.24 trade$_{i,t-1}$ - 0.02 capital$_{i,t-1}$
　　　　　　　　　　　　+ Σ (β_j Controls$_{i,t-1}$) + $e_{i,t}$

　次の問いは、レジーム類型と経済開放度との交互作用項がもたらす影響にかかわるものである。貿易開放度については、国の貿易総量が増加すると、レジーム類型にかかわらず、市場型生産主義的福祉の水準も上昇することを推定値が示している。モデル(7)によれば、係数が民主主義体制と非民主主義体制でともに正であり、それぞれ0.26と0.17である。したがって、国民からの政治的圧力は、民主主義体制ではふつう強力であり、市場型社会プログラムを縮小するうえで重要な役割を果たしていると思われているが、東アジアでは実際のところそのような働きをしていない。むしろ、市場指向型生産主義的福祉が未発達な民主主義国家では、貿易開放度の上昇につれて生じる市場型生産主義的福祉施策の拡大幅が、非民主主義国家よりもやや大きい傾向がある。しかし、このパターンは、金融開放度については逆転する（民主主義国では -0.06、非民主主義国では -0.11）。ただし、統計的有意性は強くない。要するに、底辺への競争アプローチは、民主主義的な生産主義的福祉国家と非民主主義的な生産主義的福祉国家の双方における、貿易と市場指向型福祉とのあいだの正の相関関係を説明するのにより適しているように思われる。他方で、レジーム類型と金融開放度とのあいだには、強い交互作用効果は認められない。しかしながら、モデル(8)に見られるように、この分析に統制変数を含めた場合、以上の結論すべてが否定されるとともに、これまでに得られた統計分析の結果を認めるしっかりした根拠も存在しなくなるのである。

　図3.5は、これまでの分析結果をグラフ化したもので、異なる水準の貿易開放度と金融自由化度のもとで、レジーム類型の限界効果がどう変化するかを示している。一般に、民主主義国での市場指向型福祉主義の水準は、非民主主義国よりも低い。しかし、貿易開放度の全体水準が上昇するにつれて、民主主義国と非民主主義国との差は小さくなる。なかでも貿易開放度の低い

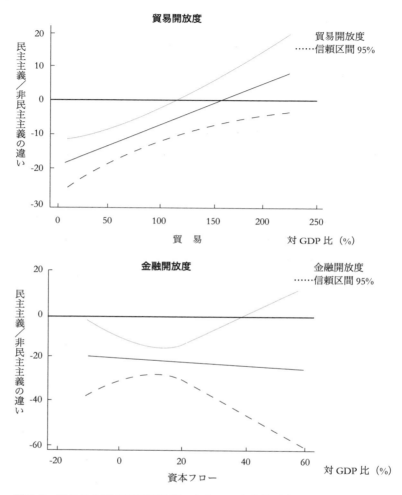

図 3.5　異なる水準の経済開放度のもとで民主主義が市場型生産主義的福祉（MPW）に及ぼす限界効果

民主主義国は、貿易に積極的に関与するにつれて、市場指向型福祉プログラムを促進しがちである。この傾向は、輸出入が対 GDP 比 0 〜 110 パーセントの範囲にある場合に統計的に有意である。他方でレジーム類型と金融開放度との交互作用効果は、さらなる検討に値するような統計的意義を有してはい

ない。

4. 小 括

　生産主義は、東アジアの福祉国家をひとつにまとめる、きわめて重要な特徴である。しかし、そうであるにもかかわらず、包摂型の制度（社会保険制度によるリスクプーリング）への道を進む国家もあれば、市場指向型の制度（個人貯蓄制度による自助）を発展させる国家もあるのは、なぜであろうか。包摂型生産主義的福祉（IPW）と市場型生産主義的福祉（MPW）とはそれぞれ、どのような条件の下で採用されるのであろうか。福祉国家の発展を論じた主要な文献では、生産主義的福祉資本主義（PWC）の制度的分岐の根底にある因果関係は、おおむね等閑視されてきた。本章では、この問題を取り上げ、生産主義的福祉資本主義の下で制度面での多様性がいかにして発生し、成長したのかを分析するとともに、経済開放度とボトムアップ型の政治的圧力とを制度的分岐に連関させる二つの因果関連を検討した。

　本章で提示した第一の仮説は、東アジアにおいては、経済開放度は、他の事情が同じならば、包摂型福祉に負の影響を与えるが、東アジアの市場指向型福祉とは正の関連がある、というものである。また第二の仮説は、政策立案者に強い政治的圧力がかかる生産主義的福祉国家は、それと比較すれば政治的圧力に屈しにくい生産主義的福祉国家よりも、包摂型福祉プログラムの給付を拡大する可能性が高いというものである。この二つの仮説に基づいて、本章では、東アジアにおける生産主義的福祉国家の発展の背後に、「底辺への競争」効果と「補償」効果とが作用しているのかどうかを検討した。回帰分析の結果は、第一に、経済開放度、とりわけ貿易開放度が及ぼす影響が、包摂型福祉給付の大幅な削減を引き起こすほど強力であることを示している。第二に、民主化とそれに伴う政治的圧力の上昇は、包摂型社会保険プログラムの拡充をもたらすが、その交互作用効果には一貫性も統計的有意性もない。つまり民主主義は重要ではあるが、その影響は限定的である。

　全体として、本章において得られた知見は、民主主義的な生産主義的福祉

国家は社会保険ベースの包摂型プログラムを拡大する可能性が高く、経済のグローバル化は生産主義的福祉国家に個人貯蓄ベースの社会保障制度を推進するよう強いていることを示している。本研究における実証分析は、東アジアの福祉制度についての理解を深めるうえでの有意義な貢献であり、生産主義的福祉主義の原因と効果との関係について、その全体的評価を可能にする鳥瞰図を提供するものである。しかし、生産主義的福祉資本主義の諸属性とその分岐を数量化しても、生産主義的福祉国家の時系列変化の詳細すべてをカバーすることはできないことは明らかである。とりわけこのことがあてはまるのは、包摂型福祉と市場型福祉を統合する二重の経路を作り出す、二元的生産主義の場合においてである。この理由から、定量的分析の不十分性をおぎなう可能性を有する定性的な事例研究の価値を、過小評価することはできない。そうした観点から、第4章では、包摂型生産主義的福祉国家である韓国、市場型生産主義的福祉国家であるシンガポール、および二元型生産主義的福祉国家である中国の3事例を検討し、統計的に得られた結果をそれぞれの状況下でどう解釈できるかについて、理解を深めていきたい。

第4章

生産主義的福祉資本主義の三つの事例

　日本、韓国、台湾、およびシンガポールを含む東アジアの初期世代の開発主義国家は、この数十年間の比較政治経済学において、好んで取り上げられてきたトピックである。それら諸国の経済的成長の経路の特殊性を考慮するならば、これは驚くべきことではない。その特殊性は「開発主義国家」と表現されてきたが、その本質は国家政策における経済発展の、第一義的で他の政策をほとんど考慮しないような優先性であった(Woo-Cumings 1999)。この開発主義のパラダイムのなかでは、**保護的**な社会福祉への強いコミットメントは、非効率かつ浪費的であるとみなされる。それゆえに、東アジアの開発主義国家は、工業化の初期段階から、生産主義的福祉資本主義(PWC)の制度的配置のある特定の形態を採用してきたのである。

　一見したところ、生産主義と社会的保護の結合は不可解に思えるかもしれない。というのは、生産主義パラダイムにおいては、社会的保護は論理的に期待されるものではないからである。しかしながら、前章までに説明してきたように、生産主義のコンテクストにおける社会的保護の主たる目標は、社会的権利それ自体を尊重することではなく、むしろ、経済的生産性を高めることなのである。東アジアにおける社会政策の発展が独特のものであると考えられるのは、この理由ゆえにである。確かに、工業化の時代においては、年金、医療、失業給付、教育のような社会福祉の供給は、概して、労働生産性の強化、人的資本の蓄積、急速な経済成長という至上命題に従属していた。

とりわけ、日本が19世紀後半の明治維新の時期に生産主義の原型を確立してからは、この生産主義の戦略が、国家建設のための取り組みの一環として広く用いられてきたのである（Goodman and Peng 1996）。

そうであるにもかかわらず、東アジアにおける生産主義的福祉主義への経路は画一的ではない。第2章において示したとおり、生産主義的アプローチの制度上の特色は、社会保険によるリスクプーリングを重視するより包摂的な形態か、あるいは、個人貯蓄による自立を重視するより市場指向的な形態へと、進化してきている。こうした生産主義の諸制度の分岐がなぜ生じるのかを説明するため、第3章では二つの主要な独立変数を提示した。その第一は、経済自由化、すなわち、生産主義的福祉国家がグローバルな貿易や資本市場にさらされる程度である。第二の変数は、民主主義体制に一般的に組み込まれた、下からの政治的圧力の程度に関連したものである。統計分析の結果は、経済開放度が市場型生産主義的福祉（MPW）と密接に関連している一方で、民主化の程度は、それが経済開放度と相互作用することによって生じる効果は、統計的にはそれほど強いものではないが、それ自体としては包摂型生産主義的福祉（IPW）を促進する傾向があることを示しており、こうした仮説を概ね支持している。すなわち、定量的分析は、生産主義福祉政策の制度的分岐の一般的傾向を明らかにしている。しかしながら、定量的アプローチだけでは、経済的および政治的要因がどのように福祉発展の異なったパターンを形成したのかについて、より豊かでよりニュアンスに富んだ理解を得るには不十分である。

そこで、本章では、経済的および政治的要因が制度的分岐に及ぼした影響をより詳細に描き出すために、三つの典型的事例を取り上げる。すなわち、韓国の包摂型アプローチ（IPW）、シンガポールの市場指向の戦略（MPW）、中国の二元型の構造（二元型生産主義的福祉（DPW））の三つである。それぞれの事例研究の前半部分においては、社会的保護プログラムの制度的特徴を、とりわけ老齢年金と健康保険のスキームに焦点を合わせて検討する。それは、老齢年金と保険医療とは、その政治的および経済的影響の大きさゆえに、各国におけるリスクプーリングと自立のパターンを理解するうえで、何よりも重要であると考えられるからである。これに対して、各事例研究の後半では、韓国、

シンガポール、中国のそれぞれの生産主義的福祉主義の成立と発展に、各国の政治的および経済的条件がどのような影響を及ぼしたのかを考察する。

1．韓国——包摂型生産主義的福祉

　韓国の生産主義的福祉プログラムは、経済発展の促進に資すると考えられていた労働力を育成することを目的として開発された。1960年代から1970年代にかけて、韓国の権威主義政権は、教育に対する公的支援を拡充しはじめるとともに、公務員、軍人、私立学校教員といった、体制の存続にとって決定的に重要であるとみなされた人々に対してだけではなく、産業労働者にも社会保障給付を提供することを選択した。しかしながら、経済成長と体制の安定のために戦略的に必要な人的資源をどのように保護するかだけではなく、国家の財政負担をいかに最小化するかにも、強い関心が持たれていた。この後者の関心に基づいて、政府は、財政的責任の大きな割合を企業と家族に移行させる、制限的な保険給付システムを創設した。企業とりわけ大規模製造業に分類される企業は、社会保障給付の提供は、熟練労働者を社会的偶発事象から保護するという企業としてのニーズと合致するがゆえに、労働者に企業負担による社会保障給付を提供することに同意した（Kwon and Lee 2011）。かくして、企業と被用者との共同拠出が、韓国における包摂型生産主義的福祉の主要財源となった。この政策的イニシアティヴを基礎として、いくつかの義務的社会保険プログラムが制度的基盤として導入されたが、しかしそれは、公的福祉支出の大幅な拡大を生じさせない、受給者の範囲を制限するような手法によってであった。

　しかしながら、1997年にアジア金融危機が韓国経済に大きな打撃をもたらした際には、制限的な包摂型福祉プログラムは、前例のないような社会経済的苦難から一般市民を守るための方策としては、十分でも有効でもないことが明らかとなった。危機を克服するための取り組みの一環として、韓国政府は、既存の包摂型福祉給付の対象を、それまでは社会的保護システムの枠外にいた人々を含む、ほぼすべての国民へとさらに拡大させはじめた。その結

果、国民年金、国民健康保険、失業保険の人口カバー率は1990年代後半から著しく上昇した。この社会保険プログラムの大幅な拡充ゆえに、韓国はしばしば、福祉国家の社会民主主義型に変化したとみなされている(Kim 2002)。しかし、実のところ、包摂型福祉プログラムの拡充への動機付けとなったのは、経済危機に対処するための構造改革諸政策がもたらすかもしれない副作用を、最小限のものとすることであった(Kwon and Holliday 2007)。実際、社会保険プログラムの人口カバー率の大幅な上昇の後においても、社会政策の主要原則は、経済成長の促進と調和したものであり続けている(Haggard and Kaufman 2008, p.250)。すなわち、金融自由化の進展のような経済的環境の変化は、韓国の生産主義的福祉主義の本質的性格を根本的に変化させることはなく、むしろ、予測される労働市場の柔軟性の増大のネガティブな衝撃を吸収する緩衝材としての、包摂型福祉給付の拡充の推進力となったのである。

　以下、本節においては、経済的および政治的環境の変化と関連付けながら、韓国における生産主義的福祉主義の継続性と変化に光をあてる。とりわけ、「市場歪曲型」の経済戦略が、どのように韓国において制限されたIPWを創り出したのかを説明するとともに、政治的圧力が、民主主義への移行と定期的な選挙と結び付くことによって、IPWの拡大の主要因となったことを明らかにする。

(1) 韓国における包摂型生産主義的福祉の発展

a. 年金保険制度

　韓国の公的年金保険制度の歴史は約50年前、すなわち、国家公務員年金(Government Employees Pension = GEP)が創設された1960年にさかのぼる。GEPが採用されてまもなく、韓国の軍事政権は、1963年に軍人を対象とした、そして1975年には私立学校教員を対象とした、特別の年金スキームを創設した。その間、1972年には、民間部門の被用者のための公的年金プログラムが、経済企画院(Economic Planning Board = EPB)のシンクタンクである韓国開発研究院(Korea Development Instutute = KDI)によって提案され、工業化のための経済計画を強化することを目標として創設された。KDIは、社会開発は経済政策の一

部であるという認識に基づいて、1972年に社会政策の立案に着手し、既存の経済政策パラダイムのなかで、社会政策が経済成長を促進するというアイデアを提示したのである。1970年代に政府は、その経済戦略上の大方針を、輸入代替を伴う輸出主導型工業化から、重化学工業化へと変化させた。その結果、かなりの量の国家資源と国内資本を動員する必要が生じた。KDIは、朴正煕政権がめざした重化学工業化の推進のための資金を調達する手段として国民年金を提案したのであり、社会福祉プログラムを経済成長戦略の中心に位置付けることに深く関与したのである（Yang 2000, p. 104 ; Hwang 2006, p. 57）。

　政府は当初この提案を支持したが、1973年の第一次オイルショック、およびそれに続く世界的規模の景気後退と高水準のインフレーションのために、国民年金の施行は無期限に延期されることとなった。同様の提案が政府に対して再度なされたのは、1986年のことであった。すなわち、1986年の国民年金法であり、それは、従来の案にわずかな変更を加えたにすぎず、ほとんど同一であるとみなしうるものであった。加えられた変更のひとつは、1973年の計画では、30人以上の被用者がいる会社に対象が限定されていたのに対して、1986年の提案は、10人以上の被用者がいるすべての職場を対象としていたことである。1986年の提案は、一見したところ、人口カバー率という点においては、きわめて包摂的なもののように見える。しかし、実際のところは、それが対象としていたのは、全人口の32パーセントの、経済的に活動的で比較的裕福な人々にすぎなかった。新たに提案された国民年金制度（National Pension Scheme = NPS）は1988年に施行されたが、10人以上の被用者がいるすべての企業に適用され、全労働者人口の26.5パーセントにあたる約440万人の労働者がその対象となった。

　その後、盧泰愚大統領の時代（1988-92年）には、5人以上の被用者のいるすべての企業に適用が拡大され、対象となる労働者は500万人を超えた。さらに、1995年には、金泳三政権（1993-97年）が、農村地域の自営業者にも適用対象を拡大したが、それは、彼が、大統領選挙の際の公約のひとつとして、年金カバー率の拡大を掲げたからであった（Yang 2004, p. 197）。結果的に、NPSは再度拡充し、民間部門で働く300万人に追加的に適用されることとなった。そし

て、その後も長年にわたって、適用対象の拡大が続いた。とりわけ、民間部門で働くすべての被用者と都市自営業者に適用が拡大された1999年には、人口カバー率の増加が著しく、全被用者人口のほぼ86パーセントに達した。こうした人口カバー率の大幅な拡大は、主として、韓国経済に壊滅的な打撃を与えた1997年のアジア金融危機に由来するものである。アジア金融危機のすぐ後に、金大中政権 (1998-2002年) が、経済的困難を克服するための新自由主義的な構造調整によって不利益を被る人々への代償措置として、NPSを含むいくつかの社会福祉プログラムを拡充させたのである。それ以来、韓国政府は、別個の年金プログラムの対象とされている公務員、軍人、私立学校教員を除くほとんどの労働者と自営業者が、単一の統一的な国民年金制度によってカバーされる、普遍的な年金制度の新しい時代を開くことに狙いを定め、人口カバー率が100パーセントに達するよう努めている。

　年金計画が1996年に提案された当時、その主目的のひとつは、年金の支給のために積み立てられた基金を、政府が公共部門と経済発展プログラムに出資することであった。実際のところ、政府は、NPSの最初の年に、約5億ドルが基金として積み立てられると想定していた。EPBは、こうした動機から、建設部や運輸部のような政府部局がNPS基金を低利で使用することを許容する、財政投融資特別会計法を立案した。この計画の、基金への拠出者に対するアカウンタビリティーや持続可能性には疑問があったにもかかわらず、基金の恣意的な使用は、当初から当然のこととみなされた。結果として、公的部門におけるNPS基金の使用は、1998年には70パーセントを超えた (Hwang 2006, P. 74)。被用者と雇用者からの拠出のみに基づくNPS基金の裁量的な運用は、1980年代と1990年代をとおして、ごく普通のこととなった。これは、韓国政府が、社会福祉プログラムをどのように経済成長のための政策ツールとして用いたかを示す、ひとつの例である。

　しかしながら、問題は基金の横流しだけではなかった。NPSは、持続可能性の問題を悪化させるような低負担で高給付という構造を有していると、しばしば批判されてきた。NPSへの拠出は被用者と雇用者とで折半するものとされているが、拠出率は、当初は給与支給額の3パーセントとされ、それが

1992年まで維持された後に、1993年から98年のあいだに6パーセントに引き上げられた。他の福祉国家における拠出率と比較すると、6パーセントはシステムを維持するには低すぎるように思われる。表4.1に示したように、たとえばヨーロッパの福祉国家では、1998年における拠出率は16パーセントから18パーセントであり、それは、韓国の拠出率の3倍である。しかも韓国では、高い給付水準が、財政的な持続可能性をさらに低下させている。同じ表に示したとおり、平均的な最終所得代替率は70パーセントという高水準であり、20年間拠出をすれば、60歳に達した時点から、この法定された年金満額が支給される。生産主義的福祉の政策原理を前提とするならば、この寛大さは非現実的であり、そのことは、韓国政府が1988年にNPSを創設した際に、政治的説明可能性や財政的持続可能性を真摯には考えていなかったことを示唆している。

　実のところKDIは、基金設立の初期段階から、2040年には基金が枯渇することに気づいていた(Kwon 2002)。そして実際、財政的持続可能性の問題とそれに付随するこのシステムに固有の構造的脆弱性が、喫緊の対応を要するものとなった。それゆえ、政府は、年金基金に補助金を投入するか、拠出率を引き上げるか、給付水準を引き下げるか、受給開始年齢を引き上げるかの、いずれかを選択しなければならなくなった。巨額補助金は政府財政に悪影響を及ぼすため、金大中政権は退職年齢を65歳に引き上げ、給付の所得代替率を10パーセント引き下げるよう、NPS法を改正することを提案した。この改正案に基づいて、金大中政権は1999年に、NPSの人口カバー率を拡大し続ける一方で、給付の所得代替率を60パーセントに引き下げ、拠出率を給与支給額の9パーセントに引き上げた。

表4.1　国民年金制度における拠出水準と給付水準（1998年）

国	ドイツ	フランス	スウェーデン	日本	韓国
拠出率（%）	18.6	16.35	20.3	16.5	6
所得代替率（%）	60	50	60	69	70
退職年齢（男/女）	65/60	60/60	65/65	60/59	60/60

出典：Yang（2004, p.197）。

これまでのところ、NPS は 3 段階を経験した。開始(1973 年)、実施(1988 年)、そして改革(1998 年)の 3 段階である。開始段階では、NPS の設計それ自体が、経済発展の政策パラダイムを主導する経済官僚から大きな影響を受けた。社会的保護は経済戦略に、そしてとりわけ軍事政権の政治的既得権に、ただ従属していた。NPS のリスクプーリング効果は、巨額の基金を政権に提供するものであり、それゆえに、体制に、政治的および経済的にいくつかの利点をもたらすと考えられていた。この期待は、NPS が実施された 1988 年に現実化した。政治指導者が NPS に、経済成長を推進するだけではなく 1988 年の大統領選挙において自らが勝利するための一助となることをも期待していたため、政府は、低拠出で高給付という非現実的構造の NPS を開始した。しかし、1997 年の金融危機が韓国経済に打撃をあたえた際に持続可能性の問題が表面化し、それへの対応として、金大中政権が NPS の最初の重要な改革に着手した。

b. 健康保険制度

　朴正煕政権は、1961 年の軍事クーデターの直後の 1963 年に、医療保険法を制定した。パイロットプログラムの設計段階においては、まずは産業労働者に便益をもたらすことを目的とした社会保険スキームが、とりわけ選好された。同時に、それらのプログラムは、政府支出の増加を伴わずに国民経済の発展を促進する一方策として設計された。それは、そうした設計が、韓国に最も適合的であると信じられていたからである。そうした信念に基づいて医療保険法案が可決されたが、それは、300 人を超える被用者がいる企業の被用者の、自発的な加入のみを許容するものであった。この自発的加入制度は、ほぼ手つかずのまま 1976 年まで残存した。政府は 1976 年に、義務的参加原則と普遍性原則とを採用することにより、医療保険法を大幅に改正した。しかし、実際には、義務的参加原則は 500 人を超える被用者がいる大企業で働く被用者に適用されただけであった。すなわち、同法は、中小企業の被用者と自営業者に関しては自発性原則を維持しつつ、大企業の労働者にのみ、特権的な保険給付を提供するものであった (Hwang 2006, p. 88)。そして、大企業の被用者以外の人々がこの保険制度に加入するには、大企業の被用者よりもその収入

に占める割合が高率の保険料を支払う必要があった。健康保険は国民経済を先導すると期待される、主として重化学工業分野の大企業の労働者を守るものであるとみなされたため、非加入者と自発的加入者の大半は、義務的に加入させられた人々と比較して、大きな制度上の差別に直面することとなったのである。このように、国民健康保険は、主として、保険料を支払う経済力のある大企業の労働者のためのものであった。

　しかしながら、1979年以降、健康保険への加入を義務付けられる者の範囲は、徐々に拡大されていった。まず1979年には、300人以上の被用者がいる会社で働く被用者にまで拡大された。その後、1981年には100人以上の被用者がいる会社の被用者へ、1983年には16人以上の被用者がいる会社の被用者へ、そして1988年には、より小規模な、5人以上の者が働く職場の被用者へと、拡大されていったのである。政府はまた、1990年代初頭には、自営業者にも、健康保険への加入を義務付けられる者の範囲を拡大しはじめた。自営業者への拡大は、「健康保険加入被用者」と「健康保険非加入自営業者」とのあいだの、ギャップの広がりに対処するための措置であった。健康保険制度の下では、診療機関に対して、法定の診療報酬表に基づいて診療報酬が支払われるが、診療機関は、健康保険に加入していない者に対しては、法定の診療報酬表に基づく診療報酬額よりも高額の診療報酬を請求していた。このような不公平な扱いは、健康保険非加入者の不満を惹起し、権威主義政権の政治的正統性を著しく損ないかねないものであった（Kwon, S. 2009, p. 65）。そうした政治的懸念ゆえに、健康保険プログラムに加入を義務付けられる者の範囲は徐々に拡大され、1989年には、都市部と農村部の双方の自営業者にまで拡大され、ついに普遍的なものとなった。その結果、1999年には人口のほぼ94パーセントが公的健康保険に加入し、2008年にはその割合が99パーセントに達した。

　韓国における義務的健康保険の採用と、都市部と農村部の双方の自営業者のそれへの包摂は、健康保険が全国的なものとなり、ほぼすべての者に利用可能となったことを示している。しかしながら、韓国には、統合された国民健康保険制度がないという、もうひとつの問題があった。国民健康保険制度の発展のそれぞれの段階において、職業上の、そして地域的な三つの大カテ

ゴリーを対象として、多数の健康保険組合が創設され、そうした状態が2001年まで続いたのである。第一のタイプは、公務員、私立学校教員、およびそれらの者の被扶養者を対象にしたものであり、それは、単一の健康保険組合によって運営されていた。第二のタイプは、工場労働者とその被扶養者を対象としたもので、およそ140の健康保険組合によって運営されていた。最後のタイプは、自営業者と被用者5人以下の職場の労働者、およびそれらの者の被扶養者を対象としたもので、約230の健康保険組合によって運営されていた (*ibid.* p.65)。これら三つのタイプの健康保険組合はいずれも、保健福祉部の管理下にある健康保険全国連盟に加盟していたが、それぞれの健康保険組合が財政的に独立しており、保険料率や給付率は、それぞれが自立的に決定していた。たとえば、2001年に健康保険組合が統合される以前は、保険料率が給与月額の2パーセントの健康保険組合もあれば、8パーセントの健康保険組合もあった。公務員と学校教員の平均的な保険料率は給与月額の5.6パーセントであり、工場労働者の保険料率は給与月額の3パーセントから4.2パーセントで、平均すると3.75パーセントであった (Hwang 2006, p. 92)。健康保険組合の増加は、恣意的な運営実態や健康保険加入者間の不平等という問題を生じさせたのである。

　健康保険の地域別分断も、同様に、不平等と不公平という問題を引き起こした。統合前、健康保険制度は、138の中地域、8つの大地域、ひとつの全国地域という三つの地域区分にわかれていた。この地域システムの下では、すべての患者は、特定の病状にある場合を除いては、その居住する地域に開設されている診療施設で医師に診察してもらわなければならなかった。自らが居住する地域のかかりつけ医の紹介なしでは、他地域で診療を受けることができなかったのである。その結果、都市部の住民は、プライマリーヘルスケアでさえも、相対的に低コストで高品質な医療サービスを享受できたが、農村部の住民は、低水準の医療処置しか受けられなかった (Choi 1996, p. 79)。

　この潜在する不平等・不公平の問題は、健康保険が普遍化された1989年に、はじめて深刻な政治的争点として浮上した。都市部でも農村部でも、健康保険加入者が著しく増加したために、都市部住民と農村部住民とのあいだ

の不平等が、間近に迫った選挙の重要な争点となったのである。国会は、健康保険システムを統合することの政治的重要性を認識し、地域区分と健康保険組合の双方を統合する改革法案を1989年に可決した。しかし、盧泰愚大統領(1988-92年)は、国民医療保険(NHI)のための財政システムの統合は、これまで以上に重い管理上の役割と財政的な負担を政府に要請するものであるという理由から、法案に拒否権を発動した。盧泰愚政権は半権威主義政権であり、それゆえに、政府の社会保障にかかわる支出のかなりの増大や、政権与党の主要支持者であり、その大半が高所得層もしくは中所得層である「権力支持基盤」ないしは「勝利者連合」に対して健康保険システムの統合がもたらすかもしれないネガティブな影響を、見逃すことはできなかったのである(Bueno de Mesquitaet al. 2003)。既存の健康保険組合の統合はまた、体制を支えてきた官僚制の弱体化を帰結するかもしれなかった。このように、大統領拒否権の発動は、政府の財政的負担を最小化するとともに、半権威主義体制において既得権を有する者を守るための、戦略的選択であった。事実、多数の健康保険組合によって構成されるシステムは、制限的IPWの目的に適合していた。すなわち、そうしたシステムをとおして、政府は、リスクプーリングの便益を、高所得世帯と中所得世帯、そして大企業の工業労働者に対して、低コストで効果的に提供することができたのである。

　しかしながら、制限的IPWの戦略は、基金の財政的脆弱性ゆえに、継続することができなかった。健康保険の全体としての収支バランスは、1996年まではおおむね安定していたが、1997年以降は、総支出額が総収入額を超えるようになり、財政赤字の状態に陥った。NHIの財政構造は低拠出を前提とするものであり、そのプログラムは当初から、NPSと同様に、財政的に脆弱であった。加えて、加入者の負担を高めることなしに医療給付を拡充し続けたことが、政府に財政的な圧力をもたらした。しかしながら政府は、保険料率を引き上げるかわりに、診療を受ける際の自己負担率を、外来患者については55パーセント、入院患者については40パーセントまで高めることによって、赤字問題を解消することを選択した。この方法は、医療費のうちのより大きな割合を患者負担にするだけのものであり、結果として総医療費に自己

負担が占める割合は63パーセントという高率となった (Shin 2003, p. 120)。この割合は、1990年代中頃からは38パーセントまで減少したものの、それでもまだ、OECD諸国の平均である約20パーセントをかなり上回っている。

　普遍的な健康保険システムの採用にもかかわらず、高い自己負担率が、効果的な医療サービスにとっての無視できない障壁であった。そのうえ、経済危機が1997年に韓国経済を襲い、膨大な数の人々を破産に追い込んだことが、この健康保険システムの脆弱性の問題をさらに悪化させた。失業率は急激に上昇し、実質賃金は、経済危機の影響で、それ以前の40パーセント程度にまで落ち込んだ。この空前の経済危機は、制限的なIPWシステムがあまりに不健全なものであり、社会的リスクから一般市民を守る手段とはなりえないことを明らかにした。医療保険システムの安定化のためには保険料率を高める必要があったが、より多くの拠出を求めることは、経済状況の悪化ゆえに、経済的観点から見て実現可能でもなければ、政治的観点から見て現実的な選択でもなかった。このような状況の下では、多数分立の状態にあった健康保険組合の統合が、そうすることによって、富める者から貧しい者への再分配を促進するとともに、さまざまな職業上のカテゴリー間の水平的な平等性を向上させることができるがゆえに、実現可能なほとんど唯一の選択肢であった。しかし、健康保険組合の統合はまた、拠出や給付に関する主だった決定を行う権限を、個別の健康保険組合から中央政府へと移行させるがゆえに、政府に、それまでよりも大きな管理的および財政的な役割を担うことを要求するものでもあった。

　1997年の大統領選挙は、新しい大統領が政治的障壁を打破し、健康保険の新たな政策方針を提案することを促したという点において、きわめて重大な出来事であった。長期にわたって民主主義と社会的連帯を提唱してきた野党リーダーであった金大中が、経済危機のさなかに新しい大統領に選出された。彼は、健康保険組合の統合を進めるための委員会を招集し、すべての健康保険組合をNHIに統合する新たな法律を、1999年に制定し2000年に施行した。実のところ、1997年の経済危機と金大中政権の登場は、指導的な政策立案者が、制限的で不平等な社会保険給付の供給から、より包摂的で現実的なIPWスキー

ムの拡大へと、政策上の焦点を移行させることを促すことによって、韓国の生産主義的福祉主義の性質に重大な変化をもたらした。しかしながら、経済政策上の諸目標に社会政策を従属させるという生産主義的福祉主義の基本的特徴は、金大中政権においても、本質的には変化することなく残存した。健康保険組合の統合は、経済危機の後の、労働市場の流動性を高めるための幅広い試みの一部にすぎなかった (Kwon and Holiday 2007)。それでは、どのような経済的および政治的要因が、韓国の生産主義的福祉プログラムを、制限的な包摂型から実質的な包摂型へと向かわせたのであろうか。次項では、韓国の包摂型生産主義的福祉の制度的発展の、政治的および経済的なコンテクストを検討することにしよう。

(2) 韓国における包摂型生産主義的福祉の政治経済学
a. 経済的コンテクスト

1961年の朴正熙による軍事クーデターの後、韓国は反体制派への暴力的弾圧を伴う権威主義国家となった。軍事政権は、その政治権力を強化する一方で、EPBのような強大な官僚機構を作り、1962年には経済開発5カ年計画を策定し、経済的発展のプロセスへの介入をはじめた。経済のパフォーマンスこそが政権の正統性の最も重要な源泉であるとみなしたがゆえに、急速な経済成長が最重要の政策課題として位置付けられた。このような事情ゆえに、EPBや他の経済官庁の機能は「国民経済の発展のための総合的計画を確立することと、その計画の実施を管理・統制すること」とに焦点化された (Woo 2004, p. 36)。そして、EPB が先導的役割を担うことによって、(1) 国内の市場と産業を保護することによる、国家主導の工業化、(2) 三星、現代、LG、大宇のような大規模産業複合体の育成、(3) 輸出指向型の製造業企業への特権付与、(4) 銀行の統制と借款による産業化のために必要な資本の供給、(5) 国内産業の技術開発の奨励、および、(6) 労働運動の厳格な統制による高品質かつ低コストの労働力の創出に、とりわけ重点を置いた成長目標が確立された (Wade 1992, p. 312; Holliday and Wilding 2003, p. 28)。

韓国の開発主義国家に関して特筆すべきなのは、その金融機関、および国

内外の資本の動員・配分方法である。軍事政権が実施した経済開発のための諸戦略のすべてのなかで、もっとも永続的で重要なものは、銀行システムに対する統制であった (Woo 1991)。軍事クーデターの直後、軍事政権は、違法に貯め込んだとみなした財産を没収することによって、すべての商業銀行を国有化した。銀行の国有化は、国家が銀行システムを直接的に統制する道を開いた。たとえば、金融政策に関する権限は、中央銀行である韓国銀行から財務部に移管され、その結果、中央銀行総裁は、大統領の統制下に置かれることとなった (Shin 2003, p. 57)。政府はさらに、(1) 借款によって資本基盤を拡充し、(2) 国内企業の国外借入に対して支払保証を提供し、(3) 政府と国営企業に長期融資を供給するために、韓国開発銀行を設置した (Cho and Kim 1995, p. 31)。

政府はまた、国内資本を産業への投資へと動員する目的で、1965年に、預金金利を15パーセントから30パーセントへと大幅に引き上げた。預金金利の引き上げは、国内貯蓄への強力な刺激となった。国内資本の蓄積が増大すると、政府は、主要な輸出産業に資金調達に際しての便宜を供与するために貯蓄を活用した。たとえば、1966年から1972年まで、一般的な貸付の金利は平均23.2パーセントであったのに対して、輸出産業向け貸付の金利は6.1パーセントであった (Shin 2003, p. 58)。しかし、国内資本を動員するという経済戦略にもかかわらず、国内貯蓄の総量は、産業への投資のために必要な量には達しなかった (Amsden 1989, p.74)。そこで政府は、1960年代半ばには、外国資本に頼るようになった。そうではあったが、外国直接投資 (FDI) を引き寄せようと試みた他の東アジアのNIEs、とりわけシンガポールや香港とは異なり、韓国政府は、政府としての投資計画を実施するために必要な資金を調達するために、借款に焦点を合わせた。

表4.2は、1960年代中頃に、借款が、外国資本の流入の主たる源泉となったことを示している。借款が増大するに伴って、多くの輸出企業において、資産に対する債務の比率が大きくなった。とりわけ、政府が構築した信用ベースの金融システムの存在は、大規模で長期の投資を必要とする重化学工業の成長にとって有利な条件であった。同時に、借款が占める割合の高さは、信用貸付制度や外国直接投資に対する政府の厳格な統制とあいまって、外国資

表 4.2　韓国への国外資本の流入（1961 年〜 1979 年）

年	合計 (US 万ドル)	外国からの 援助 (%)	借款 (%)		直接投資(%)
			公的借款	商業借款	
1961	20,810	99.4	0.6	-	-
1963	27,310	75.9	14.7	7.5	1.9
1965	18,670	72.0	2.7	22.3	3.0
1967	37,170	36.1	28.5	33.4	2.0
1967	74,420	13.9	28.7	55.2	2.2
1971	75,550	8.4	40.2	45.7	5.7
1973	89,130	3.9	41.3	38.6	16.0
1975	139,700	3.4	34.5	57.6	4.4
1977	198,040	0.4	30.7	63.6	5.2
1979	284,520	0.3	38.1	56.9	4.4

出典：IMF, *International Financial Statistics*。

本の流入を統制し、企業の経済活動を監視する政府の権力を強化した。市場歪曲型の開発戦略を通じた政府の市場への直接的な介入は、韓国の開発主義国家をシンガポールや香港のような「市場順応型」の開発主義国家と区別する、最も際立った特色である（表 4.2 参照）。

　韓国の市場歪曲型アプローチは、貿易のパターンにも影響を及ぼした。韓国政府は輸出を強力に支援したが、貿易自由化には、他の東アジア諸国に比べ積極的ではなかった。韓国は、1950 年代と 1960 年代はじめには、保護主義的な輸入代替戦略を採用しており、その後に、輸出指向の工業化へと移行した。輸出指向に転じてからは、政府は、輸出自由区の設置のような輸出指向戦略に積極的に関与したが、輸入自由化には消極的なままであった。輸出指向戦略は、概ね保護主義的戦術と並行して実施されていた。実際のところ、香港やシンガポールに比べ、韓国は、そのグローバル経済における重要性の高さにもかかわらず、貿易レベルは低く、関税率はきわめて高い水準に留まっていた。

　1962 年に韓国政府が着手した「国家主導資本主義（guided capitalism）」は、経済発展の過程全体を調整し続けた。そして、その結果として実現したのが、急

激な工業化を伴う圧倒的なスピードの経済成長であった。例をあげれば、アメリカへの工業製品輸出総額は、1960年代初旬においては世界で40位であったが、1986年には5位となっている。また、韓国の国民総生産 (GNP) は、第1次経済開発5カ年計画の期間中 (1962-66年) には年率8.5パーセント、第2次経済開発五カ年計画の期間中 (1967年から71年) には年率11パーセントと、当初計画目標の年率7パーセントを上回る、みごとな成長率を達成した (Shin 2003, p. 56)。朴正煕政権は、疑いなく、経済発展が、国家安全保障と実質的に同等の重要性を有する、至上の目標とされなければならないことを明確化した。

　この開発主義の状況下では、包括的な社会福祉はただの贅沢にすぎなかった。韓国政府は、総合的な社会福祉プログラムを採用するかわりに、教育に公的資源を集中的に投入したが、それは、教育こそが、迅速な工業化のために必要な技能を向上させ、労働者を訓練するための、最も効果的な方法のひとつと考えられたからである。この信念に基づき、政府は、他の社会政策分野に対してよりもはるかに多くの資源を教育に用いるとともに、教育カリキュラムと学校管理を厳格に統制した (Morris 1996)。1950年代後半に公的義務教育政策が実施されるようになってからは、政府は、誰もが初等教育と中等教育を受けることができるようにするために、教育を統制する権限を教育部に集中させた。また、EPBは教育5カ年計画を策定し、職業訓練機関への入学者の増加を要請した (Ramesh 2004, p. 162)。このように教育は、経済発展の支えとなる勤労精神や集団志向的態度を普及させるための媒体として、韓国の生産主義的福祉主義において中核的な位置を占めた (Kim 2000)。

　「経済第一」原則が根底にあったもものの、軍事政権は、公務員年金法 (1961年)、軍人年金法 (1963年)、社会保障法 (1963年)、産業災害補償保険法 (1963年)、医療保険法 (1963年) を含む一連の社会福祉関連法を、その初期段階において制定した。1950年代後半から1960年代前半にかけての悪化した経済状況は直ちには好転しなかったため、政治的正統性の欠如に苦しんでいた朴将軍は、福祉プログラムこそが、1963年の大統領選挙において勝利するために必要な大衆の支持を得るための、もうひとつの重要な手段であると考えた。それゆえに、軍事政権は、「我々は、韓国の全人口をカバーする社会保険と社会支

援のプログラムに基礎づけられた社会保障システムを導入することによって、一般の人々の生活状況を質的に向上させ、福祉社会を確立するために、最善の努力をする」と主張して、多くの社会福祉関連法を短期間で制定したのである (Shin 2003, p. 62)。

　しかしながら、当初の宣言にもかかわらず、わずかな数のプログラムしか実施されず、それらは、国家政策を管理し、経済発展戦略を実施する労働力となることが期待される公務員、軍人、大企業の工場労働者のような、全人口のうちのわずかな部分をカバーしたにすぎなかった (Kwon 1999, p. 51)。たとえ朴正煕が、当初はさまざまな社会給付を考慮していたとしても、彼は、国民福祉に至る最も有望な経路であり、かつまた、貧しい国が実際に最も必要としているのは、経済的成功と職の創出であるという信念を有しており、それゆえ、実際のところ、社会福祉は、貧困と闘うための貧弱な道具にすぎないと考えていた (Song and Hong 2005, p. 180)。社会福祉が政府の優先事項ではないことは明らかであり、その結果として、1960年代と1970年代をとおして、社会福祉給付はまったく包括的とは言いがたいものであった。このように、教育に加えて、産業労働者、大企業の被用者、公務員、および軍人だけが恩恵を受けることのできる社会保険プログラムが、韓国における包摂型福祉の主柱であった。要するに、韓国政府は、公的財政負担を大きく増加させることなく、熟練労働力を涵養し、保護するという政策目標ゆえに、その制限的IPWの制度的具体化として、拠出型の制度を立ち上げたのである。

　金融システムと社会政策とが政府の厳格な監視の下にあるという状況は、1990年代のはじめまで、根本的に変化することはなかった。金利や融資対象の操作が、ビジネスセクターを統制する効果的な政策ツールであった。しかしながら、金融システムに対する政府による統制の有効性に疑問が提起されるようになり、大企業 (財閥) は次第に、融資システムに対する政府統制の廃止を求めるようになった。そのうえ、1980年代後半には、アメリカが金融部門の自由化を強く要求しはじめた (Stubbs 2005)。こうした圧力への対応として、金泳三政権 (1993-97年) は、借款に対する統制の縮小をとりわけ重視した金融自由化の実施を含む、「世界化」政策を公表した。しかし、市場歪曲型の銀行

システムと「縁故型」のコーポレートガバナンスには、大きな改革がなされなかったために、急激な金融自由化は深刻な問題を生み出した (Kang 2002)。すなわち、金泳三政権は、効果的な監督メカニズムを創出することなく、金融システムの自由化を行ったのであり、企業はもはや、国外から資金を借り入れるために、政府の許可を得ることを求められなくなった。結果として、民間部門の国外債務の総額は 1993 年の 440 億ドルから 1997 年の 1,200 億ドルへと急増した (Shin 2003, p. 173)。状況をさらに悪化させたのが、国外債務総額に占める短期借入金の割合が、同じ期間に 43.7 パーセントから 58.3 パーセントに上昇したことであった。「世界化」の旗印の下で実施された銀行システムと金融システムの不適切な自由化と誤った管理は、最終的には、1997 年の未曾有の経済危機を帰結したのである (Haggard 2000; Hamilton-Hart 2008)。

1997 年の経済危機の破壊的影響は、とりわけ失業率の急激な上昇に関しては、想像を絶するものであった。図 4.1 に示したように、経済危機は韓国社会を、安定した労働市場を有する経済から、社会的不安定性を随伴する、安心できない脆弱な経済へと変容させた。失業率は、経済危機以前には 2.6 パーセントにすぎなかったが、1999 年には 8.7 パーセントに急上昇した。こうした壊滅的な経済危機を前にして、新たに選出された金大中大統領は、健康保険

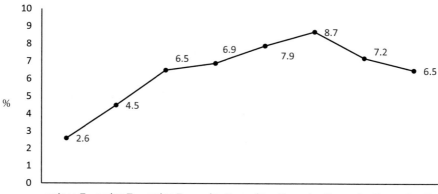

図 4.1　韓国における 1997 年の金融危機以降の失業率の推移

出典 : Shin (2003, p. 180)。

制度を統合するとともに NPS の受益者を自営業者にまで拡大するなど、一連の社会保障改革を実行に移した。政府はまた、失業保険スキームと産業災害補償保険プランを、すべての職場に拡大した。

　要するに、韓国は、市場歪曲型の発展戦略の一部として社会保険を基礎としたプログラムを創設し、その便益を、1960 年代、70 年代、80 年代をとおして、限られた数の労働者に提供していた。しかし、制限的 IPW が対象とする範囲は、経済情勢の大きな変化に対処するための政策手法として社会福祉の仕組みが用いられることによって、時の経過とともに、ほぼすべての韓国国民にまで広げられた。包摂型生産主義の発展は、その帰結であり、それは、1997 年の経済危機の後の社会不安を緩和するための政府の努力が、それ以前のさまざまな取り組みと相乗することによって実現した。しかしながら、こうした経済的背景に付け加え、政治的な出来事もまた、韓国の生産主義福祉の諸制度の発展に影響を及ぼしている。

b. 政治的コンテクスト

　1961 年の軍事クーデターとそれに続く軍政期のすぐ後に、朴正熙は「正統」な大統領として政権を維持し続けるため、1963 年、1967 年、および 1971 年に大統領選挙を実施した。しかしながら、ある程度の選挙における競争がありはしたものの、韓国は、執政権力の広範囲にわたる濫用を伴う、厳格な政治的統制の下にあった。朴政権は、労働組合の活動を厳しく弾圧するとともに、野党を制約したため、経済は活況を呈したにもかかわらず、一般国民からの支持を得ることができなかった。それゆえ、大統領選挙において過半数の票を確保することが、ほとんどできなかった。朴正熙の、政治的正統性と人気を高めたいという願望は、1963 年の年頭教書によく表れている。そこでは、「我々は、巨大な執政権力によって福祉国家を確立しなければならない(…)。我々は、医療保険や労働者災害補償保険を導入する」という宣言がなされている (Shin 2003, p. 63)。このメッセージは、1963 年の大統領選挙の直前に発せられたものであり、人気のある政策であろうとみなしたものの実現を公約することをとおして民衆の支持を獲得することによって、最終的には選挙に勝利し

たいという朴政権の願望を示している。

朴政権が1970年代に社会保険プログラムを創設した当初の意図は、公務員、軍人、および大企業の熟練労働者を保護することであり、それは、工業化戦略の一環をなすものであった。しかしながら、選挙における競争と政治的圧力とが、そうした福祉プログラムの漸次的拡充をもたらした、経済的要因と並ぶもうひとつの要因として作用したことは確かである（Ramesh 2004, p. 12）。たとえば、統率力のある野党指導者であった金大中が、1971年大統領選挙において、朴正熙に勝利しそうになったとき、政府は、政治的対抗勢力を政権から遠ざけるための選挙戦略として、NHIの導入を急いだ。政府はまた、重工業化の推進のために貯蓄を動員するとともに、政府への大衆の支持を確保することをもめざして、1972年に野心的な国民年金制度を提案した（Haggard and Kaufman 2008, p. 136）。図4.2に示したように、1963年の大統領選挙以降、回を重ねるにつれて、選挙における競争が激化した。こうした事情から、後継の大統領たちは、いずれもが生産主義的福祉の原則に固執していたにもかかわらず、社会保障に焦点を合わせざるを得ず、そのことが、社会福祉の拡大に大きく貢献したのである。

1979年に朴正熙が暗殺された後に政治権力を掌握した全斗煥将軍は、彼の

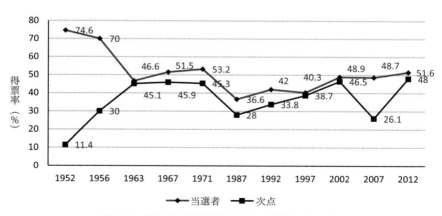

図4.2　韓国大統領選挙における候補者得票率

出典：National Election Comission of Korea。

大統領在任期間中（1980-87年）、朴政権の権威主義体制をほとんど変更しなかった。全と彼の権威主義政権与党は、1980年代に実施されたすべての大統領選挙と総選挙に勝利したが、その得票率は40パーセントに満たなかった。全政権が選挙に勝利し続けることができたのは、複数野党が相互に票を奪い合うことを繰り返したからにすぎない (Lee 1997, p. 6)。選挙における僅差での勝利は支配政党を目覚めさせ、朴正煕が試みたように、政治的支持を得るために社会福祉プログラムをより真剣に検討する方向へと向かわせた。しかしながら、全斗煥大統領の周辺で頻発する汚職に人々は耐え切れなくなり、全斗煥独裁への全国的抗議行動に数百万人の人々が参加し、民主主義を求めた。とりわけ1987年には、最大規模の抗議行動が発生した。しかしながら、全斗煥の抗議行動への対応は、情け容赦のないものであり、何人もの大学生や労働者に死をもたらした (Kim 2003)。権威主義政府に対する政治的挑戦は、こうした新たに発生した民主化運動の帰結として生じた政治的競争の高まりに加え、1980年代後半における大規模労働争議の発生からも招来した (Mo 1996)。韓国においては、労働運動は長いあいだ抑圧されており、事実上休眠状態にあった。それゆえ、全斗煥政権は、労働基本権の保障や労働条件の改善を求める声を、しばしば無視した。しかしながら、1975年から1986年までの期間には、年平均165件にすぎなかった労働争議が、全斗煥の後継大統領となった盧泰愚が民主化宣言を行った1987年には、3,749件と劇的に増加した (Korea Statistical Information Service)。

　抗議行動と労働者のストライキが前例のないほどに頻発するなか、全斗煥政権はもはや、市民と労働者をただ単に抑圧し続けることができなくなった。全斗煥は、彼の支配に対する政治的抵抗に対処し、選挙において勝利するために、社会福祉プログラムの拡充を含む一連の社会政策上の改革を公約した。彼は1986年に、医療保険の対象を農村部の住民と都市部の自営業者にも拡大すると発表した。全斗煥政権はまた、国民年金制度を創設するとともに、最低賃金法を制定する意向であることを発表した。1987年の抗議行動によって大統領直接選挙制の採用を余儀なくされた時に、与党議長の盧泰愚は、これらの社会政策を一体的に実施することを、彼の選挙公約とした。盧泰愚は

1987年の大統領選挙に勝利したが、その主たる要因は、野党が統一戦線の構築に失敗したことであった。その翌年の1988年の総選挙においては、野党は国会議員の過半数を制し、盧泰愚の政権運営および過去の全斗煥権威主義政権との継続性を批判する主要アクターとなった。盧泰愚政権は、民主主義体制への移行の渦中における政治的挑戦への対応として、国民年金法を1988年に迅速に施行した。政府にとって、生産主義の限界内でのNPSの実施と一層の拡充は、政治的正統性と資本蓄積の問題に対処するための方策として、きわめて魅力的なものであることが証明された (Hwang 2007, p. 140)。こうした政治的事情が、盧泰愚政権を、NPSの長期的な財政的持続可能性を軽視した、国民年金の「低負担高受益」構造の創出へと導いた。かくして、1997年の金融危機の前に、韓国の生産主義的福祉国家は、社会保険の経済的効果への考慮を伴って、そしてまた、選挙における競争と政治的挑戦への対応策として、その包摂型のプログラムを拡充し続けたのである。実際のところ、1987年の民主主義体制への移行とその余波は、韓国の社会政策の歴史の、重要な分水嶺となった (Kim and Kim 2005)。それにもかかわらず、社会保険プログラムの全体的な射程と包括性はなお限定的なものであり、本質的に生産主義的であった。

　韓国を社会政策の新時代へと導いたもうひとつの画期的な出来事は、アジア金融危機の最中の1997年に実施された大統領選挙で、金大中が当選したことである。金大中の勝利は、権力の移行以上のものであった。それは、韓国が、ほとんど途切れのない権威主義的もしくは保守的な一党支配から、多元主義的民主主義の新たなかたちへと移行するシグナルであった。1997年の金融危機と金大中の大統領選勝利は、韓国を、ほぼすべての領域で、文字どおりフルスケールの改革へと急転換させた。経済の突然の崩壊は、既存の生産主義的福祉システムの下での社会的保護が不十分な水準のものであることを明らかにし、金大中政権には、より保護的な福祉政策を採用することが期待された。しかしながら、さらなる市場開放と構造調整政策の実施と、市場指向的な社会保障とをあわせて求める国際通貨基金 (IMF) からの強い圧力にさらされ、金大中政権は、とりわけ労働者団体と人権擁護団体とをその主要な権力基盤としていたがゆえに、再分配的福祉と市場指向的社会保障のいずれを

選択するかというジレンマに陥った (Haggard and Kaufman 2008, p. 249)。金大中政権は、IMF の救済パッケージに付された条件に、企業の組織再編と労働市場の柔軟化を促進することによって対応する一方で、市民運動団体や労働組合を積極的に取り込もうと試みた。中道左派の金大中政権にとって、右派と左派の社会・経済政策を同時に実施することは、明らかに大きな挑戦であった。労働市場改革のスムーズな実施と、金融危機によって悪影響を受けた労働者の保護の双方を確実にするために、金大中政権は、政府、企業、労働者の各代表を含む三者委員会を創設した。民主主義への移行の時代における一般国民の新たな役割と影響力とを認識した金大中政権は、新自由主義的調整政策の採用への道を開くための緩衝材として、労働者と市民社会の政治的包摂を利用したのである (Yang 2004, p. 199)。市民団体と労働組合もまた、三者委員会を通して社会政策の形成に関与しはじめた。かくして、NPS、NHI、および国民基礎生活保障制度のような社会的保護システムの拡充が、1990 年代後半において、論争の余地のある韓国社会の新自由主義的構造調整によって不利益を被る人々の損失を補償するために、いくつかの部門間の戦略的和解として実現した。こうした意味で、新しい民主主義体制に内在していた社会政策の推進力は、包摂型生産主義的福祉の制限的形態からより包括的な IPW システムへの移行の前兆であった (Moon and Yang 2002)。

　包摂型社会福祉プログラムの拡充のもうひとつの説明要因は、民主政治が韓国社会において通常の事態となるに伴って生じた、社会政策に対する民衆の態度の変化である。シンとローズが 1997〜98 年に実施した質問紙調査によると、社会保障を提供する責任を誰が負っているかについての韓国国民の価値志向に、大きな変化があった。金融危機以前には、51 パーセントの回答者が、各人が自分自身の福祉に責任を負うべきであると考えていた。社会保障制度が、政府の財政的関与をほとんど伴わない、完全に雇用者と被用者からの拠出によるものであったために、一般民衆は、社会的保護は個人の責任であるべきであると信じていたのである (Shin 2003, p. 191)。しかしながら、こうしたスタンスは、経済危機が発生し、人口のかなりの割合が失業し、破産した直後に、劇的に変化した。1998 年の調査では、回答者の 83 パーセントが

政府がより大きな責任を負うべきであると回答したのに対して、個人が責任を負うべきであると回答した者は 17 パーセントにすぎなかった。こうした調査結果は、経済の不況とそれに続く労働市場の柔軟性の高まりが、どのように社会的保護についての人々の認識を変容させ、「批判的市民」もしくは「不満足な民主主義者」を生み出したかを示している（Shin and Rose 1998; Norris 1999）。

　これまで説明してきたように、韓国の包摂型生産主義の誕生と成長は、経済戦略と政治状況の産物であった。朴正熙政権は、経済発展に向けての市場歪曲型の戦略の一環として、一連の制限的な IPW 方策を採用し、労働者を抑圧しつつ、国家と財閥とのあいだの、国家優位の同盟を維持した。社会的保護の制度的バックボーンは、公務員、軍人、および大企業労働者を対象とした社会保険であった。しかしながら、選挙における競争とその結果としての民主主義的統治の到来は、政治的リーダーが社会保険プログラムの政治的手段としての重要性を認識することを余儀なくさせた。さらに重要なのは、1997 年の経済危機が、より包括的な社会保障給付を求める「批判的市民」からの強力な政治的圧力を生み出すことによって、包摂型福祉プログラムの拡充を加速したことである。韓国のこうした経験のすべてが、他の東アジアの生産主義的福祉国家の経験とは、まったく異なるものであった。たとえばシンガポールでは、外国資本の影響力が強大であり、その政治状況は、国民の市場指向的な政治的態度を強化するようなものであった。包摂型生産主義と市場型生産主義とのあいだの類似点と相違点とを際立たせるため、次節では、シンガポールにおける市場指向アプローチの進化を詳細に見ていくことによって、経済構造と政治状況とが、どのように与党とその市場指向的な生産主義的福祉を強化してきたのかを示すことにしたい。

2．シンガポール——市場型生産主義的福祉

　シンガポールのきわめて簡素で市場指向的な社会的保護システムは、有意義な再分配メカニズムでもなければ、社会的リスクを相殺するに十分な便益を保障するものでもない。シンガポール社会に深く根付いた自由市場原則は、

社会政策分野をも支配している。国連のレポートは、シンガポールのMPWの性質を、「すべてのシンガポール人に、報酬は懸命な労働によってのみもたらされる、能力主義と自立の原則に基づくものであるという感覚が浸透しており、社会的な施しは信用されていない」と簡潔に記している (Wijeysingha 2005, p.197)。これはすなわち、市場的効率性が、シンガポールにおける社会政策のコンテクスト全体に及ぶ指導原則であるということに他ならない。

シンガポールでは、義務的老齢年金の財源は、民間からの拠出によってまかなわれている。健康保険は公的に提供されているが、その費用のかなりの部分を市民が負担している。1993年に開始されたメディファンド (Medifund) スキームは貧困層の住民を対象にしたものであるが、その便益は、きわめて厳格な資産調査をパスした者だけに給付される。市民の約90パーセントは、公的機関が管理する住宅に暮らしている。しかし、この高い比率は、実質的な政府支出を伴うものではない。シンガポール政府は、厳格な資産調査を伴う所得保障およびその他の、ごくわずかな便益しか保障しない福祉サービスを提供しているにすぎないのである (Ramesh 2004, p. 10)。初等教育と中等教育は、経済成長のために必要な条件であると考えられており、それゆえに、ほぼ完全に政府の負担によって提供される唯一のプログラムとなっている。このように、シンガポールの生産主義的福祉は、税収によってまかなわれる社会福祉が実質的に不在であることによって特徴付けられるものであり、韓国の包摂型の方策とは異なり、経済成長のために戦略的に重要とされる産業労働者のあいだですら、再分配的なリスクプーリングの仕組みは存在しない。

シンガポールのMPWの頂点に位置するのは、ほぼ純粋な確定拠出原則に基づく義務的な個人貯蓄制度である中央積立基金 (Central Provident Fund = CPF) である。過去50年間にわたってシンガポールを統治してきた人民行動党 (People's Action Party = PAP) は、権威主義的支配と自由市場原則とともに、生産主義のイデオロギーを発展させた。この生産主義イデオロギーを推進力として、PAPは、基礎的な社会的リスクに対処するための政府管理の貯蓄スキームとしてCPFを設計した。このスキームは、退職時やその他の時期における社会的保護へのニーズを満たすために、自分自身の資源に頼るように人々を導くことによっ

て、自立を促進すると考えられた。CPF は、老齢年金、医療、住宅、および家計の管理にかかわるさまざまな目的に奉仕するよう、雇用者と被用者からの拠出によって構築されている (Low and Aw 2004)。シンガポールを、東アジアの生産主義的福祉の他のタイプから際立たせているのは、再分配やリスクプーリングの要素をほとんど伴わない CPF システムに、強く依存しているという点においてである。

この節では、シンガポールの市場型生産主義の発展について論じる。前半では、CPF がいかにシンガポールの社会保障システムの制度上の中核として運営されているかに焦点を合わせて、CPF の特徴とそれが抱える諸問題を描き出す。後半では、PAP が、その下において開発主義のイデオロギーを自由市場と権威主義的統治の追求とに結合させることによって CPF システムを構築した、経済的および政治的な諸条件を検討する。中心的な主張は、シンガポールの市場型生産主義福祉の特質は概して、外国資本への依存度の高さと高レベルの政策的自律性とに由来するものであるということである。

(1) シンガポールにおける市場型生産主義的福祉の発展

a. CPF の制度枠組

シンガポールの MPW の最も顕著な特徴は、義務的で公的管理の下に置かれた確定拠出型システムである CPF への、ほぼ全面的な依存である (CPF Board 2005)。CPF は、雇用者と被用者の双方が、被用者の個人口座に賃金の一定割合を積み立てる義務的貯蓄制度である。1953 年に創設され、1955 年に施行された当初は、基金は被用者が退職後に受け取ることを目的としてのみ積み立てることが意図されていたが、1960 年代からは、シンガポール政府は、CPF の積立目的を、老齢年金を含むさまざまな社会保障ニーズや経済的目的にも、大きく拡張してきた。現在では、CPF に積み立てられた貯蓄は、老齢年金、住宅、医療、投資、そして高等教育ローンに用いられている。シンガポールでは、個人向けの不動産担保融資の市場が存在せず、それを CPF が代替しており、それゆえに、住宅購入のための資金を CPF から借り入れることができることは、この制度のユニークな特徴となっている。現在では、CPF に貯蓄してい

る被用者は、その個人口座の貯蓄残高を、政府の住宅開発庁（HDB）が建設した公的住宅を購入するための、頭金として使用することが認められている。

　こうしたCPFシステムの下では、被用者は、自らが在職期間中に蓄えたものを受け取る。それゆえ、CPFは、政府が責任を負わなければならない財政赤字を招来することはない。自立がその中心的原理であるため、貧困層と失業者に、CPFから、公的扶助のようなプログラムが提供されることはない。その結果として、一般市民は、失業時においてでさえ、CPFから助けを得ることができない。もちろん政府は、経済的困窮状態にある人々を対象とした、短期資金援助（Interim Financial Assistance）や住居費補助（Rent & Utilities Assistance）のような社会的保護システムを有してはいる。しかし、それらの基本的な便益は、非常に厳しい資産調査のうえで提供されている（Ku 2003, p. 137）。それゆえ、これらのタイプの公的援助を受けた人々の数は、1988年には2,867人、1998年には2,070人、2007年には2,772人に留まっており、全人口の0.1パーセントにも満たない（MCYS 2007）。こうした統計的な数値は、シンガポールの社会保障と福祉の仕組みは雇用と市場に大きく依存しており、CPFが「商品化」された社会政策の制度的基盤となっていることを示している。

　外国人労働者とパートタイム労働者を除いては、被用者にはCPFへの参加が義務付けられている。自営業者は、CPFの医療費の積み立てには参加しなければならないが、全体スキームへの参加は任意であり、そうした選択をしている者は、わずかな割合に留まっている（Ascher and Rajan 2002, p. 238）。雇用者と被用者のCPFへの積み立て率は、時の経過とともに、経済的状況に応じて、さまざまな年齢集団ごとに変化してきた。1955年の導入当時には、積み立て率は雇用者も被用者も5パーセントであり、合計で賃金の10パーセントを占めていた。その後、雇用者の積み立て率も被用者の積み立て率も、25パーセントに引き上げられた。さらに、上昇と下降を繰り返した後に、1994年に被用者の積み立て率は20パーセントに固定されたが、その後も、雇用者の積み立て率は10パーセントと20パーセントのあいだを上下している。口座名義人は、55歳になった時点でCPFに積み立てた貯蓄を引き出すことができる。引き出した貯蓄は、自由に使用したり、投資したりすることができるが、55

歳で引き続き雇用されている場合には、希望すれば CPF への積み立てを続けることも可能であり、その場合、積み立て率は若い世代の積み立て率よりもかなり低くなる。2013 年現在、CPF は 351 万人の参加者を擁しており、そのうち 185 万人が定期的に積み立てを行っている。この 351 万人という数値は、シンガポールに居住する労働者の 90 パーセントを上まわっている（CPF 2013）。

　CPF の多目的性を反映して、参加者の CPF 口座は、一般、特別、メディセーブ（Medisave）の三つのサブカテゴリーに分けられている。一般口座は CPF の主要構成要素である。55 歳以下の参加者の場合、年齢に応じて、積立金総額のおよそ 60 パーセントから 75 パーセントが一般口座に積み立てられている。特別口座に積み立てられているのは 10 パーセントから 20 パーセントであり、残りの 15 パーセントから 20 パーセントがメディセーブ口座に積み立てられている。一般口座に積み立てられた貯蓄には、国内の商業銀行の 1 年満期の定期預金の利率と同じ利率か年利 2.5 パーセントの、いずれか高い方の数値で計算された利息がつき、他の二つの口座に積み立てられた貯蓄には、一般口座よりも 1.5 パーセント高い年利の利息がつく。特別口座とメディセーブ口座への貯蓄の利率が高くなっているのは、退職や医療サービスを受けた時の備えとして、十分な貯蓄がなされるように誘導するためである（Remesh 2004, p.52）。

　一般口座に積み立てられた貯蓄は、主として、住宅、高等教育、住宅ローン保険に用いられている。住宅に関しては、シンガポール政府は 1968 年に、CPF 参加者が、CPF に積み立てた貯蓄を、HDB が建設したアパートを購入するために用いることを容認した。1981 年にはさらに、民間の業者が建設した住居の購入にも、CPF に積み立てた貯蓄を用いることが可能となった。一般口座に積み立てられた貯蓄は、高等教育にも使われている。シンガポールでは、政府が高等教育に助成してはいるものの、それでもなお、学生はかなりの額の授業料を支払う必要がある。授業料をまかなうために、学生は親の貯蓄に頼るかもしれない。CPF 参加者はまた、一般口座に積み立てた貯蓄の一部を、株式や商品先物取引への投資のために引き出すこともできる。特別口座は、一般口座を補完するものとして 1977 年に制度化され、現在では、CPF への貯蓄の 10 パーセントから 20 パーセントを占めている。これは、もっぱ

ら退職後に備えることを目的としたものである。CPF 参加者は、特別口座に積み立てた預金を、最少額を除いては、55 歳になれば引き出すことができる。引き出すことができない最少額が設定されているのは、在職時の貯蓄を、退職して間もない時期に浪費してしまうことを防止するためである。なお、55 歳になった時点で引き出されなかった貯蓄は、62 歳に達した後に、残額がゼロになるまで分割払いのかたちで、その口座の名義人に払い戻される。メディセーブ口座は、CPF 参加者とその直近の家族の医療費をまかなうためのものとして 1984 年に創設されたものであり、CPF への貯蓄額の残りの 15 パーセントから 20 パーセントを構成している。1992 年からは、積み立て率は、それぞれの CPF 参加者の年齢に応じて決められている。また、積み立ては、積み立て総額が定められた上限額に達するまで続けるものとされ、その上限額は、現在は 43,500 ドルである。この上限額に達すれば、医療を受けるためにメディセーブ口座から一定額が引き出され、その結果、積み立て総額が上限額を下回らない限りは、それ以上の積み立てを求められることはない。55 歳未満の CPF 参加者の場合には、上限額を超えてメディセーブ口座への積み立てがなされた場合、その超えた部分は特別口座に振り替えられることになっている。自営業者については、一般口座と特別口座への積み立ては任意であるが、メディセーブ口座への積み立ては、給与所得者と同様に義務的なものとされている（Jones 2005; CPF 2013）。

b. CPF の評価

　CPF は、ほぼ普遍的に適用され、拠出率の高い制度ではあるが、不測の事態に対する十分な保護を提供できているかどうかは疑わしい。第一に、CPF に積み立てた貯蓄に付加される利息が低いことが、CPF 参加者の重要な関心事のひとつとなっている (Ramesh 2004, p. 74)。CPF に積み立てた貯蓄の引き出しは、法定の退職年齢に達した時か、その他の条件を満たしたときにのみ可能である。とりわけ特別口座に積み立てた貯蓄は、通常は数十年間に渡って引き出すことができないため、インフレに対して脆弱である。インフレによって貯蓄が、利息がついたとしてもなお、実質的には目減りしてしまうという

ことが起こりうるのである。それゆえ、有効な社会的保護を提供するためには、CPF に積み立てられた貯蓄の投資収益率は、常にインフレ率を上まわっていなければならない。しかしながら、高い収益率を達成するためには、CPF に積み立てられた貯蓄を高リスクの金融商品に投資する必要があり、それを可能とするには、慎重な規制システムと高度に効率的な資本市場がなければならない。このような条件を満たすことができなければ、CPF は主要な社会保障制度とはなり得ないのである。しかし、実際には、CPF の理事会は、過去数十年間にわたり、国債のような比較的「安全」な金融商品に、CPF に積み立てられた貯蓄を投資してきた。結果として、CPF に積み立てられた貯蓄に付加される利息は、しばしば実質賃金の上昇率を下回った (Williamson et al. 2012, p.85)。たとえば、1983 年から 2000 年のあいだ、CPF に積み立てられた貯蓄に付加された利息は、平均すると年利 1.8 パーセントにすぎず、それは、インフレ率よりもはるかに低かった。2008 年には、利率がおよそ 2.5 パーセントから 4 パーセントになったが、この年のインフレ率は 6.5 パーセントであった (CPF Board 2010)。このように低利であるがゆえに、CPF は、退職時やその他の社会保障ニーズに対応するための基本的な社会保障制度としては、不十分であるように思われるのである。比較的低い利率に対処するため、シンガポール政府は CPF を徐々に自由化し、口座保有者が自身の裁量によって貯蓄の投資方法を決めることを、一定の制限の下で認めるようになった。こうした CPF の自由化は、社会福祉の「商品化」の全体的水準を高め、基金管理の責任を、政府から個々の CPF 参加者に転嫁するものであった (Asher2004)。

　第二の問題は、雇用者拠出分と被用者拠出分とをあわせると、被用者の賃金の 40 パーセントを超える高い拠出率となっているにもかかわらず、利率の低さと、退職前に住宅購入費や医療費や教育費をまかなうために引き出される割合が高いこととが相俟って、所得代替率が相対的に低い水準に留まっていることである。1997 年から 2011 年のあいだ、毎年、平均すると CPF 参加者の 75 パーセントが、CPF に積み立てた貯蓄を引き出していた。退職時の備えとしての貯蓄の一部を退職前に引き出してしまうことが、所得代替率の大幅な低下をもたらしていることは明らかである。いくつかの研究では、CPF

の推定所得代替率は、最後に支給された給与の25パーセントから35パーセントの範囲であると報告されている (McCarthy et al. 2002; Lin 2012)。こうした所得代替率は、生活水準を維持するための最低限に満たないものである。50歳から55歳の労働者のおよそ60パーセントから70パーセントは、自身のCPF口座に十分な貯蓄を有していないと推定されている (Lim 2001, p.374)。所得代替率が低いという問題はまた、個人貯蓄制度にとっては本質的な問題である、再分配的なリスクプーリングの仕組みの欠如にも関連している。低所得世帯は、CPFの口座に、退職時やその他の社会保障へのニーズが発生した時に使うことができる貯蓄を、わずかしか有していないのである。

　第三の問題は、積み立て率の変動である。シンガポール政府は、1960年代後半から、ビジネス部門の総体的コストを削減するために、積み立て率をしばしば調整してきた。頻繁な調整を動機付けたのは、とりわけ、マレーシア、タイ、中国のような労働力の豊かな国々との地域的かつグローバルな競争に勝利することであった (Jones 2005, p.94)。コスト面での競争への関心は、シンガポール政府を、知識、専門技術、インフラ等における比較優位性を高めるだけではなく、企業の操業コストを可能な限り低く抑えるよう駆り立てた。シンガポールのビジネスコストを相対的に高いものとしている要因のひとつは、高い賃金であったため、シンガポール政府はしばしば、雇用者のCPFへの積み立てを軽減することによって、賃金コストを低く抑えようとしたのである。たとえば、1985年の景気後退期には、雇用主の積み立て率は25パーセントから10パーセントに低減された。1997年のアジア金融危機の後には、この割合は20パーセントから10パーセントに再度引き下げられた。2003年以降は、被用者の積み立て率は20パーセントのまま据え置かれているが、雇用者の積み立て率は13パーセントもしくは16パーセントとされている。積み立て率の調整に関して、ゴー・チョクトン前首相は、次のように述べている。「我々は、ある時点におけるCPFへの実際の積み立て率を決定するための、いかなる公式も有してはいない。我々はただ、状況が大きく変化したときに、それに応じて積み立て率を調整するだけである」(ibid., p.95)。この言明が示しているように、CPFへの積み立て率の調整は、しばしば、グローバル市場におけるシン

ガポールの競争力を保つための手段であると考えられてきたのである。しかしながら、そうした調整には、CPFの財政的安定性を損なうという欠点がある。

最後の問題は、私的に支払われる医療費が相対的に高いことである。シンガポールでは、メディセーブからの、もしくは自己負担による支払いが、主たる医療支出となっている。メディセーブは、医療費の支払いへの政府の関与を減らすために、1984年にCPFの一部として創設された義務的貯蓄口座であり、政府管理による公的な医療制度である。しかし、メディセーブからの支出は、シンガポールの医療支出総額のそれほど大きな割合を占めてはいない。2000年代初頭まで、それは、医療支出総額の10パーセントを占めているにすぎなかった (Ramesh 2004, p.101; Haggard and Kaufman 2008, p.244)。メディセーブは本来、高額な入院治療の費用をまかなうために積み立てるものであり、特別なケースを除いては、外来医療に利用することができなかった。また、引き出し可能額には上限が設けられていた。結果として、メディセーブ口座への積み立ては個人貯蓄であるにもかかわらず、外来診療を受けるためには多額の自己負担が必要であった。図4.3に示したように、シンガポールにおける医療支出に家計からの負担が占める割合は年々高まっており、2000年代を通じて60パーセント以上の高水準であった。医療支出総額の大きな割合が家

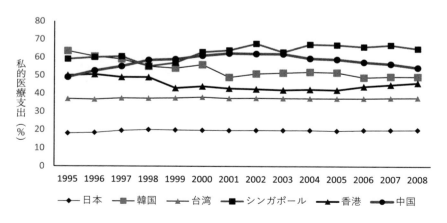

図4.3　東アジアでの私的医療支出

出典：*WHOSIS*（WHO）；*2008 Statistics of General Health*（HealthDepartment, ROC）。

計から支出される一方で、シンガポール政府は、(1) 公立病院と外来診療機関への補助金、(2) 保健省の資本支出、および、(3) 公務員に医療を提供するための諸費用を負担していたにすぎなかった。そのうえで、政府はむしろ、公立病院の診療報酬を規制することに関心を集中させたのである（Holliday and Wilding 2003, p.90）。

(2) シンガポールにおける市場型生産主義的福祉の政治経済学

シンガポールの社会政策の枠組は、戦後の建国プロセスのなかで一連の独特な社会経済的条件を生み出した、植民地史と地理的条件の結果である。シンガポールは資源の乏しい小国として、生存のためには厳しい政治的および経済的な競争に立ち向かわなければならない、グローバルなコンテクストの下に置かれた。そのような環境においては、国家主義的アプローチが最も適切でありかつ、実行可能な戦略であった。実際、シンガポール政府は、生存という緊急課題への対応として、一連の経済政策を実行に移すことを選択した。急速な工業化を求める強い圧力の下で、社会政策は、経済成長という主目標との関連性に基づいて受容された。政府は、経済発展を促進するための手段として、社会政策についての戦略を確立したのであり、それは、熟練労働者の訓練や資本の蓄積を含むものであった。より具体的には、社会政策の目標は、深刻であった失業率の低下、プライマリーケアを提供する医療施設や学校の拡充、そして都市再生やスラムクリアランスを含むものであった（Wijeysingha 2005, p.197）。こうした目的のため、シンガポール政府は1955年に、社会的保護に対して個々人が責任を負うことを求める義務的貯蓄スキームであるCPFを設立したのである。

シンガポール政府は、CPFのスキームのいくつかの重要な特色ゆえに、この仕組みに信頼を寄せていた。まず第一に、資金がCPFへの参加者の積み立てによって蓄積されることから、政府が税収を充当する必要はなかった。こうした自立的構造には、政府予算の不必要な流出を防ぎ、政府支出のかなりの部分を、他の経済発展のためのプロジェクトやインフラ整備に用いることを可能にするであろうという期待が寄せられた。この仕組みはまた、税率を

低く抑えることを可能とし、そのことが、外国人投資家にとって、シンガポールに投資する大きなインセンティブとなるであろうという期待を抱かせるものでもあった (Jones 2005, p.78)。第二に、CPF には、人々に教育、技能の獲得、熱心な労働、およびキャリア開発によって自らの境遇を変えていこうというインセンティブを提供することによって、自助志向を促進することが期待された。そうした自助志向は、「各世代がその世代のために負担し、各人が自分自身の老後のために蓄えるようにさせることが、他のやり方よりもより公正かつ健全である」(Lee 2000, p.105) という、当時の世間一般の態度と合致するものでもあった。

このように、市場順応型の経済政策を媒介とした急速な経済成長の必要性が、シンガポールの MPW の核心を形成し、CPF が発展していく背景となったのである。それとともに、長期にわたる権威主義体制と政策の自律性もまた、CPF の拡張を促進した。自立を重視する政策の軌跡は、パターナリスティックな政権とその公共政策の受託者としての役割に対する、相対的に高いレベルの政策的支持が一般公衆のあいだに存在しなければ、実現し得なかったはずである。

a. 経済的コンテクスト

シンガポールは、1819 年にイギリス東インド会社の交易所となり、その後イギリスの植民地となった。イギリスの植民地支配下で、シンガポールは東南アジアの主要港として栄えた。このように、シンガポール建国の原動力は、当初から商業であった。しかしながら、1959 年にイギリスから独立し、その後 1965 年にマレーシアから独立した時点において、シンガポールの未来は不確実だった。くわえて、PAP 内部における指導部と左翼派閥とのあいだの政治的闘争が、シンガポールをさらなる不安定性と騒乱へと導いた。さらに、イギリスがシンガポールに設けていた軍事基地の閉鎖を 1968 年に計画した際には、シンガポールの GDP と雇用の約 20 パーセントがイギリスの軍事基地からもたらされていたために、国民経済への信頼が大きく揺らいだ。実際、独立後の数年間は、社会インフラと住宅の状況が悪化し、国民は広範囲

に及ぶ失業と産業の不安定化とに悩まされた (Tang 2000, p.39)。PAP は、政治的および経済的な課題に対処するため、1965 年から輸入代替型工業化に、そしてそれに次いで輸出指向型工業化に着手し、税制上の優遇措置の提供とインフラ整備によって、外国投資を引き寄せようと試みた。シンガポールのような資源小国には、その経済システムを国際化することによって、世界の経済システムに積極的に統合されていく以外の選択肢は、ほとんどなかったのである。他国に対して比較優位となる点がほとんどない新興独立国であったシンガポールは、外国投資と外国企業の国内立地を渇望したのである (Kwong et al. 2001, p.5)。

経済を開放し、外国資本を引き寄せるための諸方策は、強力な政治的・経済的リーダーシップと労働者に対する厳しい統制を重視する「開発主義国家」の戦略の一部として開始された。自らの利益を守るための現実的な経済的および政治的権力を有する国内の資本家階級（**財閥**）が出現した韓国とは異なり、シンガポールの PAP は、労働者階級のみならず、国内の資本家勢力の要求さえも無視した (Tremewan 1994, p.34)。PAP は、労働者に対する統制と国外の投資家への税制上の優遇措置によって、外国投資を引き寄せることに大きな成功をおさめた。シンガポールの開発戦略の顕著な特徴は、間違いなく、外国資本と外国企業が、とりわけ製造業と金融サービス部門において、大きな役割を果たしたことである。シンガポールの政治的安定性、気前のいい税制上の優遇措置、優れたインフラ、そしてよく教育された従順な労働力は、この国を投資の好適地に変容させ、その結果、外国資本の流入規模はとてつもなく増大した。過去数十年間にわたって、GDP に対する外国直接投資 (FDI) の比率は 20 パーセントを超え続けており、その値は、香港を除く東アジア諸国のすべてのそれを大きく上回っている。

シンガポールの資本ストックは 1960 年からこれまで、33 倍に増加し、平均すると、6 年ごとに倍増したことになる。この資本蓄積の急速な増大は、1960 年から 1992 年のあいだに、資本装備率の 10 倍の成長をもたらした。多くの人々が、国家中心の開発主義は東アジアの金融を不健全かつ脆弱なものにすると想定したが、シンガポールはそれが誤りであることを証明した。シンガポー

ルは、1960年代はじめから、強力な金融部門を創出することに成功し続けている。実際、1980年から1991年まで、外国からの投資は固定資本形成の25パーセント、製造業への投資の60パーセント以上を占めていた (van Elkan 1995, p.5)。ビジネスフレンドリーな規制環境、低い税率、熟練労働力、資本参入および送還に対する障壁の欠如、そして政治的安定性が、シンガポールを、高度に効率的な、世界でトップクラスの金融センターへと変容させたのである。シンガポールは現在、ロンドン、ニューヨーク、そして東京に続く、世界第4位の外国為替取引の中心地である (Wan 2008, p.287)。

　もうひとつの特筆すべき事実は、国際貿易へのかかわりの大きさである。国際取引総額の対GDP比は、1960年以降、300～400パーセントの急拡大を挙げている。この成長率は、東アジアの他の注目すべき諸国と比較しても非常に高い（表3.2参照）。韓国と台湾はOECD諸国以上に輸出入を行っている主要貿易国であるが、その国際貿易へのかかわりは、国際貿易総額の対GDP比で測ると、シンガポールのそれをはるかに下回っている。また、シンガポールではとりわけ、外国企業が国際貿易において重要な役割をはたしてきた。外国企業は、1970年代のはじめには既に、シンガポールの工業生産物の70パーセント以上を生産しており、1978年には、シンガポールの雇用の58パーセントと輸出の92パーセントを占めていた。また、1988年には、外国企業が、シンガポールの雇用の59.5パーセント、輸出の86パーセントを占めていた (Ramesh 1995, p.235)。

　しかしながら、シンガポールにおける外国資本と貿易への依存度の極端な高さは、政府が非経済領域や非生産的領域に支出する可能性を制限し、そのことは、社会政策の発展にとって大きな意味を有している。すなわち、市場を基盤とした能力主義が物質主義的価値システムを強化し、その結果、自立を強調する市場指向的な生産主義的福祉に重点が置かれることになったのである。シンガポールでは、政府の役割は主として、資本蓄積のための条件整備、労働力再生産、および貿易の促進に焦点を合わせたものとなった。社会政策への公的支出が検討されたのは、教育やプライマリーヘルスケアなどのような、人的資本の開発によい影響を与えるであろうと想定されるものに対して

のみであった。生産主義的福祉は、韓国とシンガポールで、社会・経済政策の一環として、同様のやり方で実施された。しかしながら、シンガポールは、韓国と比較して、外国人投資家の利害関心に対してより脆弱であり、それゆえ、生産主義的福祉モデルをより市場指向的な方法で発展させていかざるを得なかったのである。この点において、義務的貯蓄制度すなわちCPFは、シンガポール政府がまさに探し求めていたものであった。

　第一に、CPFの機能は、労働者の自助を制度化し、将来における退職、住居の購入、あるいは医療費支出に際して、国や企業に依存することを防止することであった。シンガポール政府は、自立の価値を強調することによって、顕著な反福祉原則に基づいた社会・経済政策を、全国的な社会保障制度のための資金調達について憂慮することなく実施することができた。自立の強調は、外国資本がシンガポールに留まるようにするための不可欠な方策であったのである。

　第二に、CPFは、国内資本の蓄積を促進するように設計されていた。この義務的貯蓄制度の下では、すべての被用者が、その給与の約20パーセントをCPFの口座に拠出するものとされていた。口座残高は、政府の承認がなければ、退職前に引き出すことはできないものとされていたために、CPFは、驚異的な額の国民貯蓄を形成することができた。1970年には、60万人の労働者が、総額で8億ドル以上を貯蓄していた。1980年には、150万人の労働者が、総額で96億ドルを貯蓄していた。そして1990年には、220万人の労働者が、総額で406億ドルを貯蓄していた。2000年現在では、290万人の労働者が、総額で903億ドルを貯蓄している（Kwong et al. 2001, p.36）。労働者のCPFの口座への長期間にわたる貯蓄は、低利で調達可能な巨額の資本を生み出し、政府はそこから、インフラ整備の費用を、国内債務のかたちで借り入れた。口座保有者は、自分自身の貯蓄をいかに投資するかに関して、選択肢を与えられてはいなかったため、政府は、意図したとおりに、積み立てられた貯蓄を経済発展のために利用することができた。要するに、CPFは、国内資本を蓄積するための効果的な手段として用いられたのである。

　第三に、雇用者からのCPFへの拠出は、被用者への隠れた賃金の一種であっ

た。したがって、法定拠出率の調整は、貯蓄額だけでなく労働力コストの全体的レベルにも大きく影響した。これは、政府がCPFを、経済状況に応じて拡張的もしくは縮小的な財政政策のツールとして利用できるということを意味する (Tang 2000, p.46)。実際、PAPは、1985年の景気後退や1997年のアジア金融危機の際、シンガポール経済がグローバル市場において競争力を維持するためには、雇用者の負担を少なくすることが有益であるという信念に基づいて、雇用者の拠出率を引き下げることを躊躇しなかった。また、この経済的効果ゆえに、1998年にはシンガポール産業連盟が、雇用者の拠出率を20パーセントから5パーセントにさらに引き下げるよう、政府に要求した (Asiaweek, 11/13/1998)。

このように、シンガポールの市場順応型システムと経済開放度は、市場型生産主義的福祉主義の形成に大きな影響力を及ぼし、CPFを、経済領域および社会領域の双方における自立原則にしたがって発展させた。しかしながら、シンガポールの市場型生産主義的福祉主義を理解するには、シンガポール政府にCPFの拡大を促した、政治的諸条件をも見ておく必要がある。それが次項の課題である。

b. 政治的コンテクスト

第二次世界大戦の終結後しばらくのあいだ、シンガポールは、植民地支配からの完全な独立を求める、競争的な政治の時代を経験した。共産主義者と左翼勢力が、労働組合や若い中国系シンガポール人の知識階層と強く結び付く一方で、自由主義ナショナリスト政党であるPAPは、草の根レベルでのそのような基盤を有していなかった (Quah et al. 1985)。強力な労働組合と左翼政党からの政治的挑戦に対処するため、PAPの党首であったリー・クワンユーは当初、再分配的な社会政策を採用した。しかしながら、PAPは、1959年の議会選挙において、54パーセントの得票率で全議席の4分の3以上を獲得し、議会における圧倒的多数派となることによって政権の座についてからは、当初の政策を変更し、労働組合の活動を抑圧し、もっぱら「開発主義的自由主義」を追求する一党独裁政権と化した (Hagged and Cheng 1987, p.102)。PAPの政治

的影響力がより顕著となるにつれ、労働者に焦点を合わせた再分配的施策は廃止され、政策の焦点は外国資本の誘致、産業融資における政府の役割の拡大、労働組合の統制といった、成長戦略の新たな方策へと移行していった。とりわけ、労働者に対する厳しい統制がシンガポールの政治的景観を形成し、市場指向的な生産主義的福祉主義の発展を促進した。

　PAP は一党支配を強固にするとともに、外国資本のシンガポールへの投資へのインセンティブを拡充するために、抑圧的な労働者規制法を導入した。また、1961 年には、自らが労働組合を設立することによって、労働運動を除去しようとした。さらに、1968 年の雇用法と産業関係法は、それまで労働者に与えられていた多くの権利と保護を廃止し、労使関係の多くの局面において、雇用者に大きな裁量的権限を与えた。これらの規制はすべて、政策上の自律性を確保し、低賃金政策に対する労働者の抵抗を抑えることをねらいとしていた。PAP は、このような労働者に対する統制が、国外の投資家を惹き付ける強力な誘因になると確信していたのである (Tremewan 1994, p.33)。

　かくして PAP は、1959 年に政権を獲得して以来、50 年以上にわたって政治的支配を維持してきた。この間、政府は野党、労働組合、および NGO の活動を厳しく制限してきた。定期的な選挙や議会における適正な議事手続のような民主的な手続もありはするが、シンガポールは明らかに、半権威主義国家であり続けている。選挙とそれを規律するルールは、支配政党である PAP のヘゲモニーと立憲主義的正統性を確保するための政治的ツールとしてのみ用いられてきた。PAP は、1959 年の選挙で投票総数の 54 パーセントを獲得し、安定した支持基盤を築いた後は、12 回の総選挙で連続して勝利している。シンガポールでは、PAP が投票総数の約 3 分の 2 と議席総数の 95 パーセントを確保した後には、この政党に対する意味のある政治的挑戦は不在となっているのである (Norris 2008, p.95)。選挙に勝利することによって政権を維持しているという事実は、PAP に、経済的自由主義を促進しつつ、社会福祉プログラムへの政府の関与は限定的なものに留めるために必要な、政治的正統性を付与した (Hwee 2002)。実際、シンガポールは、教育と職業訓練に対する強固な支援、再分配的社会政策に対する公的支出の最小化、リスクプーリングの

仕組みの欠如といった点において、市場型生産主義的福祉主義が採用された初期段階から現在に至るまで、高度の制度的連続性を示している (Haggard and Kaufman 2008, p.243)。

　シンガポールの MPW の政治的ダイナミクスを理解するためには、人々の PAP に対する態度のような、政治的市場の需要の側を見ることも、供給の側を見ることと同等に重要である。興味深いことに、シンガポール人は概して、PAP の権威主義的で反福祉的なガバナンスを支持している。シンガポールにおける生活の質の向上と著しい経済成長が、PAP の政治的正統性を強化し、PAP と有権者のあいだに広範なイデオロギー的合意を生み出しているようである。経済的成功は、その他の要因がどうであろうとも、どのような政治的反対も自滅的であり、それゆえ不必要であることを有権者に確信させるに十分なものであった。そうした状況が、積極的な政治運動の勃興は言うまでもなく、民主主義を重んじる心的態度の生成さえも妨げてきた。その結果、PAP は、数次の総選挙において、有権者から高いレベルの信任を受け続けることができ、それゆえに、たいした政治的反対勢力が存在しない状態で、数十年間にわたってシンガポールを統治することができたのである。

　いくつかの調査の結果が、こうしたパターンの存在を裏付けている。2006 年に実施されたアジア・バロメーター調査によると、シンガポール人は一般的に民主的政治システムを支持し（"非常によい"が 35.6 パーセント、"かなりよい"が 55.3 パーセント）、独裁制（"悪い"が 79.7 パーセント）や軍事政権（"悪い"が 72.9 パーセント）を許容してはいなかった。民主主義の好ましさについて、このように一般的な合意が形成されているにもかかわらず、しかし、シンガポール人は実際には、「専門家が国家にとって最善であると考えることに従って、専門家自身が決定するシステム」に対する許容度が高かった。こうしたシンガポール人の保守的な政治的志向は、現政権が内政上の諸問題に効果的に対応することができている限りは、いくつかの非民主的特徴が存在するかもしれないとしても、シンガポール人は現政権を支持するであろうということを示唆している。

　こうした政治的態度は、韓国と比較すると、より顕著にあらわれる。イングルハートをはじめとする多くの社会科学者が社会文化的、道徳的、および

第4章 生産主義的福祉資本主義の三つの事例 141

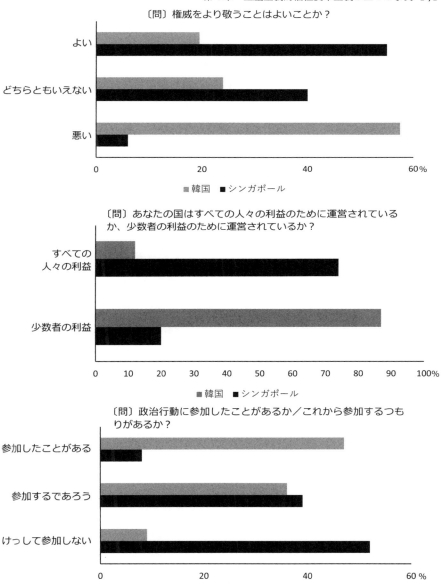

図 4.4 韓国とシンガポールの政治的態度

出典：The World Value Survey（Wave4: 2000-04）。

政治的な価値観を測定するために開発した「World Value Survey (WVS)」(Inglehart and Welzel 2005) は、権威をより敬うことはよいことかどうかを、回答者に尋ねている。その結果は図4.4に示したとおりであり、韓国人回答者の56パーセントが、権威をより敬うことは悪いことであると考えているが、シンガポール人回答者のうちでは、そのように考えている者は7パーセントにすぎなかった。逆に、シンガポール人回答者の52パーセントが、権威を敬うことはよいことであると回答したのに対して、韓国人回答者のうちで同様の回答をした者は、20パーセントに満たなかった。不平等についての一般的認識について、WVSは「一般的に言って、この国は少数の有力者によって彼らの利益のために運営されていますか、それとも、すべての人々の利益のために運営されていますか」と尋ねている。高レベルの政治的保守主義から予想されるように、シンガポール人の70パーセント以上が、自分たちの社会に対する肯定的見解を表明した。対照的に、韓国人の回答者のうちでは、自分たちの社会は公平であると信じている者は12パーセントに満たず、90パーセント近くは、自分たちの国は少数の有力者によって運営されていると回答した。WVSはまた、請願に署名をしたり、合法的なデモに参加するなどの政治行動を実際に行ったことがあるかどうかと、そのような政治行動を、今後行うつもりがあるかどうかを尋ねている。韓国では、回答者のおよそ半数が実際に政治行動に参加しており、34パーセントが今後参加するつもりであると回答した。しかしながら、シンガポール人の90パーセント以上が、政治的抗議に参加したことがなく、しかも、やや驚くべきことであるが、半数以上が、けっしてそのような行動には参加しないと回答した。最後に、シンガポール人回答者の60パーセントが「税金が安く、各自が自分のことに責任を負う社会」を選択し、19パーセントが「税金は高いが社会福祉が充実した社会」を選択した。

アジア・バロメーター調査も、同様の結果を示している。すなわち、WVSの質問と同様の質問に対する回答からは、シンガポール人は政治活動にかかわることに、あまり熱心でないという印象を受ける。回答者のおよそ3分の1 (31.7パーセント) が請願に署名することを考えるかもしれないと回答しているが、実際に請願に署名した経験を有している者は、ごく少数 (回答者の5.1パー

セント）にすぎなかった。また、大半の人々は、不買運動に参加しないであろうし（82.5パーセント）、デモにも参加しないであろう（77.6パーセント）と回答した。実際、そうした政治行動の経験を有している者は、回答者のうちのごく少数（0.3パーセント〜0.6パーセント）にすぎなかった。政治参加の経験に関しては、シンガポール人は、韓国（10.7〜29.9パーセント）や日本（2.1〜43.5パーセント）と比較して、一貫して最も低い水準にある。

　これらの調査票調査の結果は、PAPがその権威主義的自由主義のイデオロギー的正統性を維持できた程度を示している。シンガポールがイギリスから独立を果たした頃、社会インフラは未整備で、居住環境は劣悪であった。経済は、広範な失業と社会不安に悩まされていた。そのような状況の下では、経済発展のためには外国資本が喉から手が出るほどに必要であることについて、大衆の合意を形成することは容易であった。シンガポール政府は、野党からの実効的な牽制が欠如していることや、報道機関に対して強力な統制を行っていることから明らかなように、議会においても執政部門においても、独裁的であり続けている。そうであるにもかかわらず、大衆のあいだに広範に共有された「生存本能」は、人々の適応的な政治的態度を形成し、それが、再配分的な社会政策への反感を随伴した権威主義政権への道を切り拓いたのである。そして、そのような環境の下で、PAPは、労働運動の平等主義言説を消し去ることによって、非政府系労働組合の非政治化に成功したのである（Norris 2008, p.97）。換言すれば、一般市民が既に、世界資本主義の秩序に統合されることと市場指向的な諸政策を追求し続けることの重要性を認識していたがゆえに、PAPは、市場型生産主義的福祉システムへの強い政治的抵抗に直面しなくてすんだのである。要するに、PAPは、その権威主義体制への高いレベルの政治的信頼ゆえに、市場型生産主義的福祉主義に適合的な、CPFのような社会保障制度を発展させていくことができたのである。

　これまでのところ、本書は、韓国において包摂型の福祉制度を発展させた経済的および政治的条件と、シンガポールにおいて市場指向型の福祉制度を発展させた経済的および政治的条件を検討してきた。これら二つの事例とは異なり、中国は、リスクプーリングと個人貯蓄制度とを組み合わせた、生

産主義的福祉主義の二元型のパターンを発展させてきた。韓国はより包摂的なやり方で、シンガポールはより市場指向的なやり方で、いずれも全国的な単一の社会保障システムを構築しようとしてきたのに対して、中国の指導者は、異なる地域や異なる部門には、それぞれに異なった社会保障プログラムを、分断した形で割り当てるという、分権化戦略を開発してきた。次節では、中国における生産主義的福祉の形成に影響を及ぼした、こうした二元型の特徴について論じる。

3．中国──二元型生産主義的福祉

　1978年以来、中国は根本的な経済改革を経て、社会主義経済から市場経済へと徐々に変貌した。社会主義経済の重要な部分であった社会主義福祉システムも、劇的な変化を経験した。これらの変化は、中国の国際市場への急速な経済的統合と同時期に生じたものである。このことが逆に、社会政策の改革に影響を及ぼし、生産主義の中国版を形作ってきた。中国の社会政策の新たな方向は、次の2点を強調するものであった。すなわち、第一に、「生産性の向上を通じての市場指向型経済改革の支援」であり、第二に、「社会的緊張の緩和による社会の安定」である（Ministry of Labour and Social Security 1999, p.4）。この宣言に見られるように、国際市場への露出の拡大は中国政府に、毛沢東時代の社会主義中国では当然とみなされてきた労働者に対する福祉給付のかなりの部分を削減するよう仕向けてきた。この点において、中国を「底辺への競争」（RTB）効果の典型例とみなすことは合理的かもしれない。確かに、社会主義的福祉給付の削減は、部分的には、中国の世界経済への統合の結果である（Leung 2003, p. 77）。

　しかしながら、中国における福祉の変容の性質を説明することは、その二元型の構造ゆえに、容易なことではない（Besharov and Baehler 2013）。第一に、中国は、年金と医療保障のために、リスクプーリング型の社会基金と個人貯蓄とを統合し、混合型の生産主義的福祉システムを発展させてきている。中国の指導者層は、二つの異なるタイプの組み合わせを基礎にした多柱構造

が、低コストで社会的セーフティネットを編み上げる効果的方法だと信じていた。第二に、年金と医療保障の多柱型のシステムは、都市部と農村部とでは異なる方法で実施され、都市部と農村部との分断状態を悪化させた。1980年代初頭に集団主義経済が崩壊して以来、農村部の住民は社会主義的福祉制度の崩壊を目の当たりにしたが、その福祉ニーズを満たすための特定の仕組みは提供されてこなかった。中央政府からの財政的支援の削減と地方財源の有限性ゆえに、農村部の住民への福祉サービスは、事実上民営化されてきた。それとは対照的に、新しく設計された多柱モデルは主として都市部で活用され、それは、雇用者と、年金、医療、失業給付の受給資格を有する被用者との、双方からの拠出を求めるものであった。中国の社会保障改革の第一の目標は、経済成長と政治的安定のために戦略的に重要であると考えられた都市部の労働者を保護することであり、それゆえ、都市部と農村部との格差は驚くことではない。

このように、社会保険と個人貯蓄の組み合わせと、都農分離とが、中国の二元型生産主義的福祉（DPW）を特徴付けている。多くの点において、このアプローチは韓国のIPWやシンガポールのMPWの統一されたシステムとは異なっている。それでは、なぜ中国政府は、目を見張るような市場改革にもかかわらず、二元型の社会保障システムを追求するのであろうか。この節では、まず中国のDPWの制度的特徴について記述し、そのうえで、その背景的要因と想定される中国の経済改革の分権化戦略、都市部の国営企業で働く産業労働者に対する中国共産党（CCP）の伝統的なコミットメント、一時解雇者がもたらす労働争議の脅威、および都市部居住者と農村部居住者とのあいだの政治的態度の差違について検討する。

(1) 中国における二元型生産主義的福祉の発展

a. 改革後の時代の福祉改革

1978年以前の中国の福祉制度は、社会主義のコンテクストにおいて、次のような特徴を伴って発展してきた (Shou 2010, p.97)。第一に、社会主義システムは、非拠出型の労働保険を基礎にした、医療、教育、住宅、高齢者ケア、保

育などを含む包括的な福祉給付を提供した。イデオロギー的志向と政治的統制が、厳格な労働市場制度を形成する一方で、福祉給付の寛容性を高めた。

　第二に、中国の都市部における社会主義経済の基礎は国営企業であり、そこでは、経済的生産が社会的保護と統合され、一体化されていた。個々の企業が被用者にさまざまな福祉サービスを提供し、政府が、企業財務に関して全責任を負っていた。農村部においては、農民は人民公社に所属し、農地を共同所有しており、人民公社が経済的生産と社会的保護の基盤となっていた。生産と社会保障とが相互に結び付いた構造ゆえに、都市部の公的企業と農村部の集団主義的組織は、いずれも多大な財務上の負担を強いられた。

　第三に、中国の福祉制度は平等主義的なものとして知られていたが、普遍的に適用されるという社会主義的主張にもかかわらず、実際には高度に階層化されていた (Whyte 2010)。改革前の時代には、年金や無償の医療などの包括的な福祉給付は、重工業分野に集中した大規模国営企業の被用者に有利なかたちで、不平等に提供された。給付水準の面では、国営企業の被用者が最も高く、その他の都市部の住民はそれよりはるかに低く、農民は底辺であった。各人が受けることができる福祉給付は、職業上の地位や居住地によって異なっていたのである。

　これら特徴のすべてが、福祉受給者総数の劇的な増加をもたらし、政府の財政問題を深刻化させた。しかしながら、1978 年に市場指向の経済改革が開始されるとともに、社会主義的福祉システムは激しい批判に曝されることになった。とりわけ批判の主たるターゲットとなったのは、かつて「生活のための仕事」を提供し、「揺りかごから墓場まで」の支援を提供するものとして制度化されていた、いわゆる「鉄茶碗 (*tie fan wan*)」であった。改革派は、そうした仕組みは経済的生産性を損ない、労働へのインセンティブを低下させると信じていた。とりわけ政策立案者は、国営企業の福祉負担と損失の増大に深い懸念を表明した。経済改革の時代が到来する直前には、国営企業の 3 分の 1 が赤字経営であり、その被用者の 20 パーセントは余剰であったにもかかわらず、国営企業の労働力の 97 パーセントは、終身雇用を保障された「固定」労働者であった (Lee 2005, p. 6; Leung 2005, p.51)。

雇用保障は、政府が市場指向の労働契約制と企業破産法を都市部に導入した 1986 年に、最終的に廃止された。それ以降は、民間企業と外資系企業が急激に増加する一方で、経済活動において国営企業の占める割合は顕著に低下した。1990 年代に入ると、政府は、不採算の中小国営企業の民営化を強力に推し進めた（Naughton 2007）。政府が多くの国営企業を縮小し、契約ベースの雇用に着手したため、レイオフはありふれた事態となった。また、国営企業は、その利益と損失に対して、全責任を負うようになった。こうした新たな状況の下で、中国の福祉システムは、国家の負担による職場単位の責任の仕組みから拠出に基づく保険の仕組みへと、劇的な変化を遂げた。こうした変化は、二つの基本原則に基づくものであった（Guan 2005, p.238）。その第一は、福祉支出総額を削減することによって、経済的効率性と市場競争力を高めることであった。第二の原則は、効果的なセーフティネットを労働者に提供することによって、社会的・政治的安定を維持することであった。これらの一見したところ相矛盾した二つの原則に基づいて、社会福祉改革の一般的傾向は、福祉財源を多様化したうえで、それを福祉責任と結び付ける二元型のシステムへと向かった。すなわち、中国政府は、それまでの政府の負担による年金や健康保険制度に替えて、社会保障の負担を個々の企業やその被用者に転換する、リスクプーリングの仕組みを採用したのである（Smuthkalin 2006, p.203）。

　要するに、中国の政策立案者は、先に述べた目標を達成するために、時間をかけて慎重に社会福祉システムを変化させた。経済改革以前には、個々の企業が被用者に年金や医療などを給付し、企業の財務に関しては、政府が全責任を負っていた。1980 年代の経済改革の初期に、政府は社会福祉への支出を停止したが、個々の企業は、被用者への社会福祉給付を続けなければならなかった。かくして顕在化した財源問題に対処するため、改革の焦点は、1980 年代後期から 1990 年代初期に再度、リスクプーリングの仕組みの創設へと移行した。

b. 年金保険

　1978 年に鄧小平が経済改革を開始した頃、国務院は、個々の企業が個別に

財務責任を負うことを求めた「被用者の退職および早期退職のための暫定規則（第104号文書）」と題した新しい年金規則を公布した。しかしながら、問題は、若い労働力を有する比較的繁栄した地域の新興企業と、年金受給者と稼働している被用者との割合が1対1に達した古くから操業している企業とのあいだの、年金負担の不平等であった。この格差問題を解決するため、国務院は1986年に第77号文書を発出し、地方自治体レベルにおいて限定的に国営企業間で年金財源をプールする仕組みを創設した。各企業があらかじめ決められた拠出率で共同基金に拠出するが、年金の支給に関しては、それぞれの企業が責任を負うという仕組みである。ある企業の年金支給総額が共同基金への拠出額より少ない場合には、その差額は共同基金に預託される。年金支払総額が共同基金への拠出額を上回った場合には、その差額は、共同基金によってまかなわれる。このように、リスクプーリングによる収入の再分配という発想が、年金制度改革の当初のアイデアであったのである（Leckie and Pai 2005, p.28）。

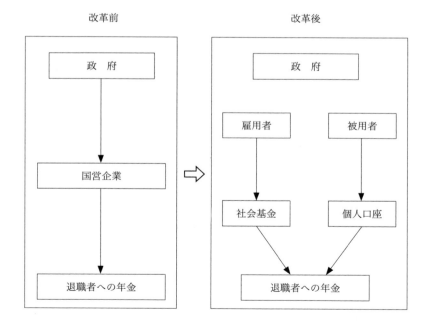

図4.5　中国の年金保険制度

1991年、国務院はさらに別の規則(第33号文書)を公布し、プーリング制度の拡大と年金制度の三つの柱の確立を求めた。三つの柱とは、(1) プールされた資金から基本的給付を供給するための義務的社会保険という柱(確定給付(defined benefit = DB)型退職年金制度)、(2) 義務的個人貯蓄という柱(確定拠出(defined contribution = DC)型退職年金制度)、および、(3) それらの義務的仕組みを補完する自主的な個人貯蓄という柱の三つである。図4.5に示したように、この多柱型のプーリング制度は、三つの重要な特徴を有していた。第一に、雇用者と被用者が財務責任を共有するものとされていた。第二に、この新しい仕組みの下では、雇用者からの拠出は社会基金に、被用者からの拠出は個人口座に、相互に区分されたかたちで積み立てられることになっていた。第一層(社会基金)は、雇用者が被用者の賃金総額の20パーセントを拠出するという賦課方式で運営された。第二層(個人貯蓄)は、個々の被用者のまったくの個人貯蓄口座として管理されていた。この層は、当初は企業が賃金の7パーセント、個々の被用者が賃金の4パーセントを拠出するものとされていたが、2006年には、被用者のみが賃金の8パーセントを拠出するものとされ、企業からの拠出は廃止された。第三に、年金の受給資格はおおむね都市部の労働者に限定されており、そのことが、都農分離を激化させた。この新しい仕組みは、単一のプランですべての都市部住民をカバーすることをめざしていたが、都市部の民間部門における非正規雇用の増大ゆえに、この目標が達成されたことはなかった。

政府が1991年に、こうした社会基金と個人口座からなる多柱型の仕組みを採用して以来、二元型のアプローチにはさらに、中国のその時々の状況を反映した数度の修正がなされている。1991年から1995年までは、年金制度は「腐敗した、不正な超過利潤を追求する」地方政府により運営されていたため、年金制度を標準化し、合理化しようとする中央政府の努力は、あっけなく挫折させられた(Frazier 2010a, p.2)。政策が歪曲されてしまうという問題を解決するため、中央政府は、年金受給対象者の拡大、多層型システムの創設、および年金管理の強化という改革の目的を明示した国務院第6号文書を、1995年に公布した。しかしながら、この新たな政策文書は、各地方の年金プログラム

を全国レベルで統一することを構想していたが、意図したようには機能しなかった。分権化戦略は中国の経済改革の核心であったため、地方政府の権威と裁量的判断権限の拡大が、急速な工業化のための必要条件であった (Gallagher 2002)。そして、そのような状況では、地方政府は、経済政策分野のみならず社会福祉の領域においても、その地方の固有の利益を追求することへの強いインセンティブを有していた。実際、個々の地方政府は、中央政府の新たな政策文書を、中央の指導者層が地方政府に、年金制度を拡充する自由と柔軟性を許容するシグナルであると解釈した。そもそも年金は、地方政府にとって、社会保険収入の最大の源泉であるとみなされていた。それゆえに、地方政府の職員たちは、地元企業から拠出金を徴収することに強い関心を持ち、基金を蓄積するために多くの恣意的な手段を使用した。このようなシナリオにおいては、中央政府による統一化のための取り組みに従うことは、地方政府にとって、せいぜいのところ二次的な重要性しか有していなかったのである (Frazier 2010a, p.9)。

　都市部と農村部の地方政府は、その全体で、1990年代の後半には、3,400もの別個の年金基金を運用しており、中央政府の指導者層は、さらなる措置を講じなければ、標準化された年金制度の欠如が国内に大きな亀裂を生じさせると考えた。1997年、中央政府は、すべてのパイロットプログラムと地方ごとの年金プランを廃止し、全国的な多柱型の年金制度を確立することをめざした国務院第26号文書を、新たな規則として発出した (Leckie and Pie 2005, p.30)。中央政府の強い政策的コミットメントにより、国民年金保険に加入している都市部の労働者の数は、2008年には2億1,890万人まで拡大した。この数は、都市部の労働者の72.5パーセントに相当し、わずか5,710万人にすぎなかった1989年の被保険者数からの、大幅な増加であった (**表4.3**)。

　しかしながら、都市部とは異なり、農村部ではほとんど年金は支給されていなかった。農村部における年金に関する規則には、(1)被保険者個人の拠出金、(2)地域コミュニティからの補助金、(3)地方政府の課税免除等の優遇政策という三つの資金源が明確に規定されていたが、実質的には、農村部の年

表 4.3 中国の年金保険の人口カバー率

年	拠出者（万人）[1]	受給者（万人）[2]	総参加者(万人)[1]＋[2]	カバー率（総参加者がそれぞれに占める割合）		
				総人口 (%)	都市部人口 (%)	都市部労働者 (%)
1989	4,820	890	5,710	5.1	19.3	33.5
1991	5,650	1,090	6,740	5.8	21.6	32.4
1993	8,010	1,840	9,850	8.3	29.7	43.9
1995	8,740	2,240	10,980	9.1	31.2	45.9
1997	8,670	2,530	11,200	9.1	28.4	41.7
1999	9,500	2,980	12,490	9.9	28.5	42.4
2001	10,800	3,380	14,180	11.1	29.5	45.1
2003	11,650	3,860	15,510	12.0	29.6	45.4
2005	13,120	4,370	17,490	13.4	31.1	48.0
2007	15,180	4,950	20,130	15.2	33.9	68.6
2008	16,590	5,300	21,890	16.5	36.1	72.5

出典：National Bureau of Statistics (2009) *Chinese Statistical Yearbook*。

金制度は個人責任の仕組みであった(Shi 2006)。適切な再分配メカニズムの欠如が、農村部の年金制度の有意義な進展を妨げたのである(Salditt et al. 2008, p.57)。その結果、農村部における年金制度への参加者数は、1997年の7,500万人（農村部総労働人口の15.4パーセント）から2004年の5,400万人（同11パーセント）に大幅に減少した。農村部における年金制度の対象者が限定されているがゆえに、中国において総人口に占める年金制度参加者の割合は、2008年においても16.5パーセントと低いままであった（表4.3）。

c. 健康保険

改革前には、ほぼ普遍的な保険制度が、農村部では協同組合型の医療システムによって、都市部では労働保険システムによって提供されていた。農村部の人民公社は、保健医療センターを組織し、村の医師が提供するプライマリーケアサービスに対して診療報酬を支払い、処方薬を提供した。1980年代初頭に、世帯責任制度の導入により中国が農村部経済の改革を開始した時、こうした共同体的な仕組みは消滅し、結果的に社会主義的保健医療制度は崩

壊した。この改革は結局、農民の大多数を無保険のままにした。都市部においても、国営企業や共同体的企業の負担によって運営されていた保健医療が、急激な変化を経験した。結局のところ、経済改革と分権化は政府の収入の大幅な縮小をもたらし、政府の保健医療費の支払い能力を低下させた。その結果、公立病院への政府補助金は、1990年代初頭に、これらの病院の総収入の10パーセントにまで減少した (Yip and Hsiao 2008, p.462)。

国務院は、改革時代の医療費の増大に対処するため、1988年に複数の省庁によって構成される委員会を組織し、実験的な医療制度改革を開始した。中央政府の指導と支援の下で、江蘇省の鎮江市と江西省の九江市の二つの都市においてパイロットプログラムが開始された。このいわゆる「二江」モデルは、韓国式の社会的リスクプーリングとシンガポール式の義務的貯蓄とを組み合わせた、拠出金ベースの健康保険制度であった。この二元型モデルでは、雇用者と被用者の双方が拠出金を負担した。前者は支払給与総額の10パーセントを、後者は受領給与総額の1パーセントを、それぞれ健康保険基金に拠出した。

10年近くの試行錯誤の末、国務院は1996年に新たなガイドラインを発表し、二元型の「二江」モデルが施行される範囲を、全国27省の57市、自治区、および直轄市に拡張した。政府は次いで、1998年には、すべての省が、二元型のモデルに従った基礎的健康保険制度を、1999年までに施行するよう要請する決定を下した (Gu 2003, p.8)。この健康保険制度は、都市部のすべての雇用者と被用者に、例外なく拠出プログラムに加入することを求めるものであった。社会基金と個人口座という二つの財源によって構成される基礎的構造は「二江」モデルと同様であったが、拠出率は変更された。雇用者は支払給与総額の6パーセントを、被用者は給与月額の2パーセントを拠出するものとされていた (World Bank 1997)。興味深いことに、社会基金は入院治療を要する重大疾病に際してのみ利用可能であり、それゆえ被用者は、外来治療や軽度の疾病に際しては、自身の個人口座に積み立てた拠出金を使用しなければならなかった (図4.6)。

この健康保険制度は、年金制度と類似した特徴を有していたが、いくつ

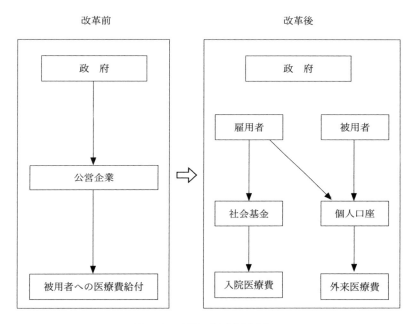

図4.6　中国の健康保険制度

かの根本的な違いがあった。第一に、健康保険が管理されるレベルは、年金保険のそれとは異なっていた。健康保険は狭域レベルの多数の小規模地方プログラムに分散化されていたが、年金保険はより体系的に組織され、広域レベルで監督された。したがって、地方健康保険基金は、年金保険よりも多数存在し、中国の健康保険制度を高度に分断されたものとしている。実際、多くの健康保険基金は市（城市）または県レベルで、地方当局の決定に基づいて創設されたものであった (Smuthklain 2006, p.205)。この分権化された管理構造のため、全国規模の統一的な健康保険制度の達成は困難であった。そのため、2008年に至っても、新たな健康保険制度は人口のわずか18.8パーセントを対象とするに留まり、普遍的適用からは大きくかけ離れていたことは、驚くに値しない (China Labor Statistical Yearbook 2009)。

　農村部における保険給付の状況は、中央政府が農村部の医療にはあまり注意を払わなかったために、都市部よりもさらに劣悪であった。改革期間中に、

多くの農村において、協同組合型健康保険制度は解散し、民営の医療センターに置き換えられた。そして、その結果、私的な医療費負担が医療費総額に占める割合は、1978年の20パーセントから1993年の42パーセントへ、そして2008年には53パーセントへと、急激に増大した (World Bank 1997, p.19)。中央政府はただちに対応し、農村部における医療を組織化し、その運営資金をまかなうために、コミュニティを基礎とした制度を開発することを要請した。政府はとりわけ、それぞれのコミュニティが、コミュニティとして、基礎的医療への集団的資金提供の仕組みを組織すべきことを強調した。それとともに、資金は、地方政府、集合体、個人という、複数の資金源から調達すべきとされた (Cheung 2001, p.83)。しかしながら、多くの省や県の政府は、中央政府の指示に従わなかった。自発的なコミュニティを基礎とした基金は、すでに重い税負担に苦しんでいる農村部の世帯に、多額の拠出を要請するものであったためである。農村部に健康保険制度を再導入することは確かに、農村部に暮らす人々を守るための重要な課題であった。しかしながら、中央政府は、農村部において新たな制度を実施するための資金を配分することなく、ただ単に指針を公布し続けているだけなのである。

(2) 中国における二元型生産主義的福祉の政治経済学

　中国は、生産主義的福祉システムの、複雑な「二元型」のデザインを発展させてきた。その制度的基盤は、IPWとMPWの双方の特徴を有している。それでは、中央政府はなぜ、生産主義的福祉主義の二元型の形態を導入し、育成してきたのであろうか。以下では、経済的および政治的要因が、PWCの二元型で断片的なパターンを中国政府が採用したことに、いかに影響したかを検討する。

　　a. 経済的コンテクスト

　1970年代後半から1980年代前半にかけて、中国は、開放政策の一環として、沿岸地域に実験的に経済特区 (special economic zones = SEZs) を設立し、地方政府に対して、外国資本にとって魅力的な経済環境を創出するよう促した。中国のような労働力は豊富であるが資本が不足している国にとっては、外国資本

を引き寄せることが、経済改革の成功のために決定的に重要であるとみなされていた。安価な労働力こそが、中国が比較優位にあることを示す最も訴求力のある要因であったため、中央政府と地方政府のいずれもが、より多くの外国企業と外国資本を引き寄せるために、労働コストと税率を低く抑えることに、強い関心を有していた。外国企業や外国資本の誘致をめざして、中国政府は、外国企業と国内企業との共同企業体や外国人所有企業に適用される税率を引き下げるとともに、企業の社会保障支出を減らし、労働規制を緩和した。政府の開放政策と外国資本誘致の努力により、中国は、外国直接投資（FDI）の世界で最も重要な対象国のひとつとなった。外国資本の中国への流入は 1992 年に本格化し、1996 年以降は、年間 400 億ドル以上の外国資本が流入しており、それは、開発途上国への FDI 流入総額の 3 分の 1 を占めている（Naughton 2007, p.401）。FDI 流入額は、すべての開発途上国のなかで最大であっただけではなく、1997 年のアジア金融危機によってもたらされた不安定性にもかかわらず、安定的であり、かつ堅調であった。1980 年代には、FDI は GDP の 1 パーセントに満たなかったが、1993 年と 1994 年には GDP の 6 パーセント以上を占めるほどに急増した。2000 年代には GDP の 2 パーセントから 5 パーセントのあいだで変動したが、この数字は、中国が外国資本の誘致に大きな成功を収めたことを明確に示している。

　中国への FDI には三つの特徴があった（ibid.）。第一に、中国がグローバル資本にアクセスするのを可能にした主要因は、外国人投資家による中国企業への小口の証券投資でも借款でもなく、FDI であった。第二に、FDI の大部分は、サービス部門ではなく製造部門に向けられたものであった。第三に、香港と台湾からの投資が、量的には最も重要であった。これら三つの特徴はいずれも、中国が東アジアにおける主要な製造拠点としての役割を果たしてきたことを反映している。実際、香港や台湾の企業の多くは製造拠点を中国本土に移し、およそ 1,000 万人の中国人労働者を雇用した（Wan 2008, p.209）。FDI は中国に、雇用を創出しただけではなく、企業経営の経験、販売経路、そして技術をもたらした。それゆえに、中国における外国資本の影響力は、中国政府がしばしば、外国人投資家にとって有利になるよう、既存の

労働関係法規やそれと関連した福祉プログラムを変更したほどに、強大なものであった。

　中国のもうひとつの重要な経済的変化は、貿易の自由化であった。1979年以前には、貿易額がGDPの10パーセントを上回ることはほとんどなかった。しかしながら、1978年に中国は、南部の省で控えめながらも画期的な措置をとり、新たな貿易関係への道を開いた。それ以降、貿易自由化は経済改革の不可欠の要素となり、中国は、孤立した社会主義経済から「中国独自の社会主義市場経済」への移行に成功してきた。そして、その結果、中国の輸出入総額は増大を続け、2000年代にはGDPの70パーセント以上に達した。

　現時点から振り返るならば、中国の戦略は正しい選択であった。しかしながら、新たな資本主義的なシステムへの移行が引き起こすかもしれない政治的および経済的なリスクゆえに、中央の指導者層は当初、完全な開放政策に全面的にコミットすることができなかった。そこで中国政府は、1979年に広東省と福建省に経済特区を設立し、1980年代から1990年代のあいだに、さまざまな経済特区を徐々に増加させていった。中央政府は経済特区を、そこでは地方政府が、経済改革のもたらす望ましい結果を最大化するような方法で政策を実施することを許容することによって、経済改革の有効性をテストするために利用したのである。

　その過程において、地方政府は中央の政策立案者からの、かなりの程度の政策的自律性を獲得することができた (Frazier, 200a, p.21)。とりわけ分権化戦略は、中央と地方とのあいだの財政上の関係に大きな変化をもたらした。さまざまなレベル(市、県、省)の地方政府が、地域における経済活動から収入を得る権限に関して、中央政府から、それまでにはない大きなインセンティブと責任を与えられた (Shirk 1993)。こうした財政と行政の分権化は、地方政府に、たとえ法律上認められたやり方を逸脱することになったとしても、地域に外国資本を誘致しようとする強力なインセンティブを提供するものであり、それゆえ、いくつかの政策分野においては、相互に分断しつつ権限が重複した規制機関の叢生をもたらした (Lieberthal 2004; Naughton 2007, p.411)。

　このように経済の自由化は、自らの利益のためにFDIの受け入れを競い合

う地域、地方自治体、地方企業の経済的機会を拡大することに大きく貢献した。かくして激化した地域間の外国資本獲得競争は、国家統治の分断をもたらし、中央の指導者層が地方政府を効果的に監視することを困難にした (Gallagher 2002)。さらに重要であったのは、断片化した分権的なシステムは、外国投資家が、自らにとって有利な施策を、課税、土地利用、外貨両替、労使関係に関して採用するよう、地方政府を相互に競い合わせることを可能とするものであったことである (Zhang 2008)。換言すると、経済改革の分権化戦略は、地方政府に、中央政府の経済政策および社会政策を歪曲するために用いることができる、大きな裁量的判断権限を与えたのである。

　権限の拡散とその地域の諸利益への影響は、1986年に中央政府が労働契約制と企業破産法を導入した際に、より顕著となった。経済改革以前は、それぞれの労働ユニット、すなわち都市部の国営企業と農村部の人民公社は、その構成員に雇用、高齢者の所得保障、住宅、食料、教育、保健医療などを提供する「自給自足の福祉社会」として機能していた。経済改革が開始された後においても、退職者数が上昇していたために、各労働ユニットの福祉関連の負担は増加し続けていた。たとえば、1978年には300万人であった国営企業の退職者数は、1985年には1,640万人、1999年には3,720万人と増加し、それに対応して、国営企業の年金支給総額も、1980年には50億元であったが、1990年には396億元へと急増し、1999年には2420億元にまで増大した (Leung 2003, p. 77)。この問題に対処するため、中国政府は、雇用と福祉給付の社会主義の遺物によってもたらされた巨額の財政的圧力を緩和することを目的として、労働契約制と企業破産法を制定した。より根本的には、労働力コストと生産コストの削減が、外国資本を誘致するための必要条件のひとつであったため、中央政府労働部は、労働契約の実験を13の省で開始し、その後すべての省に拡大した。柔軟な労働市場の創出は、地方政府や工場経営者が、より多くの外国資本を誘致するために、労働市場において裁量的判断権限を恣意的に行使することを許容するものであり、実際、地方政府や工場経営者をそうした行動へと向かわせる、強力なインセンティブとなった (Lee 2005, p. 6)。

　それまでの労働市場に関する厳格なルールの廃止は、確かに外国からの投

資の増加を帰結した。しかしながら、それは、労働者の大規模なレイオフをももたらした。2001 年には、「一時解雇者」は 769 万人、「失業者」は 619 万人であった。「休職」労働者とは、労働契約制が採用された 1986 年よりも前に働き始めたが、勤務していた企業の経営上の問題のため失業した者のことである。これに対して、「失業者」とは、勤務していた会社が正式に倒産し、その結果職を失った労働者のことである。多くの労働者は、勤務していた企業が公的な破産法の手続きを経ずに倒産した際に失職していた。これらの人々は、失業者として登録されなかった。したがって、実際の失業率は、公式の失業率の概ね 3 倍から 4 倍の高さであった (ibid. p. 13)。中国政府は、市場効率性を高めるために、既存の雇用制度を再構築し、社会主義的福祉システムを廃止したが、経済改革がもたらす悪影響を防ぐために、新たな社会的セーフティネットを提供しなければならなかった。こうしたコンテクストにおいては、市場効率性と社会的安定性を同時に達成するために、新たな社会保障システムを構築することが、喫緊かつ必須の目標であった。

　多柱型の保険は、まさに中国政府が求めていたタイプの社会保障制度であった。第一に、リスクシェアリングのための費用は通常、雇用者と被用者との共同拠出によってまかなわれるものとされていたため、中央政府は、福祉に関する責任を、地方政府に転嫁することができた。それを受けて地方政府は、企業と被用者にその負担を再配分し、主要な社会サービスの商品化を促進することができた。また、被用者の個人貯蓄の部分は、新しい社会保障システムの市場指向的性質を強化した。第二に、社会保険システムは、雇用に基づく生涯福祉システムとは異なり、労働者を特定の職場に縛りつけるようなものではないため、労働移動を促進する可能性を随伴していた (Wong 2001, p. 43)。第三に、中央政府による財政責任の分権化によって深刻な収入不足を経験した地方政府にとって、拠出ベースのシステムは非常に望ましいものであった。社会保険プログラムの創設は、地方政府に大量の資金が流入することを意味したため、地方レベルにおいて非常に歓迎されたのである。

　実際、地方政府は年金やその他の社会保険のための基金を、それがなければ税収によってまかなわなければならなかったであろうような、地方の経済

表 4.4 地方政府の財政収入

カテゴリー（2005 年）	金額（億元）	収入総額に占める割合（%）
年金保険収入	5,093	34.2
事業税	4,103	27.6
付加価値税	2,644	17.8
法人税	1,746	11.7
管理手数料	1,074	7.2
個人所得税	838	5.6

出典：Frazier (2010a, p.92)。

プロジェクトに使用した。たとえば上海政府は、10年以上にわたって、総額では330億元（42億ドル）に達すると見積もられる融資を地元の開発業者に行うため、その年金基金を利用したと、2006年に報告されている（Frazier 2010a, p. 90）。**表 4.4** は、地方政府にとって年金保険収入がいかに重要であったかを示している。2005年には、地方政府の平均的保険収入は5090億元に達し、他のいかなる財源からの収入をも上回った。この統計から、地方政府はしばしば、公的支出をまかなうために、他の財源よりも社会保険基金に頼ったと考えることは、不合理ではないであろう。

中央政府が、可能な限り多くの都市部の労働者をカバーできる、統一的な多柱型保険制度の拡充をめざしていたのに対して、地方政府は、社会保障改革を、資金確保のための戦略的ルートとみなしたことは間違いない。中央政府と地方政府のこうしたモティベーションの相違は、政策の実施を困難にしただけではなく、中央政府の側に深刻なジレンマを生み出した。一般的に、社会保険スキームの拡大には、拠出金の徴収を監視するための、洗練されたシステムが不可欠である。しかしながら、そのような監視システムを中央から地方に対する統制を放棄することなく構築することは、とりわけ地理的に巨大で多様性を内包した中国のような国では、不可能であった。地方政府は、何千もの地方レベルの保険機関による企業や個人からの拠出金の徴収を、中央政府よりは実効的に監視し、規制することができたため、社会保障システムの拡大は、中央政府の政策的な意図を歪曲する「用意のできた」地方政府に大きく依存せざるを得なかったのである。

このジレンマを解決するため、中央政府は一連の年金・健康保険改革に着

手し、保険機関ごとに分断化された基金や管理組織および異なる拠出率と給付に対する統制の確保をめざして、国家レベルの制度を創出した (Leung 2003, p. 84)。しかしながら、中国の社会保険システムは、いまだに概して分権的であり、細かに分割されている。給付へのアクセスは、職業集団、経済部門、地理的地域、そして居住資格ごとに異なっている。とりわけ農村部は、経済改革の新たなシステムの下においても概して孤立しており、自由化は都市部に焦点を合わせたものに留まっている (Cheung 2001, p. 80)。

　要するに、中国においては、経済の自由化と大規模な FDI の流入が、伝統的な労働ユニット単位の社会主義的福祉制度を不十分かつ非効率にした。同時に、市場指向の改革は、大規模な失業、所得の不安定化、医療費の増加などの幅広い社会問題を引き起こした。こうした難題に直面して、中央政府は、市場の自由化と社会的安定の両立をめざして、新しい社会保障システムを再編成しようとしている。新たな二元型の拠出スキームは、市場の自由化と社会的安定という二つの相反する目標の、いずれとも両立しうるものであると信じられている。

b. 政治的コンテクスト

　先に検討したように、経済の自由化と改革をめざした諸政策は、中国政府を、老齢年金と健康保険に関して、リスクプーリングと個人貯蓄との二元型の組み合わせを開発するよう仕向けてきた。しかしながら、経済的要因だけではなく、中国のダイナミックな政治的背景もまた、二元型の福祉制度の発展に影響を及ぼしている。特に注目に値するのは、労働争議の勃発と、政府が実施する社会政策に対する政治的態度が、都市部住民と農村部住民とで大きく分断されていることである。

　中国における新たな社会保障システムの生成は、人々の政府に対する新たな形態の政治的要求や態度の形成と同時に生じた。中国では資本主義が徐々に通常の状態となってきたが、中国政府は、労働契約制を採用することによって、労使関係を全面的に商品化することはできなかった。それは、CCP が国民に対して、忠誠心と奉仕と引き替えに基本的福祉給付を提供することを約

束した「社会主義契約」に、部分的には由来する (Smuthklain 2006, p. 209)。しかしながら、分権化戦略を採用した中央政府は、地方政府と企業が、どのようにして、退職労働者の年金受給権や医療給付を受ける権利を極度に侵害することなしに、社会主義契約を実施するかを、実効的に監視することはできなかった。その結果、1990年代の国営企業改革の最中に職と給付を失った都市部の労働者は、概して不公平な扱いを受け、それゆえ、CCPの約束違反に対する怒りを表明するために、さまざまな抗議活動を行った (Hurst and O'Brien 2002)。かくして生じた労働争議の増加を、中央政府の指導者層は、社会的および政治的な安定に対する重大な脅威とみなした。都市部における労働争議の件数は1990年代と2000年代とを通して大幅に増加し、労働争議に関与した労働者数も、1997年の22万1,115人から2003年の80万1,042人に増加し、6年間でほぼ4倍になった。争議の形態には、調停、仲裁、訴訟などの法的手続の利用と、日常的な職場での抵抗、請願、操業停止、同盟罷業、公共の場所での抗議行動などの非公式の手段とが含まれていた (Lee 2000, p. 41)。

　いくつかの調査を踏まえた研究によると、争議の主たる要因のひとつは社会保険であり、争議総件数の25パーセント以上が社会保険をめぐるものであった。社会保険や福祉に関する労働争議の件数は、2004年に34パーセント増加したと報告されている (Chen 2003; Tang 2005; Kim 2010)。2009年に中国社会科学院の社会学研究所と『光明日報』とが共同で、40万人近くの者を対象として、インターネットを用いて実施した世論調査によると、大多数の中国人は、社会保障が中国における最も深刻な問題のひとつであると考えていた。最も注意を払っている社会問題を三つ、順番に挙げるよう回答者に求めたところ、社会保障を挙げた者 (58.1パーセント) は汚職を挙げた者 (66.8パーセント) に次いで二番目に多く、所得不平等を挙げた者 (57.7パーセント) を上回った (Frazier 2010b, p.265)。

　しかし、このような労働争議は、社会保障改革それ自体に対する抵抗の表明でもなければ、平等な再分配という社会主義的様式へと回帰することへの欲求の表明でもないことに注意しなければならない。「不平等と分配的正義に関する2004年中国全国調査」の回答者の大多数 (72パーセント) が、中国におい

ては所得格差と不平等が拡大していると感じていたが、地域間の所得格差を深刻なものであると考えていたのは、そのうちの40パーセントにすぎなかった。また、同じ調査の不平等に関連した他の質問への回答は、回答者の大多数が所得や各種便益の平等主義的な分配には反対であることを示している（Whyte 2010, p.131）。こうした回答傾向は、中国の市民は社会正義を求めてはいるものの、それを、富裕層の所得や富に制限を設けたり、富裕層から貧困層へ富を再分配するような方法によって実現することを欲してはいないことを示している。中国の人々はむしろ、地方レベルの政府で、官吏の不正な超過利潤の追求や汚職が蔓延していることに、より関心を抱いていた。換言するならば、労働者の怒りは、地方の官吏や国営企業管理者が無能であり、腐敗しており、都市部の労働者に雇用保障と社会保障給付を提供することに失敗していることへの不満の表明であったのである（Frazier 2010a, p.28）。

　抗議行動の増加に対応して、中央政府は当初、地方政府に、新たに設立した現役労働者の個人貯蓄口座への積立金を、退職した国営企業労働者への年金支給と医療給付のために使用することを許容した。そのことを踏まえて、地方政府は、教育、建設、治安、その他の予算カテゴリーよりも、約5,000万人の退職した工場労働者と1,200万人の退職した地方公務員の年金と医療給付に多くを費やした。2005年にはおよそ4,040億元（490億ドル）が、2006年はおよそ4,909億元（595億ドル）が、年金給付のために用いられた（Frazier 2011, p.64）。このアプローチは短期的には機能するが、資金調達に問題があり、長期的政策とはなりえない。それゆえ、中央の指導者層は、社会保険収入が慢性的に不足していた省や市に、補助金を支給することを決定した。しかしながら、補助金の支給は、人々が社会保障に関して国家に依存することを回避するという、当初の社会政策上の主目的を損なう可能性があった。それゆえ、中央政府は、都市部の労働者が社会保障のために各自個人貯蓄を行いつつ、リスクや基金を分かち合うようにするために、地方レベルの社会保険プログラムを統一することに、政策の焦点を移した。中央政府は、統一された社会保険プログラムの拡大が、社会保障システム全体の透明性と効率性を促進すると信じていた。

中央政府の迅速な政策的対応は、大衆からの政治的支持を獲得するうえでは効果的であった。1995年から99年に北京市住民を対象として実施した調査では、回答者のほぼ半数が、CCP指導体制に「強い支持」を表明した (Chen and Zhong 1997)。1999年に6都市で実施された調査票調査では、回答者の45パーセントが政権交代を望んでおらず、30パーセントは、自らの生活が向上する限り、政権の性質には関心がないことが示された (Tang 2005)。さらに、2004年に北京地域で実施された調査では、年金管理への信頼の程度を問う質問に対して、大多数の回答者 (84.5パーセント) は、中央政府による年金管理を、ある程度もしくはたいへん信頼していると回答した。この調査ではまた、ほぼ同程度の割合の回答者 (82.5パーセント) が、地方政府による年金管理も肯定的に評価していた。同様の肯定的な回答パターンは、過去20年ほどのあいだに実施されたほとんどの全国調査においても見出されている (Wright 2010, p.14)。所得格差の拡大、頻発する労働争議、1989年の天安門事件などを踏まえるならば、市民の政府に対する支持率の著しい高さは驚くべきことである。おそらく、体制への支持は、国民の多数が、国が市場化改革の軌道に乗っていると信じていることに由来するものであろう。中国人は、時として政府に対する不満を表明することもあるが、基本的にはCCPを支持しているのである。

　このような中国市民のあいだに深く根付いた保守的な政治的態度は、労働争議の急増にもかかわらず、抜本的な政治的変化を求める公衆からの圧力は、中国においては事実上存在してこなかったことを示している。公衆が概して親政府的であることを踏まえるならば、中央政府が社会問題に対処し、経済成長を確実にするための何らかの措置を講じている限りは、CCP政権への公衆の支持は、高い水準に留まり続けるであろうと予測することは不合理ではない。こうした意味で、多柱型の社会保険システムは、生産主義的福祉の二元型を追求する中国にとって、効果的な戦略であった。第一に、新しい社会保障システムは、その存在ゆえに、政府が、都市部における限定的な労働争議や不満の表出を許容することができるような、一種の「安全弁」として使用された。第二に、社会基金的な部分と個人貯蓄的な部分とを単一のスキームに組み込むことによって、政府は、リスク共有と自立という二つの一見した

ところ相矛盾する目標を、同時に追求することができた。このように、労働争議の増大と人々の CCP に対する高い水準の支持は、中国が、地方レベルにおいては政策の実施がしばしば妨げられはしたものの、生産主義的福祉主義への二元型のアプローチを形成していった、その政治的背景を形成したのである。

　さらに、都市部の住民と農村部の住民とのあいだの政治的態度の有意な相違が、中国の二元型福祉システムの地域分断化に貢献したと断言することができる。一般に、農民や移民労働者のような不利な立場にある人々は、不満を表明し、公正な補償を求めて激しく抗議する可能性が高い。中国では、農民の社会経済的地位が改革時代に急激に低下したため、農民こそが、CCP 政権の政治的安定にとって脅威になりかねない存在であった (Bernstein and Lu 2000)。たとえば、都市部と農村部のあいだの所得格差は、1990 年の 2.1 対 1 から 2007 年には 3.3 対 1 に増大している (Chinese Statistical Yearbook 2009)。しかしながら、驚くべきことに、中国の農民は、政権に対する高い水準の支持を示し続けている。物質的な側面における格差に起因する反乱の長い歴史があるにもかかわらず、中国農民は、国家主導の福祉改革に挑戦しようという傾向を、ほとんど示していないのである。彼らは、地方官吏への強い軽蔑の念をしばしば示しはするものの、中央政府に対しては、高い水準の信頼を表明し続けているのである (Wright 2010)。彼らは、抗議を行うときにもしばしば、彼らが慈悲深く、善意に基づいたものであるとみなしている法律や規則をより確実に実施するよう、国家指導者に対して訴える。O'Brien and Li (2006) に示されている調査結果によれば、農村部の回答者の 78 パーセントは「中央政府は、農民の伝える真実を聞こうとしており、我々の苦情申し立てを歓迎する」という意見に同意しているし、87 パーセントは「中央政府は、農民が自らの合法的な権利と利益を守ろうとすることを支援する」という意見に同意している。国家主導の社会保障改革は、主として都市部の住民の保護に焦点を合わせたものであり、それゆえ、農村部の住民が中央政府に寄せる信頼は明らかに幻想である。もちろん、中央政府の労働社会保障部は、農村部における年金プログラムを監督する部門を設けている。しかしながら、同部の官僚は、農村部の住民のニー

ズには都市部の住民のニーズほどには注意を払わず、ほとんどの農村部のプログラムを見棄てている(Smuthkalin 2006, p. 215)。

　Wright（2010）によると、市場改革は農村部の住民に新たな機会を与えており、そのことを踏まえるならば、農村部の住民の独特な政治的態度は理解可能である。確かに、中国の農民の多くは、社会的地位と所得水準に関しては、底辺近くに留まっている。しかしながら、彼らはもはや耕土にしばられてはおらず、農耕から、より多くの見返りが得られる経済活動へと、資産を転用することを妨げられることもない。それとは対照的に、多くの都市部の住民や工場労働者は、改革前の時代にさまざまな特権や恩恵を受けていたことをいまだ覚えており、今日ではそれらの多くが失われたことを嘆いている。こうした点を踏まえるならば、なぜ都市部の住民が、中国社会の底辺に留まり続けている農村部の住民よりも、社会福祉プログラムへの強い選好を示しているのかが理解できる。

　中国の農民の比較的従順な態度ゆえに、中央政府は、大多数の農民を新たに設計された社会的保護の対象から除外した時でさえも、農村地域での激しい政治的挑戦を受けることはなかった。政府は明らかに、賃金、雇用保障、現在の退職者に給付されているのと同程度の年金給付のような、最も基本的な生活条件は維持されるべきであると信じている都市住民を主たる対象とした、新しい年金制度や健康保険プログラムに、集中的に取り組んできた。都市部の住民と農村部の住民とのあいだの政治的態度の違いが、差別的な実践と部門ごとの分断を伴う生産主義的福祉主義の二元型の構造を構築するよう、中国政府を促す要因として作用したのである。

第5章

東アジア福祉国家のこれまでとこれから

　冷戦時代の初期、多くの東アジア諸国の政治指導者たちの主たる関心は、自らの政治的地位を強化するために、どのように、まったくの無の状態から国家を建設していくかということであった。新たに成立した共産主義政権によってもたらされたと知覚された差し迫った脅威により、資本主義圏における国家建設への関心が高まるなかで、東アジア諸国においても、共産主義勢力の存在は、軍事独裁政権が自らの権威主義的支配を正統化し、東アジアにおける資本主義の支配的なパターンを形成する一助となった。たとえば、韓国においては、朴正熙の軍事政権が1960年代に、社会や経済のほぼすべての領域に介入し始めた。立法と行政の絶対的な権力を握り、中央集権化を極度に進めた国家は、共産主義の北朝鮮に立ち向かうための強力な経済基盤をつくるために、急激な工業化を国家の中心課題に据えた (Kohli 2004)。1949年の国共内戦後に成立した台湾の軍事独裁政権も、韓国と非常によく似た状況に置かれていた。1950年代はもとより、1960年代に入ってもなお、冷戦が、政治制度と経済構造の発展において中心的な役割を果たしていた。中国国民党の権威主義体制は、資本の配分から貿易の規制にまで至る、経済のみならず社会の、ほぼすべての側面を専制支配した (Stubb 2005, pp. 99-103)。冷戦はまた、日本における政治や経済の制度的発展にとっても、同様の背景的要因として作用した。日本では、進むべき最良の政策的道筋は何かという論争をめぐって1950年代に生じた政治的混乱が、1960年代初頭まで続いた。シンガポール

では、リー・クアンユーの指導の下で、共産主義と大規模な失業に対する闘争が国家として取り組むべき最優先事項とされ、そのことが政治的発展に重大な影響を及ぼした。香港は、近隣のアジア諸国とは違って、同時期には国家建設にほとんど関心を持たなかったが、1966年から1967年にかけての暴動が証明しているとおり、社会的安定が重要な政策課題のひとつであった（Holiday and Wilding 2003,p.162）。

このように、よく似た政治的コンテクストに組み込まれた東アジア諸国は、国家建設と急速な経済成長という強い要請を共有していた。これらの国々の政治エリートたちは、自らの政治的および経済的目標を達成するために、工業化の全時期をとおして、労働集約型製造業の産品の輸出に重点を置いて、経済発展のプロセスに積極的に介入した。こうしたアプローチが採用された結果、それらの国々においては、政府と民間企業のいずれもが、公衆衛生と教育を除いては、結局のところ労働コストを増大させるような、いかなる社会福祉の拡大にも強力に反対するようになった。かくして、東アジアの社会政策は、社会的保護や所得再分配それ自体ではなく、生産性の向上を意図したものとなった。Holiday (2000) などの研究者は、東アジアの社会政策はそれ自体として独立したものではなく、経済成長という最優先の政策目標に厳格に従属したものであると主張し、そうしたパターンを「生産主義的福祉資本主義」(PWC) として理論化した。

東アジアにおける PWC の、本質的な特性を発見することは難しいことではない。台湾は、早くも 1950 年には社会保険モデルを追求するようになり、とりわけ、老齢、疾病、障害、死、怪我などを含む広範な社会的リスクからの保護を提供することを目的とした労働保険の発展に力を入れた。しかし、その保険給付の対象は、国家建設や経済発展にとって重要であると考えられていた軍人と、国営企業や大企業の労働者に限られていた。それと同時に、プライマリーヘルスケアと教育は、人的資本の形成につながるものであるという理由から、はるかに広い範囲の人々に提供された。韓国では、1963年に軍事政権が、公務員、軍人、および教員を対象に、年金や医療等のさまざまな給付を導入した。さらに 1964 年には、民間部門の労働者を対象とした労災

保険や試験的な健康保険制度といった、重要な施策を実施するようになった。しかし、台湾と同じように、政府は財政的な責務を負わず、規制的な役割を果たすだけであった。また、社会保険プログラムの対象は、国家主導の経済発展を実現させてくれる大企業の被用者に限られていた。すなわち、社会福祉給付は、「生産的な」集団を体制に組み入れ、しっかりと繋ぎとめるために利用されたのである。シンガポールもまた、同様の政策的考慮によって動機付けられていたが、その密集した都市環境ゆえに、社会政策の重点は、主に公営住宅と中央積立基金 (CPF) に置かれていた。公営住宅は、ただ単に国民にシェルターを供給するだけではなく、公営住宅団地内に学校や診療所を設けて、基本的なサービスを提供することをも目的としていた。このようにして、住宅供給は、社会的保護に対する政府の財政的負担を最小化することを目的として1955年に創設されたCPFとともに、公衆衛生と教育を改善するためのシンガポールの政策的取り組みの、中心的存在となったのである (Haggard and Kaufman 2008, p.123)。日本においても、社会政策を経済発展の手段とすることは、近年に始まったことではない。実は、日本は、太平洋戦争よりも前から、国民国家形成のために福祉プログラムを開発していた (Kasza 2006)。戦後においても、日本政府は、経済発展プロジェクトのための財源を、税金に頼らずに社会から吸い上げる手段として、福祉を使い続けた。たとえば、福祉基金を国家が統制することによって資本を社会化するために、年金と医療に関する公的な制度作りを推進したのである (Estevez-Abe 2008)。

　このように、生産主義的福祉主義の際立った特徴は、まず日本において出現し、その後、先に述べたとおり、いわゆる「アジア四小龍」の国々においてより顕著となったが、生産主義的福祉主義を実践したのはそれらの国々だけではなかった。東南アジアの後発国もまた、経済発展の原動力として世界の舞台に登場した1980年代に、PWCへの道を歩み始めた (Ramesh and Asher 2000)。東南アジア諸国のほとんどの政府は、社会福祉の有益な経済的効果を引き出すために、保健、教育、強制的な貯蓄制度を最優先事項とした。そして、医療費の財源調達に関する民間部門の役割を高めるための、さまざまなタイプのアプローチに取り組みはじめた。また、教育を特に重視し、初等教育に

対して相対的に大きな政府予算を割り当てるとともに、それに比べると規模は小さいが、中等教育にも予算を割り当てた。半世紀以上前に積立基金プログラムを取り入れたシンガポールとマレーシアにならって、インドネシアとタイは、貯蓄プログラムがより高水準の経済発展を実現する潜在力をもつと信じて、独自の義務的貯蓄制度を精力的に開発した。このように社会政策は、北東アジアと東南アジアの両地域において、経済成長を促進するための道具として広範に利用され、それゆえに、社会に貢献することが期待される公務員、軍人、および主要産業部門の民間企業の労働者を第一に優遇してきたのである。

しかし、このように東アジアの国々には似通った特徴があるにもかかわらず、東アジアの生産主義的福祉国家の社会保障プログラムの制度構造には、かなりの多様性が認められることも、また事実である。とりわけ財源調達の方法は、生産主義的な諸制度の3系列を区別する顕著な要因である。日本、韓国、および台湾では、社会保険制度と公的扶助プログラムが福祉国家の中心に据えられてきたが、シンガポール、マレーシア、および香港では、強制貯蓄制度が社会保障システムの主要な構成要素とされてきた。それらに対して、中国とタイは、社会保険と強制的な個人貯蓄を組み合わせたシステムを、資産調査に基づいたささやかな公的扶助プログラムで補いながら発展させてきた。こうした財源調達の方法の相違を理解することは重要である。というのは、それらの相違は、社会政策の制度的な基盤となっているだけでなく、将来の福祉プログラムの発展に、経路依存的な効果をもたらすからである。もしも、異なる財源調達の方法から生じた制度的多様性が、いくつかの下位類型を同定しうる程度に、十分に頑健なものであるとすれば、そうした下位類型のそれぞれの特徴はどのようなものであろうか。また、PWCの制度的多様性の背後にはどのような力が働いているのであろうか。本書では、財源調達の方法とそれに関連した特徴や効果にとりわけ留意しつつ、生産主義的福祉国家が、包摂型生産主義的福祉（IPW）、市場型生産主義的福祉（MPW）、二元型生産主義的福祉（DPW）という三つのパターンになぜ、またどのように分かれていったのかを論じてきた。

第一に、包摂型（IPW）は、社会保険制度との関連でしばしば言及される「リ

スクの共有」という特性を重視する。政府は、経済発展にとって重要であると考えられる限られた一部の労働者層に包摂的な社会保険給付を提供することにより、福祉給付の提供に伴う財政負担を回避しつつ、重要な人的資源を保護する社会保障システムを構築する。こうしたアプローチの実例には、日本、韓国、および台湾が含まれる。これらの国々では、国民年金制度と健康保険制度が、工業化の時期から現在に至るまで、重要な役割を担ってきた。

　第二に、市場指向型 (MPW) は、「自立」原則に基づいて社会保障システムを構築する。シンガポールの中央積立基金 (CPF)、マレーシアの被用者積立基金 (EPF)、香港の義務的積立基金 (MPF)、インドネシアの労働者社会保障制度 (Jamsostek) 等がこのアプローチの実例である。これらのシステムにおいては、社会保障給付は個人の貯蓄と直接的に結び付いているので、異なる社会階層間におけるリスクプーリングも制度上の支出超過も起こりえない。それゆえ、政府は、社会的保護プログラムの財源を調達するという財政的な義務を事実上免れている。このモデルは、企業に好都合な社会経済的環境を作り出す傾向を有しているがゆえに、市場効率性を促進する最適な方法であると信じられている。

　最後に、リスクプーリング原則と自助原則の両方を追求する二元的アプローチが、包摂型と市場指向型の中間に見出される。一般的に、二元型の戦略は二つの実施パターンを示す。ひとつは、社会的基金と個人の貯蓄口座からなる重層的な社会保険プログラムであり、もうひとつは、地域や分野によるプログラムの分割である。二元型戦略を採用する政府は、社会政策を、概して農村部の人々に対して差別的となるように、地域によって異なった方法で実施する。換言するならば、福祉プログラムは通常、生産的な都市部の労働者を優遇し、あまり生産的ではない農村部の居住者は、個人的貯蓄や家族間の支え合いに依存している状態に留めるのである。二元主義はこのように、地域間および部門間における、社会保険の保障範囲の分断と格差を増幅させる。この点については、中国の経験が注目に値する実例である。中国政府の、中央集権的な計画経済を市場経済へと転換させるための 1980 年代におけるさまざまな取り組みは、政府支出による給付から被用者と雇用者による費用分担

への移行という、社会政策の劇的な変化をもたらした。ところが、私的な医療費の急増という問題と、大規模な一時解雇（レイオフ）の国家を揺るがすような影響とが、政策立案者への強い圧力となり、民営化戦略を再び修正し、国民年金計画や標準化された失業保険を含む、1990年代の一連の大胆な改革に乗り出すことを余儀なくさせた。社会保険改革は国家レベルで始まったが、実際の政策実施は地方政府に委任され、その結果、中国の福祉システムは分裂し、地域ごとにまったく異なったものとなった。また、費用分担形式による社会保険の対象者の拡大は、主として都市部の居住者の利益に資するものであったため、中国の生産主義的アプローチは、社会的給付における都市部と農村部の相違を拡大させることとなった（Chen and Gallagher 2013; Gao et al.2013）。

　こうした三つのパターンを想定する類型論は実証的に頑健なものなのであろう、そして、そうであるとしたならば、国家横断的な多様性をもたらすものは何なのであろうか。生産主義的福祉国家のうちのいくつかが、より包摂的な形態へと進む一方で、他のいくつかは、より市場指向的な形態へと向かう道をたどるのはなぜなのであろうか。第2章におけるクラスター分析によって、生産主義的福祉主義の制度的多様性が体系的であり、実証的証拠によって示されるものであることが確認された。また第3章では、国際市場に対する開放度と依存度が、異なる経済構造や社会保障制度の形成に影響を与えていることを詳述した。東アジア諸国は、表面的には類似したイデオロギー的立場に立脚しているにもかかわらず、貿易と外国資本への依存の程度と形態は、相互間で明らかに異なっている。シンガポールと香港は、自国の金融市場を開放し、その高度に自由化した市場を国外企業が利用することを認めることで、積極的に「市場順応型」の発展戦略に取り組んできた。それとは対照的に、日本、韓国、および台湾は、金融市場と国内企業を国家の指導の下で厳しく統制することにより、「市場歪曲型」の発展戦略を追求した。このように、経済開放度の相違は、生産主義的福祉主義の異なる政策上のオプションそれぞれの適否と関連した、独特の状況を創出した。そうした意味で、「市場順応型」経済へと向かった諸国が、国外からの投資を呼び込むための主要な仕組みとして、市場指向的な制度を採用した一方で、「市場歪曲型」経済を指向した国々

は、自国の主要産業を守り、熟練労働者を体制に繋ぎとめるために、より包摂的な福祉システムを発展させたことは、驚くべきことではない。第3章で行った東アジアの11か国を対象とした統計分析により、経済開放度とそれに付随する諸戦略が、生産主義的福祉の制度的分岐と密接に関連していることが確認された。

　もうひとつの重要な因子は、政治的圧力の影響である。一般的に、民主主義体制においては、広範な選挙基盤を確保する必要性が政治的圧力となり、国民の社会的保護への要求に対して政治家を敏感にさせる。それゆえに、多くの実証的研究が明らかにしているように、民主主義体制は社会的保護により強くコミットする傾向がある。たとえば、韓国と台湾においては、民主的選挙制度が導入された際に、草の根団体からの政治的圧力が強まり、与党は、選挙運動を有利に展開するとともに政治的正統性を確保するために、社会保険プログラムや公的扶助プログラムを、より注意深く利用するようになった。民主的統治が成熟してくるにつれて、包摂的な福祉給付は選ばれた範囲の人々に限定されたものではなくなり、事実上全人口へと拡大されてきたのである。社会保険プログラムの拡大は、1980年代後半に民主主義が台頭し、1990年代後半に壊滅的な通貨危機に襲われた、IPWを採用している国々において顕著であった (Wong 2004)。

　第4章における三つの事例研究は、生産主義的福祉資本主義の制度的分岐の説明図を提供するものである。そこで説明したように、韓国における包摂型アプローチの発展は、経済戦略と政治的状況との産物であった。1960年代と1970年代に、韓国の権威主義政権は、市場歪曲型の経済発展戦略を促進するために、一連の包摂的な社会保険プログラムを創出した。それらの社会保険プログラムの第一の目的は、公的基金とリスクプーリングによって、公務員、軍人、および大企業の労働者を保護することであった。それ以来、韓国は、社会保険と公的扶助を基礎として、生産主義的福祉主義の制度的基盤を発達させてきた。しかし、韓国における福祉の発展にとっての最も重要な分岐点は、1987年の民主化運動と1997年の経済危機であり、それらによって社会保険プログラムの対象人口の拡大が加速された。これらの二つの歴史的節目を経て、

韓国は、生産主義的な立場を維持しつつ、包摂的な福祉給付を提供することをその顕著な特徴とする国家へと変容したのである。とりわけ、増加する「批判的市民」もしくは「不満足な民主主義者」からの巨大な政治的圧力が、より包摂的な社会保障システムと保険給付に対する支持につながった。

　第4章ではまた、東アジアにおいて市場指向的な福祉レジームを発達させてきた事例として、シンガポールについても検討した。シンガポールの社会政策には、社会保障が高度に「商品化」され、「市場化」されているがゆえに、有意味なリスクプーリングの仕組みもなければ十分な給付金もない。シンガポールのアプローチの中心になっているのは、本質的に確定拠出型のシステムである強制的な個人貯蓄制度（CPF）であった。CPFの創設は、1950年代から1960年代における国家建設プロセスを規定する独特の社会経済的条件を生み出した、植民地時代の歴史と地理的条件の結果であった。シンガポールは国土が小さく資源の乏しい国家として、政治的・経済的競争が厳しいグローバルなコンテクストにおいて、生き残る道を模索しなければならなかった。生き残りという至上命題は、政策立案者を、失業の減少、プライマリーヘルスケアを提供する医療施設や学校の拡充、都市再生やスラムクリアランス等に重点的に取り組むよう仕向けた。経済的目標以外の社会福祉がもつ保護的機能は、どのようなものであれ、シンガポールのコンテクストにはまったくそぐわないと考えられた。貿易と金融市場の急激な自由化が、シンガポールが「市場順応型」のPWCへと向かうことになるような経済的条件を創出したのである。さらに、人民行動党（PAP）が政権を掌握すると、一連の抑圧的な労働法を制定するとともに、政府と社会との厳格な統制によって自助原則を強固なものとすることによって、権威主義的リベラリズムのイデオロギー的正統性を維持してきた。

　第4章で検討した最後の事例は、生産主義の世界でも非常にユニークな、中国の二元主義である。中国の二元型アプローチは、新たな福祉制度を創設するきっかけが国家社会主義の失敗であったために、多くの点において韓国やシンガポールの事例とは異なっている。第一の特徴は、中国の福祉改革が、年金や医療のような社会保険プログラムのために、プールされた資金

と個人貯蓄の組み合わせを義務付けている点である。政府は、福祉給付のための財政的負担を、国営企業から一般税や個人に転嫁することに重点を置いたため、リスクプーリングと個人貯蓄の融合が、自由主義市場化改革によって生じうるマイナスの効果を抑止しつつ、市場指向的な社会政策を促進させる戦略として利用された。中国の二元主義は確かに、政府の財政負担や行政責任を縮小し、受益者が福祉の提供に要する費用を負担することを奨励するように設計されている。中国の生産主義的福祉主義の第二の特筆すべき特徴は、都市部居住者と農村部居住者の間のはっきりとした分断である。中国の都市部では、1980年代に、改革開放前の共産主義システムを特徴付けていた広範な給付対象者と寛大な給付からの、福祉削減を経験したが、中国政府は、1990年代には、最低生活保障制度などの公的扶助プログラムを成立させることで、都市部の貧困層を対象とした社会保障を強化してきた。しかしながら、農村部の人々は無視され、ほとんどのプログラムから排除され、実質的な給付を受けられないままにされてきた。年金と医療の改革は、基本的に、工業化、持続可能な経済成長、そして社会的安定のために、工業労働者を保護することを目的として設計されていた。中央政府が、地方政府に国民年金プログラムや健康保険プログラムへの参加を求める規則を定めてはいたが、農村部居住者は、自分の村が自主的に給付を提供しなければ、それらのプログラムの恩恵にあずかることができなかった。結果として、農村部の福祉システムは、その機能不全を解消するための政策的取り組みにもかかわらず、常に給付は最小限で、受給対象者はごくわずかにすぎなかった。改革開放の前後をとおして、受給対象者は農村部人口のわずか1.5パーセント程度に留まり続けているのである (Gao et al. 2013)。要するに、生産主義的福祉主義の二元型アプローチは、伝統的な社会主義的サービスを市場化したいという動機と、改革開放前に享受してきた特権的な福祉給付がなくなったことを嘆く都市の工業労働者をなだめる必要性との、双方に合致していたのである。

　本書の各章で詳しく論じてきたこうした制度的多様性を考慮してもなお、生産主義的福祉資本主義は東アジアの福祉レジームの主要モデルであると主張できるであろうか。制度的分岐が時間が経つにつれより広がり、生産主義

的福祉主義という考え方がもはや、東アジア諸国を概念的にひとつに束ねるのに十分な弾力性を有しているとは、みなし難くなるということは、起こりえないのであろうか。それでもなお、東アジアの福祉国家相互間の類似点と相違点を見出すための分析道具として、生産主義的福祉主義の観点を持ち出すことは、有効でありかつ、有用なのであろうか。結局のところ、生産主義的福祉国家は将来、どのような姿をしているのであろうか。

実は、生産主義福祉という観点は、東アジア諸国のいくつかのユニークな経験に依拠してきた。すなわち、国家主導の経済発展、若年人口割合の高さ、社会的抗議や社会的圧力が限定的であった当初の状況などである (Holiday and Wilding 2003, p. 174)。しかしながら、東アジアの国々が直面したいくつかの厳しい試練も、これらの要因と関係している。なぜならば、東アジア地域は、発展戦略、人口動態的変化、および政治的一貫性といった点から見て、1997年のアジア通貨危機以降、以前より不安定となっているように見受けられるからである。生産主義的福祉主義の三つのモデルが、経済の自由化、不平等、失業、人口動態の転換、社会的不安定などによって生じる諸問題にどのように対処できるのかは、不確定であると言わざるを得ない。これらの諸問題は、東アジアにおける生産主義的福祉資本主義の包摂型、市場型、および二元型のそれぞれに属する各国の社会構造に、どのような影響をもたらすのであろうか。

PWCの将来的な発展にとって最も大きな課題のひとつは、経済のグローバル化の加速である。20世紀の後半、東アジア諸国の大半は、国内外の有利なビジネス環境と政治環境の下で、急速な経済成長を経験した (Stubbs 2005)。しかしながら、将来に対する楽観的な見通しは、東アジア地域を襲った1997年の通貨危機によって、突如として消失した。通貨危機の後には、広範な社会経済的な改革が進められた。とりわけ貿易と金融市場の自由化は、市場歪曲型経済に大きな圧力を加え、その結果、国家に保護されていた国内産業が、厳しさを増しつつあった国際競争にさらされることとなった。経済のグローバル化の波は、発展戦略の抜本的な変革だけではなく、それまでの生産主義的福祉アプローチの基礎構造の劇的な変化をも促している。生産主義は、完

全な、そしてしばしば、終身にわたる雇用を前提として確立されたものであったため、高度で持続可能な経済成長の時代の終焉は、関係するすべての当事者にショックを与えた。実は、東アジアにおける失業率は、工業化の期間においては、一貫して世界のどこよりも低かった。雇用は、それが提供する収入という点においてのみならず、日本、韓国、および台湾では社会保険制度によって、香港、シンガポール、およびマレーシアでは積立基金に加入することによって被用者に付与される、福祉給付の受給資格の点においても、PWCにとっての最重要事項であった。したがって、労働市場と雇用関係の変化は、各国を、グローバル化の影響から国民を保護するためにより包摂的な社会的給付を促進するか、あるいは、グローバル化の波に乗るためにさらに市場親和的な社会保障改革へと進むかの、いずれかへと向かわせる重要な推進力となりうるのである。

　こうした推察は、相対的に失業率が高い国々に関して、とりわけ重要である。たとえば日本では、1995年には3.2パーセントであった失業率が、2010年には5パーセントに上昇している。韓国と台湾もよく似た状況になっており、同じ期間において、韓国の失業率は2.1パーセントから3.7パーセントへ、台湾の失業率は1.8パーセントから5.2パーセントへと、それぞれ上昇している。中国と香港も、1995年から2010年の間に、前者は2.9パーセントから4.1パーセントへ、後者は3.2パーセントから4.3パーセントへと、失業率のかなりの上昇を経験している。さらに、産業の空洞化と景気の浮き沈みの影響によって労働市場が柔軟化し、非正規労働者や短時間労働者が増加してきている (Choi 2013, p. 217)。もしも失業と雇用の不安定性が従来からの福祉プログラムの財政基盤を脅かし、浸食し続けるならば、生産主義的福祉国家の三つのタイプすべてが、政策の重点を、活力のある労働市場を維持することから、社会的保護や貧困の軽減へと、移行させる必要があるであろう。そしてそのためには、生産主義的福祉の包摂的な部分の拡充が必要となる (Holiday and Wilding 2003, p. 175)。

　PWCの将来の発展にとって同様に重要なのは、1990年代から東アジアにおいてますます顕著となってきている、高齢者人口の増加である。人口構造

の急激な変化は、包摂型と市場指向型の双方の社会政策に、深刻な課題を突きつけている。国連のデータセットによると、アジア諸国の平均では、高齢化率すなわち全人口に占める 65 歳以上の割合は、2012 年時点では 11 パーセントであるが、2050 年には 20 パーセントに上昇する。日本では高齢化率が、2010 年の 23.1 パーセントから、2050 年には 37.7 パーセントに上昇すると予想されている。さらに深刻なケースは韓国で、予想される高齢者人口の割合は、2010 年の 11 パーセントが、2050 年には 38.2 パーセントに上昇するというものである。東アジア諸国の大半において、高齢者人口が急速に増加してきていることは確かである。高齢者が数としては少ない労働年齢人口に依存するようになると、いかなるリスクプーリングの仕組みや社会保険プログラムも、政府が状況の変化に応じて保険料の負担率を増加させない限りは、持続不可能となり、社会保障にかかわる諸問題に対処するには不十分なものとなるであろう。日本、韓国、台湾、および中国にとっては、社会保障プログラムを、財政的持続可能性を維持しつつ、今後どの程度まで拡充することができるかが、重要な問題となる。これに対して、香港、シンガポール、マレーシア、およびインドネシアにとっては、強制的な個人貯蓄プログラムによって、高齢者に適切な水準の所得を保障することができるのかどうかが懸念材料となる。東アジアの生産主義的福祉国家はいずれも、高齢者に適切な水準の所得を安定して提供することが可能な、堅固な社会保障制度を有してはいないのである。要するに、現在の人口は「高齢化の津波」(Silver Tsunami) を生み出しており、その結果として、東アジア諸国の政府は、関連する政策、サービス、インフラ等を時機を逸することなく準備するために、これまでの経済最優先の考え方を越えていく必要に迫られているのである (Mehta 2013)。

　経済の自由化、雇用の不安定化、および人口動態の変化は、包摂的な社会的保護措置を拡充する十分な理由を提供している。しかし同時に、こうした傾向は、単なるリスクプーリングの拡充は、経済成長の停滞、反福祉的なビジネス環境、拡大する世代間の不均衡等の諸課題を克服するための、根本的な解決策とはなりえないのはなぜであるかを示すような、対抗圧力をも生み出す。したがって、社会的保護に強くコミットしている生産主義的福祉国

家は、社会保険制度を強化するだけでなく、福祉プログラムの財源調達にかかわる政府の役割を、より根源的かつ直接的なものとする方向に向かうであろう。それとは対照的に、反福祉的なスタンスをとる生産主義的福祉国家は、グローバルなビジネス機会を最大限に活用するために、社会保障システムの民営化をさらに進めようとし、その結果、包摂型の生産主義的福祉主義の諸国との相違が拡大していくことになるであろう。しかし、こうした分岐は自動的に生じるわけではない。新たな諸課題が具体的な影響を帰結するためには、両者を媒介する要因が存在しなければならない。韓国や台湾の例に見られるように、民主化は、包摂的な福祉の提供へと向かう刺激となった重要な要因であった。韓国と台湾において、1980年代後半に民主主義へと移行した後に、一連の主要な福祉改革が開始されたのは、偶然ではない(Wong 2004)。サービスを利用する権利、市民的権利としてのサービス、機会の均等などの民主主義的な諸価値は、社会福祉を発展させる大きな潜在力を有しており、時としてそれらは、一国の福祉レジームを生産主義的な伝統の外に押し出すほどのものなのである。競争的な民主政治が、新たに力を得た市民団体に、福祉について、政府にとって無視することができないような要求を行う機会を提供することは、疑いのないところである。したがって、グローバル化、失業、そして大量の高齢者という圧力の下にある民主主義体制は、必然的に、市場指向的な「底辺への競争」を経験するとは限らない。東アジアの生産主義的福祉国家が直面しつつある諸課題にいかに対応するかは、国内の政治状況次第なのである。

　これまで本書では、東アジアにおける生産主義的福祉主義の発展とその制度的多様性について理解すために、ひとつの理論枠組と三つの事例を提示してきた。Holiday (2000)が提唱する生産主義の理論は、東アジアの福祉国家の主要な特徴を理解するうえで有用ではあるが、実際にこの数十年の間に東アジアにおいて現実に生じてきたことを解明するためには、さらなる研究が必要である。単一の均質的かつ包括的な東アジアモデルの存在を想定すると、誤った方向に向かいやすいと批判する者も存在するが(White and Goodman 1998, p. 14)、生産主義的福祉主義という概念を出発点として、それについての理論的な議

論を、より洗練された説明に向けて発展させていくことは、合理的かつ生産的である。こうした意味で、本書は、生産主義の世界に出現した三つのパターンを同定することによって、将来のより有意義で建設的な研究への足がかりを提供するものであると言えるであろう。とりわけ、本書で行った統計分析と三つの事例研究は、東アジア地域における福祉国家の発展についての重要な推測を引き出すための、一資料として役立つであろう。なぜならば、ホリデーによる類型化は画期的であったが、その後、生産主義レジームの存在と分岐を証明するために必要な体系的かつ実証的な調査は、ほとんどなされてこなかったからである (Lee and Ku 2007, p. 200)。Ku and Finer (2007, p. 129) は、「国際比較に利用可能な長い期間を対象としたデータセットが、近い将来に開発される可能性はほとんどない」と悲観的に予想したが、本書においては、理論的考察から導出される分析枠組とそれと関連した諸指標を提示したうえで、国際比較に利用可能な長い期間を対象としたデータを用いて、実証的な検証を行った。各章において得られた知見は頑健なものであり、注目に値する。加えて、Skocpol (1987) が提案しているように、統計分析には、低所得世帯に対する公的扶助の有無だけでなく、それよりもさらに重要な、主要な社会保障プログラムの受給資格の範囲や全人口に占める受給資格者の割合等の、各国の福祉制度の制度的特徴に関連した変数も投入されている。福祉資本主義を包括的に理解するためには、政府支出の程度と制度的特徴の双方を、慎重に検討する必要がある。本書で採用したアプローチはまた、生産主義的福祉の諸制度が、どのように今日の姿にまで発展してきたのかを説明するうえでも有益である。このように、本書における検討は、理論面においても実証面においても有意義なものであるが、しかし、すべての点において十分というわけではない。とりわけ、グローバル化、労働市場の柔軟化、不平等の拡大、高齢者人口の増加などの、東アジア社会において新たに浮上してきた諸課題がもたらすであろう影響を正確に評価し、予測するにはいまだ時期尚早であり、この点については、本書の検討は不十分なものに留まっている。したがって、分析枠組をより発展させ、経済のグローバル化、民主主義、および社会政策の関係を研究し続けていくことが重要である。

付　録

第3章で用いた分析変数について

変数	説明	出典
IPW	第2章参照	ADB, Key Indicators (various years); IMF, Government Finance Statistics; SSA, Social Security Programs through the World: Asia and the Pacific (2002, 2004, 2006); ISSA (http://www.issa.int); OECD (http://www.oecd.org/dataoecd/63/22/2637055.pdf); Statistical Yearbook of Japan (総務省統計局『日本統計年鑑』); Statistical Yearbook of Taiwan; 2008 Statistics of General Health of Taiwan (Dept. of Health); Bureau of Labor Insurance of Taiwan (http://www.bli.gov.tw/en/default.aspx); National Pension Statistical Yearbook of Korea; National Health Insurance Statistical Yearbook of Korea; Civil Service Bureau of Hong Kong (http://www.csb.gov.hk/english/admin/retirement/184.html); Food & Health Bureau of Hong Kong (http://www.fhb.gov.hk/statistics/en/statistics/health_Expenditure.htm#table2); CPF Annual Report of Singapore; Annual Report of Social Security System of the Philippines (http://www.sss.gov.ph); Social Security Statistics of Thailand; NSO, Health and Welfare Survey of Thailand; Statistical Yearbook of China (2009, Table 22–40); Labor Statistical Yearbook of China (2007, Table 10–7); World Bank (http://info.worldbank.org/etools/docs/library/238727/Session%203.1_Vietnam_2paper.pdf); ILO (2007) Social Health Insurance in Vietnam; Jamsostek Annual Report of Indonesia; EPF Annual Report of Malaysia
MPW	第2章参照	
Trade	経常価格で評価したGDPの割合(%)で示した貿易総額(輸出入)	Penn World Table 6.3 (2009); World Development Indicators (WB)
Capital flows	国際収支財務勘定に記録されている直接投資、ポートフォリオ投資、その他の投資の流入と流出の絶対値として計算されたグロスの民間資本フロー(GDP(米ドル)比で算出)	World Development Indicators (WB)

Democracy	スケールは -10~10 まで（5 以上の国家を「民主的」、4 以下の国家を「非民主的」とする）	Polity IV data (Marshall and Jaggers) http://www.systemicpeace.org/polity/polity4.htm
GDP	GDP（2,000 米ドルを定数）	World Development Indicators; Statistical Yearbook (Taiwan)
GDP per capita	一人あたり GDP（2,000 米ドルを定数）	World Development Indicators; Statistical Yearbook (Taiwan)
Growth	GDP 成長率（年率）	World Development Indicators; Statistical Yearbook (Taiwan)
Urbanization	Urban population as a percent of total 総人口に占める都市部人口の割合（%）	World Development Indicators; Key Indicators (ADB)
Change in unemployment	総労働力比で算出した失業率の推移	World Development Indicators; KILM 5th Edition (ILO); CIA World Factbook (Vietnam 2005–2008)
Inflation	消費者物価指数で測定したインフレーション率（年率）	World Development Indicators; Statistical Yearbook (Taiwan); Statistical Yearbook of China (1978–83)
Change in exchange rate	対米ドル為替レートの変動率（年平均）	Penn World Table 7 (2011)
Population(65+)	65 歳以上人口の総人口に占める割合（%）	World Development Indicators; Statistical Yearbook (Taiwan)
Population	総人口	World Development Indicators; Statistical Yearbook (Taiwan)

参考文献

書籍および論文

Aaron, Henry J. 1967. "Social Security: International Comparisons." In *Studies in the Economics of Income Maintenance*, ed. Otto Eckstein. Washington D.C.: Brookings Institute.

Achen, Christopher H. 2000. "Why Lagged Dependent Variables Can Suppress the Explanatory Power of Other Independent Variables." Political Methodology Working Paper (http://polmeth.wustl.edu/papers/00/achen00.pdf).

Adam, Erfried, Michael von Hauff, and Marei John, eds. 2002. *Social Protection in Southeast & East Asia*. Singapore: Friedrich-Ebert-Stiftung.

Adsera, Alicia, and Carles Boix. 2002. "Trade, Democracy, and the Size of the Public Sector: The Political Underpinning of Openness." *International Organization* 56 (2): 229–62.

Ahn, Chung-Si, and Won-Taek Kang. 2002. "Trust and Confidence in Government in Transitional Democracies: South Korea in Comparative Perspective." *Journal of Korean Politics* 11: 3–40.

Aldenderfer, Mark S., and Roger K. Blashfield. 1984. *Cluster Analysis*. Beverly Hills, CA: Sage Publications.

Allan, James P. and Lyle Scruggs. 2004. "Political Partisanship and Welfare State Reform in Advanced Industrial Societies." *American Journal of Political Science* 48 (3): 496–512.

Amsden, Alice H. 1989. *Asia's Next Giant: South Korea and Late Industrialization*. London: Oxford University Press.

Arts, Wil, and John Gelissen. 2002. "Three Worlds of Welfare Capitalism or More? A State-of-the-Art Report." *Journal of European Social Policy* 12 (2): 137–58.

Asher, Mukul G. 2004. "Retirement Financing Dilemma Facing Singapore." Paper presented at International Conference on Pensions in Asia. Hitotsubashi University (Tokyo, Japan). Jan. 23–24.

——., and Revathi Rajan. 2002. "Social Protection in Singapore." In *Social Protection in Southeast & East Asia*, ed. Erfried Adam. Singapore: Friedrich Ebert Stiftung. Pp. 231–68.

Asiaweek. 1998. "Dawn the Crisis, Full Speed Ahead." November 13 (http://www-cgi.cnn.com/ASIANOW/asiaweek/98/1113/nat4-2.html).

Aspalter, Christian. 2002. *Democratization and Welfare State Development in Taiwan*. Aldershot, UK: Ashgate.

——. 2006. "The East Asian Welfare Model." *International Journal of Social Welfare* 15: 290–301.

Avelino, George, David S. Brown, and Wendy Hunter. 2005. "The Effects of Capital Mobility, Trade Openness, and Democracy on Social Spending in Latin America, 1980–1999." *American Journal of Political Science* 49 (3): 625–41.

Beck, Nathaniel, and Jonathan N. Katz. 1995. "What to Do (and Not to Do) with Time-Series Cross-Section Data." *American Political Science Review* 89 (3): 634–47.

Berglof, Erik. 1997. "A Note on the Typology of Financial System." In *Comparative Corporate Governance: Essays and Materials*, eds. Klaus J. Hopt and Eddy Wymeersch. New York: Walter de Gruyter.

Bernstein, Thomas P., and Xiaobo Lu. 2000. "Taxation without Representation: Peasants, the Central and the Local States in Reform China." *The China Quarterly* 163: 742–63.

Besharov, Douglas J., and Karen Baehler. 2013. *Chinese Social Policy in a Time of Transition*. New York: Oxford University Press.

Brooks, Clem, and Jeff Manza. 2007. *Why Welfare States Persist: The Importance of Public Opinion in Democracies*. Chicago: The University of Chicago Press.

Bueno de Mesquita, Bruce, Alastair Smith, Randolph M. Siverson, and James D. Morrow. 2003. *The Logic of Political Survival*. Cambridge: The MIT Press.

Burgoon, Brian. 2001. "Globalization and Welfare Compensation: Disentangling the Ties That Bind." *International Organization* 55 (3): 509–51.

Burnell, Peter, and Richard Youngs, eds. 2010. *New Challenges to Democratization*. New York: Routledge.

Calinkski, T., and J. Harabasz. 1974. "A Dendrite Method for Cluster Analysis." *Communications in Statistics* 3 (1): 1–27.

Cameron, David R. 1978. "The Expansion of the Public Economy: A Comparative Analysis." *American Political Science Review* 72 (4): 1243–61.

Castles, Francis G., ed. 1982. *The Impact of Parties*. Beverly Hills, CA: Sage. Catterberg, Gabriela, and Alejandro Moreno. 2006. "The Individual Bases of

Political Trust: Trends in New and Established Democracies." *International Journal of Public Opinion Research* 18 (1): 31–48.

Cerny, Philip G., and Mark Evans. 1999, "New Labour, Globalization, and the Competition State." Working Paper Series No. 70, Center for European Studies, Harvard University (http://www.people.fas.harvard.edu/~ces/publications/docs/pdfs/evans.pdf).

Chan, Chak Kwan. 2003. "Protecting the Ageing Poor or Strengthening the Market Economy: The Case of the Hong Kong Mandatory Provident Fund." *International Journal of Social Welfare* 12 (2): 123–31.

Chen, Feng. 2003. "Between the State and Labor: The Conflict of Chinese Trade Unions' Double Identity in Market Reform." *China Quarterly* 176: 1006–28.

Chen, Jie, and Yang Zhong. 1997. "The Level and Sources of Popular Support for China's Current Political Regime." *Communist and Post-Communist Studies* 30 (1): 45–64.

Chen, Juan, and Mary E. Gallagher. 2013. "Urban Social Insurance Provision: Regional and Workplace Variations." In *Chinese Social Policy in a Time of Transition*, eds. Douglas J. Besharov and Karen Baehler. New York: Oxford University Press. Pp. 86–100.

Cheung, Anthony B. L. 2001. "Health Policy Reform." In *The Market in Chinese Social Policy*, eds. Linda Wong and Norman Flynn. New York: Palgrave Macmillan. Pp. 63–87.

———. 2009. "Interpreting East Asian Social Policy Development: Paradigm Shifts or Policy 'Steadiness'?" In *Changing Governance and Public Policy in East Asia*, eds. Ka Ho Mok and Ray

Forrest. New York: Routledge. Pp. 25–48.

Cho, Yoon-Je, and Joon-Kyung Kim. 1995. "Credit Policies and the Industrialization of Korea." World Bank Discussion Paper No. 286. Washington D.C.: World Bank.

Choi, Seong-Du. 1996. "Uncontrollable Factors of Policy Design in the Health Care Delivery System of Korea." *Korean Journal of Public Administration (hanguk haengjeong hakhoibo)* 30 (1): 79–91.

Choi, Young Jun. 2012. "End of the Era of Productivist Welfare Capitalism? Diverging Welfare Regimes in East Asia." *Asian Journal of Social Science* 40 (3): 275–94.

———. 2013. "Developmentalism and Productivism in East Asian Welfare Regimes." In *Handbook On East Asian Social Policy*, ed. Misa Izuhara. Northampton, MA: Edward Elgar Publishing. Pp. 207–25.

Chow, Nelson W. S. 1987. "Western and Chinese Ideas of Social Welfare." *International Social Work* 30 (1): 31–41.

———. 2005. "Welfare Developmentalism in Singapore and Malaysia." In *Transforming the Developmental Welfare State in East Asia*, ed. Huck-ju Kwon. New York: Palgrave Macmillan. Pp. 98–117.

Clayton, Richard, and Jonas Pontusson. 1998. "Welfare-State Retrenchment Revisited: Entitlement Cuts, Public Sector Restructuring, and Inegalitarian Trends in Advanced Capitalist Societies." *World Politics* 51 (1): 67–98.

———.2005. *General Information: Schemes & Services*. Singapore: Central Provident Fund Board.

———. 2010. *Saving for Retirement*. Singapore: Central Provident Fund Board

———. 2013. *Annual Report 2013*. Singapore: Central Provident Fund Board.

Cumings, Bruce. 1984. "The Origins and Development of the Northeast Asian Political Economy: Industrial Sectors, Product Cycles and Political Consequences." *International Organization* 38 (1): 1–40.

Cutright, Phillip. 1965. "Political Structure, Economic Development, and National Social Security Programs." *American Journal of Sociology* 70 (5): 537–50.

Dalton, Russell J., and Do-Chull Shin, eds. 2006. *Citizens, Democracy, and Markets Around the Pacific Rim: Congruence Theory and Political Culture*. New York: Oxford University Press.

Demirguc-Kunt, Asli, and Ross Levine. 1999. "Bank-Based and Market-Based Financial Systems: Cross-Country Comparisons." World Bank Policy Working Paper No. 2143.

———., eds. 2001. *Financial Structure and Economic Growth: A Cross-Country Comparison of Banks, Markets, and Development*. Cambridge, MA: MIT Press.

Deyo, Frederic C. 1989. *Beneath the Miracle: Labor Subordination in the New Asian Industrialism*. Berkeley and Los Angeles, CA: University of California Press.

———. 1992. "Political Economy of Social Policy Formation: East Asia's Newly Industrialized Countries." In *States and Development in the Asian Pacific Rim*, eds. Richard P. Appelbaum and Jeffrey Henderson. Newbury Park: Sage Publications. Pp. 289–306.

Dixon, John, and Hung-Shik Kim, eds. 1985. *Social Welfare in Asia*. London: Croom Helm.

Drezner, Daniel W. 2001. "Globalization and Policy Convergence." *International Studies Review* 3 (1): 53–78.

Duda, Richard C., and Peter E. Hart. 1973. *Pattern Recognition and Scene Analysis*. New York: Wiley.

Ebbinghaus, Bernhard, and Philip Manow, eds. 2001. *Comparing Welfare Capitalism: Social Policy and Political Economy in Europe, Japan and the USA*. New York: Routledge.

Esping-Andersen, Gøsta. 1985. *Politics against Markets: The Social Democratic Road to Power*. Princeton, NJ: Princeton University Press.

——. 1990. *The Three Worlds of Welfare Capitalism*. Cambridge: Polity. （＝ 2001，岡沢憲芙・宮本太郎監訳『福祉資本主義の三つの世界――比較福祉国家の理論と動態』ミネルヴァ書房.）

——., ed. 1996. *Welfare States in Transition: National Adaptations in Global Economies*. Thousand Oaks, CA: Sage. （＝2003，埋橋孝文監訳『転換期の福祉国家――グローバル経済下の適応戦略』早稲田大学出版部.）

Estevez-Abe, Margarita. 2008. *Welfare and Capitalism in Postwar Japan*. New York: Cambridge University Press.

——., Torben Iversen, and David Soskice. 2001. "Social Protection and the Formation of Skills: A Reinterpretation of the Welfare State." In *Varieties of Capitalism: The Institutional Foundations of Comparative Advantage*, eds. Peter A. Hall and David Soskice. New York: Oxford University Press. Pp. 145–83.

Evans, Peter B. 1998. "Transferable Lessons? Re-examining the Institutional Prerequisites of East Asian Economic Policies." *Journal of Development Studies* 34 (6): 66–86.

——., Dietrich Rueschemeyer, and Theda Skocpol. 1985. *Bringing the State Back In*. New York: Cambridge University Press.

Everitt, Brian, Sabine Landau, and Morven Leese. 2001. *Cluster Analysis*. New York: Oxford University Press.

Flora, Peter, and Arnold J. Heidenheimer, eds. 1981. *The Development of Welfare States in Europe and America*. New Brunswick, NJ: Transaction Books.

Franks, Julian, and Colin Mayer. 2001. "The Ownership and Control of German Corporations." *Review of Financial Studies* 14: 943–77.

Frazier, Mark W. 2010a. *Social Insecurity: Pensions and the Politics of Uneven Development in China*. Ithaca, NY: Cornell University Press.

——. 2010b. "Population Responses to China's Emerging Welfare State." In *Chinese Politics: State, Society, and the Market*, eds. Peter Hays Gries and Stanley Rosen. New York: Routledge. Pp. 258–74.

——. 2011. "Social Policy and Public Opinion in an Age of Insecurity." In *From Iron Rice Bowl to Informalization: Markets, Workers, and the State in a Changing China*, eds. Sarosh Kuruvilla, Ching-Kwan Lee, and Mary Gallagher. Ithaca, NY: Cornell University Press. Pp. 61–79.

Gallagher, Mary. 2002. "Reform and Openness: Why China's Economic Reforms Have Delayed Democracy." *World Politics* 54: 338–72.

——., and Jonathan K. Hanson. 2009. "Coalitions, Carrots, and Sticks: Economic Inequality and Authoritarian States." *Political Science & Politics* 42 (4): 667–72.

Gao, Qin, Sui Yang, and Shi Li. 2013. "The Chinese Welfare State in Transition: 1988–2007." *Journal of Social Policy 42 (4): 743–62.

———., Martin Evans, and Irwin Garfinkel. 2013. "Social Benefits and Income Inequality in Post-Socialist China and Vietnam." In *Chinese Social Policy in a Time of Transition*, eds. Douglas J. Besharov and Karen Baehler. New York: Oxford University Press. Pp. 48–67.

Garrett, Geoffrey. 1998. *Partisan Politics in the Global Economy*. New York: Cambridge University Press.

———., and Deborah Mitchell. 2001. "Globalization, Government Spending and Taxation in the OECD." *European Journal of Political Research* 39 (2): 145–77.

Goodman, Roger, and Ito Peng. 1996. "The East Asian Welfare States: Peripatetic Learning, Adaptive Change and Nation Building." In *Welfare States in Transition: National Adaptations in Global Economies*, ed. Gøsta Esping-Anderson. Thousand Oaks, CA: Sage Publications. Pp. 192–224. (= 2003, イト・ペング訳「東アジア福祉国家――逍遙的学習、適応性のある変化、国家建設」『転換期の福祉国家』、225–273.)

Gough, Ian. 1979. *The Political Economy of the Welfare State*. London: Macmillan.

———. 2001. "Globalization and Regional Welfare Regimes." *Global Social Policy* 1 (2): 163–89.

———. 2004. "East Asia: The Limits of Productivist Regimes." In *Insecurity and Welfare Regimes in Asia, Africa, and Latin America: Social Policy in Development Context*, eds. Ian Gough and Geof Wood. New York: Cambridge University Press. Pp. 169–201.

Greene, William H. 1990. *Econometric Analysis*, 2nd ed. New York: Macmillan Publishing Co. (= 2003, 斯波恒正・中妻照雄・浅井学訳『グリーン 計量経済分析Ⅰ・Ⅱ 改訂新版』エコノミスト社.)

Gu, Xin. 2003. "Health Care in China: No Longer Free." *EAI Background Brief* No. 147. National University of Singapore.

Guan, Xinping. 2005. "China's Social Policy: Reform and Development in the Context of Marketization and Globalization." In *Transforming the Developmental Welfare State in East Asia*, ed. Huck-ju Kwon. New York: Palgrave Macmillan. Pp. 231–56.

Gujarati, Damodar N. 2004. *Basic Econometrics*. New York: McGraw-Hill. Haggard, Stephan. 1990. *Pathways from the Periphery: Politics of Growth in the Newly Industrializing Countries*. Ithaca, NY: Cornell University Press.

———. 2000. *The Political Economy of the Asian Financial Crisis*. Washington, D.C.: Institute for International Economics.

———., and Tun-Jen Cheng. 1987. "State and Foreign Capital in the East Asian NICs." In *The Political Economy of the New Asian Industrialism*, ed. Frederic C. Deyo. Ithaca, NY: Cornell University Press. Pp. 84–135.

———., and Robert R. Kaufman. 2008. *Development, Democracy, and Welfare States: Latin American, East Asia, and Eastern Europe*. Princeton, NJ: Princeton University Press.

Hall, Peter A., and David Soskice, eds. 2001. *Varieties of Capitalism: The Institutional Foundations of Comparative Advantage*. New York: Oxford University Press. (= 2007, 遠山弘徳・安孫子誠男・山田鋭夫・宇仁宏幸・藤田菜々子訳『資本主義の多様性――比較優位の制度的基礎』ナカニシヤ出版. ただし全14章中、第1章～5章までの訳)

Hamilton-Hart, Natasha. 2008. "Banking Systems a Decade after the Crisis." In *Crisis as Catalyst: Asia's Dynamic Political Economy*, eds. Andrew MacIntyre, T. J. Pempel, and John Ravenhill. Ithaca, NY: Cornell University Press. Pp. 43–69.

Hancke, Bob, ed. 2009. *Debating Varieties of Capitalism: A Reader*. New York: Oxford University Press.

Heclo, Hugh. 1974. *Modern Social Politics in Britain and Sweden: From Relief to Income Maintenance*. New Haven, CT: Yale University Press.

Heidenheimer, Arnold. J., Hugh Heclo, and Carolyn T. Adams. 1990. *Comparative Public Policy: The Politics of Social Choice in America, Europe and Japan*. New York: St. Martin's Press.

Hewitt, Christopher. 1977. "The Effect of Political Democracy and Social Democracy on Equality in Industrial Societies." *American Sociological Review* 42: 450–64.

Hicks, Alexander M. 1994. "Introducing to Pooling." In *The Comparative Political Economy of the Welfare State*, eds. Thomas Janoski and Alexander M. Hicks. New York: Cambridge University Press. Pp. 169–88.

——. 1999. Social Democracy and Welfare Capitalism. Ithaca, NY: Cornell University Press.

Holliday, Ian. 2000. "Productivist Welfare Capitalism: Social Policy in East Asia." *Political Studies* 48 (4): 706–23.

——. 2005. "East Asian Social Policy in the Wake of the Financial Crisis: Farewell to Productivism?" *Policy & Politics* 33 (1): 145–62.

——., and Paul Wilding, eds. 2003. *Welfare Capitalism in East Asia: Social Policy in the Tiger Economies*. New York: Palgrave Macmillan. (= 2007, 埋橋孝文・小田川華子・木村清美・三宅洋一・矢野裕俊・鷲巣典代訳『東アジアの福祉資本主義――教育、保健医療、住宅、社会保障の動き』法律文化社.)

Holzman, Robert, Ian W. Mac Arthur, and Yvonne Sin. 2000. "Pension Systems in East Asia and the Pacific: Challenges and Opportunities." Social Protection Discussion Paper Series No. 14, The World Bank.

Howell, David. 2007. "The Treatment of Missing Data." In *The SAGE Handbook of Social Science Methodology*, eds. William Outhwaite and Stephen Turner. New York: Sage Publications. Pp. 208–24.

Huber, Evelyne. 1996. "Options for Social Policy in Latin America: Neoliberal versus Social Democratic Models." In *Welfare States in Transition: National Adaptations in Global Economies*, ed. Gøsta Esping-Andersen. Thousand Oaks, CA: Sage Publications. Pp. 141–91.〔『転換期の福祉国家』には収録なし――訳者〕

——., and John D. Stephens. 2001. *Development and Crisis of the Welfare State: Parties and Policies in Global Markets*. Chicago, IL: University of Chicago Press.

Hudson, John, and Stefan Kühner. 2009. "Towards Productive Welfare? A Comparative Analysis of 23 Countries." *Journal of European Social Policy* 19 (1): 34–46.

——., and Nan Yang. 2014. "Productive Welfare, the East Asian 'Model' and Beyond: Placing Welfare Types in Greater China into Context." *Social Policy & Society* 13 (2): 301–15.

Hughes, Helen, ed. 1988. *Achieving Industrialization in East Asia*. New York: Cambridge University

Press.

Huntington, Samuel P. 1968. *Political Order in Changing Societies*. New Haven, CT: Yale University Press.（= 1972，内山秀夫訳『変革期社会の政治秩序　上・下』サイマル出版会.）

Hurst, William, and Kevin O'Brien. 2002. "China's Contentious Pensioners." *The China Quarterly* 170: 344–60.

Hutchison, Michael M., Takatoshi Ito, and Frank Westermann. 2006. "The Great Japanese Stagnation: Lessons for Industrial Countries." In *Japan's Great Stagnation: Financial and Monetary Policy Lessons for Advanced Economies*, eds. Michael M. Hutchison and Frank Westermann. Cambridge, MA: MIT Press. Pp. 1–32.

Hwang, Gyu-Jin. 2006. *Pathways to State Welfare in Korea: Interests, Ideas, and Institutions*. Burlington, VT: Ashgate.

———. 2007. "The Rules of the Game: The Politics of National Pensions in Korea." *Social Policy & Administration* 41 (2): 132–47.

Hwee, Yeo-Lay. 2002. "Electoral Politics in Singapore." In *Electoral Politics in Southeast and East Asia*, eds. Aurel Croissant, Gabriel Bruns, and John Marei. Singapore: Friedrich-Ebert-Stiftung. Pp. 203–32.

Immergut, Ellen M. 1992. *Health Politics: Interests and Institutions in Western Europe*. New York: Cambridge University Press.

Inglehart, Ronald. 1997. *Modernization and Postmodernization: Cultural, Economic, and Political Change in 43 Societies*. Princeton, New Jersey: Princeton University Press.

———., and Christian Welzel. 2005. *Modernization, Cultural Change, and Democracy: The Human Development Sequence*. New York: Cambridge University Press.

Inoguchi, Takashi, and Matthew Carlson, eds. 2006. *Governance and Democracy in Asia*. Melbourne, Australia: Trans Pacific Press.（= 2008,『アジアの政治と民主主義——ギャラップ調査を分析する』西村書店）

International Labor Organization. 1984. *Into the Twenty-First Century: The Development of Social Security*. Geneva: ILO.

Iversen, Torben. 2005. *Capitalism, Democracy, and Welfare*. New York: Cambridge University Press.

———., and Thomas R. Cusack. 2000. "The Causes of Welfare State Expansion: Deindustrialization or Globalization?" *World Politics* 52 (3): 313–49.

Jackson, Gregory, and Siguart Vitols. 2001. "Between Financial Commitment, Market Liquidity and Corporate Governance." In *Comparing Welfare Capitalism: Social Policy and Political Economy in Europe, Japan and the USA*, eds. Bernhard Ebbinghaus and Philip Manow. New York: Routledge. Pp. 171–89.

Jacobs, Didier. 1998. "Social Welfare Systems in East Asia: A Comparative Analysis including Private Welfare." CASE Paper 10, Center for Analysis of Social Exclusion at the London School of Economics.

Janoski, Thomas, and Alexander M. Hicks. 1994. *The Comparative Political Economy of the Welfare State*. New York: Cambridge University Press.

Jessop, Bob. 2000. "From the KWNS to the SWPR." In *Rethinking Social Policy*, eds. Gail Lewis,

Sharon Gewirtz, and John Clarke, Thousand Oaks, CA: Sage Publications. Pp. 171–84.

Johnson, Chalmers. 1982. *MITI and the Japanese Economic Miracle: The Growth of Industrial Policy, 1925–1975*. Stanford, CA: Stanford University Press.（= 2018, 佐々田博教訳『通産省と日本の奇跡――産業政策の発展 1925-1975』勁草書房.）

――. 1987. "Political Institutions and Economic Performance: The Government– Business Relationship in Japan, South Korea, and Taiwan." In *The Political Economy of the New Asian Industrialism*, ed. Frederic C. Deyo. Ithaca, NY: Cornell University Press. Pp. 136–64.

Jones, Catherine. 1990. "Hong Kong, Singapore, South Korea and Taiwan: Oikonomic Welfare States." *Government and Opposition* 25 (4): 446–62.

――. 1993. "Pacific Challenges: Confucian Welfare State." In *New Perspectives on the Welfare State in Europe*, ed. Catherine Jones. New York: Routledge. Pp. 198–217.

Jones, David S. 2005. "The Central Provident Fund Scheme in Singapore: Challenges and Reform." *Asian Journal of Political Science* 13 (2): 75–102.

Kamimura, Yasuhiro. 2006. "Welfare States in East Asia: Similar Conditions, Different Past, and Divided Future." In *Managing Development: Globalization, Economic Restructuring and Social Policy*, ed. Junji Nakagawa. New York: Routledge. Pp. 306–32.

Kang, David C. 2002. *Crony Capitalism: Corruption and Development in South Korea and the Philippines*. New York: Cambridge University Press.

――. 2006. *One World of Welfare: Japan in Comparative Perspective*. Ithaca, NY: Cornell University Press.

Katzenstein, Peter J. 1985. *Small States in World Markets: Industrial Policy in Europe*. Ithaca, NY: Cornell University Press.

Kaufman, Rober R., and Alex Segura-Ubiergo. 2001. "Globalization, Domestic Politics, and Social Spending in Latin America: A Time-Series Cross-Section Analysis, 1973–97." *World Politics* 53 (4): 553–87.

Kay, Cristobal. 2002. "Why East Asia Overtook Latin America: Agrarian Reform, Industrialization, and Development." *Third World Quarterly* 23 (6): 1073–1102.

Kerr, Clark, et al. 1960. *Industrialism and Industrial Man: The Problems of Labor and Management in Economic Growth*. Cambridge, MA: Harvard University Press.（= 1963, 川田寿訳・中山伊知郎監修『インダストリアリズム――工業化における経営者と労働』東洋経済新報社.）

Kim, Mason M. S. 2010. "Corporatism vs. Marketization: An Empirical Test of the Control Effect of Corporatist Labor Unions in China" (In Chinese). In *Social Class in Transitional China*, eds. Yang Su, Shizheng Feng, and Chunping Han. Beijing: Social Science Academic Press. Pp. 84–107.

Kim, Mi-Jung. 2002. "Korea's FDI Policy after the Currency Crisis." In *The Post- Financial Crisis Challenges for Asian Industrialization*, eds. Richard Hooley and Jang-Hee Yoo. Oxford, UK: Elsevier Science Ltd. Pp. 401–23.

Kim, Samuel S., ed. 2003. *Korea's Democratization*. New York: Cambridge University Press.

Kim, Yeon-Myung, ed. 2002. *A Debate over the Nature of the Korean Welfare State 1* (Korean). Seoul: Ingan-kwa-Pokchi.

――. 2008. "Beyond East Asian Welfare Productivism in South Korea." *Policy and Politics* 36 (1):

109–25.

———., and Kyo-Seong Kim. 2005. "Pension Reform in Korea: Conflict between Social Solidarity and Long-term Financial Sustainability." In *Ageing and Pension Reform around the World*, eds. Giuliano Bonoli and Toshimitsu Shinkawa. Northampton, MA: Edward Elgar Publishing. Pp. 208–29.

Kim, Young-Hwa. 2000. "Concurrent Development of Education Policy and Industrialization Strategies in Korea (1945–1995): A Historical Perspective." *Journal of Education and Work* 13 (1): 95–118.

Kittel, Bernhard, and Herbert Obinger. 2003. "Political Parties, Institutions, and the Dynamics of Social Expenditure in Times of Austerity." *Journal of European Public Policy*. 10 (1): 20–45.

Kohli, Atul. 2004. *State-Directed Development: Political Power and Industrialization in the Global Periphery*. Cambridge: Cambridge University Press.

Korpi, Walter. 1983. *The Democratic Class Struggle*. London: Routledge & Kegan Paul.

———. 1989. "Power, Politics and State Autonomy in the Development of Social Citizenship: Social Rights during Sickness in Eighteen OECD Countries since 1930." *American Sociological Review* 54 (3): 309–28.

Ku, Yeun-Wen. 1997. *Welfare Capitalism in Taiwan: State, Economy and Social Policy*. New York: St. Martin's Press.

———. 2003. "Social Security." In *Welfare Capitalism in East Asia: Social Policy in the Tiger Economies*, eds. Ian Holliday and Paul Wilding. New York: Palgrave Macmillan. Pp. 128–60.（＝2007, 木村清美訳「社会保障」『東アジアの福祉資本主義』, 147–179.）

———. 2009. "Comparative Welfare Policy Instruments in East Asia." In *Changing Governance and Public Policy in East Asia*, eds. Ka-Ho Mok and Forest Ray. New York: Taylor & Francis. Pp. 140–58.

———., and Catherine Jones Finer. 2007. "Developments in East Asian Welfare Studies." *Social Policy & Administration* 41 (2): 115–31.

Kuhnle, Stein. 2002. "Productive Welfare in Korea: Moving towards a European Welfare State Type?" ECPR Joint Sessions of Workshops: The Welfare State – Pros and Cons. Torino, Italy, March 22–27.

Kwon, Huck-Ju. 1998. "Democracy and the Politics of Social Welfare: A Comparative Analysis of Welfare Systems in East Asia." In *The East Asian Welfare Model: Welfare Orientalism and the State*, eds. Roger Goodman, Gordon White, and Huck-ju Kwon. New York: Routledge. Pp. 27–74.

———. 1999. *The Welfare State in Korea: The Politics of Legitimation*. New York: St. Martin's Press.

———. 2002. "Welfare Reform and Future Challenges in the Republic of Korea: Beyond the Developmental Welfare State?" *International Social Security Review* 55 (4): 23–38.

———., ed. 2005. *Transforming the Developmental Welfare State in East Asia*. New York: Palgrave Macmillan.

———. 2009. "The Reform of the Developmental Welfare State in East Asia." *International Journal of Social Welfare* 18 (1): S12–S21.

———., and Jooha Lee. 2011. "Workfare in South Korea: Delivering Unemployment Benefits in the Developmental Welfare State." In *Welfare Reform in East Asia: Toward Workfare*, eds. Chak Kwan

Chan and Kinglun Ngok. New York: Routledge. Pp. 115–30.

Kwon, Soonman. 2009. "Thirty Years of National Health Insurance in South Korea: Lessons for Achieving Universal Health Care Coverage." *Health Policy and Planning* 24: 63–71.

——., and Ian Holliday. 2007. "The Korean Welfare State: A Paradox of Expansion in an Era of Globalization and Economic Crisis." *International Journal of Social Welfare* 16 (3): 242–48.

Kwong, Kai-Sun, Chau Leung-Chuen, Francis T. Lui, and Larry D. Qiu. 2001. *Industrial Development in Singapore, Taiwan, and South Korea*. River Edge, NJ: World Scientific.

Leckie, Stuart, and Yashue Pai. 2005. *Pension Funds in China: A New Look*. Hong Kong: ISI Publications.

Lee, Ching Kwan. 2005. "Livelihood Struggles and Market Reform: (Un)making Chinese Labor after State Socialism." Occasional Paper No. 2. UN Research Institute for Social Development.

Lee, Kuan Yew. 2000. *From Third World to First: the Singapore Story, 1965–2000*. New York: Harper Collins. (= 2000, 小牧利寿訳『リー・クアンユー回顧録──ザ・シンガポール・ストーリー 上・下』日本経済新聞社.)

Lee, Sung-Kyun. 1997. "A Comparative Study of Welfare Programs for Old Age Income Security in Korea and Taiwan." Ph.D. Dissertation. The University of Wisconsin, Madison.

Lee, Yih-Jiunn, and Yeun-Wen Ku. 2007. "East Asian Welfare Regimes: Testing the Hypothesis of the Developmental Welfare State." *Social Policy & Administration* 41 (2): 197–212.

Leung, Joe C. B. 2003. "Social Security Reforms in China: Issues and Prospects." *International Journal of Social Welfare* 12 (2): 73–85.

——. 2005. "Social Welfare in China." In *East Asian Welfare Regimes in Transition: From Confucianism to Globalization*, eds. Alan Walker and Chack-kie Wong. Bristol, UK: The Policy Press. Pp. 49–71.

Lieberthal, Kenneth. 2004. *Governing China: From Reform to Revolution*, 2nd ed. New York: WW Norton.

Lim, Kim-Lian. 2001. "Implications of Singapore's CPF Scheme on Consumption Choices and Retirement." *Pacific Economic Review* 6 (3): 361–82.

Lin, Hung-Yang. 2012. "The Retirement Provisions in China, Hong Kong, Singapore, and Taiwan: Perspectives on Policy Inputs and Social Outputs." *Asian Social Work and Policy Review* 6 (3): 163–91.

Lin, Ka, and Raymond KH Chan. 2013. "Repositioning Three Models of Social Policy with Reference to East Asian Welfare Systems." *International Social Work*. DOI: 10.1177/0020872813503857.

Low, Linda, and Tar Choon Aw. 2004. *Social Insecurity in the New Millennium: The Central Provident Fund in Singapore*. Singapore: Marshall Cavendish Academic.

Mares, Isabela. 2003. *The Politics of Social Risk: Business and Welfare State Development*. New York: Cambridge University Press.

——., and Matthew E. Carnes. 2009. "Social Policy in Developing Countries." *Annual Review of Political Science* 12: 93–113.

McCarthy, David, Olivia S. Mitchell, and John Piggott. 2002. "Asset Rich and Cash Poor: Retirement Provision and Housing Policy in Singapore." *Journal of Pensions Economics & Finance* 1

(3): 197–222.

MCYS. 2007. *Social Statistics in Brief*. Singapore: Ministry of Community Development, Youth and Sports.

Mehta, Kalyani K. 2013. "The Shaping of Social Policies in Relation to Demographic Ageing in East Asia." In *Handbook on East Asian Social Policy*, ed. Misa Izuhara. Northampton, MA: Edward Elgar.

Midgley, James. 1986. "Industrialization and Welfare: The Case of the Four Little Tigers." *Social Policy & Administration* 20 (3): 225–38.

——., and Kwong-leung Tang. 2001. "Social Policy, Economic Growth and Developmental Welfare." *International Journal of Social Welfare* 10: 244–52.

Milligan, Glenn W., and Martha C. Cooper. 1985. "An Examination of Procedures for Determining the Number of Clusters in a Data Set." *Psychometrika* 50 (2): 159–79.

Ministry of Labour and Social Security. 1999. "Overall Development Direction for Labor and Social Security Tasks in 1998–2002." In *China Labor Human Resources Development* (Zhongguo Renli Ziyuan Kaifa), Vol. 7. Pp. 4–7.

Mishra, Ramesh. 1999. *Globalization and the Welfare State*. Northampton, MA: Edward Elgar.

Mo, Jongryn. 1996. "Political Learning and Democratic Consolidation: Korean Industrial Relations, 1987–1992." *Comparative Political Studies* 29 (3): 290–311. Moon, Chung-In, and Jae-Jin Yang. 2002. "Globalization, Social Inequality, and Democratic Governance in South Korea." In *Democratic Governance and Social Inequality*, eds. Joseph S. Tulchin with Amelia Brown. Boulder, CO: Lynne Rienner Publishers. Pp. 131–61.

Morris, Paul. 1996. "Asia's Four Little Tigers: A Comparison of the Role of Education in Their Development." *Comparative Education* 32 (1): 95–110.

Myles, John. 1988. "Decline or Impasses? The Current State of the Welfare State." *Studies in Political Economy* 26 (1): 73–107.

Naughton, Barry. 2007. *The Chinese Economy: Transitions and Growth*. Cambridge, MA: The MIT Press.

Newton, Kenneth. 2006. "Political Support: Social Capital, Civil Society and Political and Economic Performance." *Political Studies* 54 (4): 846–64.

Noland, Marcus, and Howard Pack. 2003. *Industrial Policy in an Era of Globalization: Lessons from Asia*. Washington, D.C.: Institute for International Economics.

Norris, Pippa, ed. 1999. *Critical Citizens: Global Support for Democratic Government*. New York: Oxford University Press.

——. 2008. *Driving Democracy: Do Power-Sharing Institutions Work?* New York: Cambridge University Press.

O'Brien, Kevin J. and Lianjiang Li. 2006. *Rightful Resistance in Rural China*. New York: Cambridge University Press.

O'Connor, James. 1973. *The Fiscal Crisis of the State*. New York: St. Martin's Press. (= 1981, 池上惇・横尾邦夫監訳『現代国家の財政危機』御茶の水書房.)

O'Connor, Julia S. 1988. "Convergence or Divergence? Change in Welfare Effort in OECD Countries 1960–1980." *European Journal of Political Research* 16: 277–99.

———., and Gregg M. Olsen, eds. 1998. *Power Resources Theory and the Welfare State: A Critical Approach.* Toronto: University of Toronto Press.

Offe, Claus. 1984. *Contradictions of the Welfare State*, ed. John B. Keane. Cambridge, MA: MIT Press.

Ortiz, Isabel, ed. 2001. *Social Protection in Asia and the Pacific.* Manila, Philippines: Asian Development Bank.

Overbye, Einar. 2010. "Disciplinary Perspectives." In *Oxford Handbook of Welfare States*, eds. Francis G. Castles, Stephen Leibfried, Jane Lewis, Herbert Obinger, and Christopher Pierson. New York: Oxford University Press. Pp. 152–66.

Pampel, Fred, and John Williamson. 1989. *Age, Class, Politics, and the Welfare State.* New York: Cambridge University Press.

Park, Yung-Chul, Won-Ho Song, and Yun-Jong Wang. 2005. "Finance and Economic Development in East Asia." In *A New Financial Market Structure for East Asia*, eds. Yung-Chul Park, Takatoshi Ito, and Yun-Jong Wang. Northampton, MA: Edward Elgar. Pp. 19–45.

Parry, Thomas G. 1988. "The Role of Foreign Capital in East Asian Industrialization, Growth, and Development." In *Achieving Industrialization in East Asia*, ed. Helen Hughes. New York: Cambridge University Press. Pp. 95–128.

Patrick, Hugh T., and Yung-Chul Park. 1994. *The Financial Development of Japan, Korea, and Taiwan: Growth, Repression, and Liberalization.* New York: Oxford University Press.

Peng, Ito, and Joseph Wong. 2008. "Institutions and Institutional Purpose: Continuity and Change in East Asian Social Policy." *Politics & Society* 36 (1): 61–88.

———. 2010. "East Asia." In *Oxford Handbook of Welfare States*, eds. Francis G. Castles, Stephen Leibfried, Jane Lewis, Herbert Obinger, and Christopher Pierson. New York: Oxford University Press. Pp. 656–70.

Perry, Martin, Lily Kong, and Brenda Yeoh. 1997. *Singapore: A Developmental City State.* London: John Wiley.

Peters, B. Guy. 1998. *Comparative Politics: Theory and Methods.* New York: New York University Press.

Pfaller, Alfred, Ian Gough, and Goran Therborn, eds. 1991. *Can the Welfare State Compete? A Comparative Study of Five Advanced Capitalist Countries.* London: Macmillan.

Pierson, Christopher. 2004. "Late Industrializers and the Development of the Welfare State." Social Policy and Development Programme Paper No. 16.

———. 2007. *Beyond the Welfare State: The New Political Economy of Welfare.* 3rd ed. University Park, PA: The Pennsylvania State University Press.

Pierson, Paul. 1994. *Dismantling the Welfare State? Reagan, Thatcher, and the Politics of Retrenchment.* New York: Cambridge University Press.

———. 1996. "The New Politics of the Welfare State." *World Politics* 48 (2): 143–79.

———. 2001. *The New Politics of the Welfare State.* New York: Oxford University Press.

Plümper, Thomas, Vera E. Troeger, and Philip Manow. 2005. "Panel Data Analysis in Comparative Politics: Linking Method to Theory." *European Journal of Political Research* 44 (2): 327–54.

Polanyi, Karl. 1944. *The Great Transformation.* Boston, MA: Beacon. (= 2009, 野口建彦・栖原

学訳『「新訳」大転換――市場社会の形成と崩壊』東洋経済新報社.)

Pryor, Frederic L. 1968. *Public Expenditures in Communist and Capitalist Nations*. Homewood, IL: R.D.Irwin.

Przeworski, Adam, and Henry Teune. 1970. *The Logic of Comparative Social Inquiry*. New York: Wiley-Interscience.

Quah, Jon S., Heng-Chee Chan, and Chee-Meow Seah. 1985. *The Government and Politics of Singapore*. New York: Oxford University Press.

Quinn, Dennis. 1997. "The Correlations of Change in International Financial Regulations." *American Political Science Review* 91 (3): 531–51.

Ramesh, M. 1995. "Social Security in South Korea and Singapore: Explaining the Differences." *Social Policy & Administration* 29 (3): 228–40.

——. 2003. "Globalization and Social Security Expansion in East Asia." In *States in the Global Economy: Bringing Domestic Institutions Back In*, ed. Linda Weiss. New York: Cambridge University Press. Pp. 83–98.

——. 2004. *Social Policy in East and Southeast Asia: Education, Health, Housing, and Income Maintenance*. New York: Routledge Curzon.

——. 2005. "One and a Half Cheers for Provident Funds in Malaysia and Singapore." In *Transforming the Developmental Welfare State in East Asia*, ed. Huck-ju Kwon. New York: Palgrave Macmillan.

——., and Mukul G. Asher. 2000. *Welfare Capitalism in Southeast Asia: Social Security, Health, and Education Policies*. New York: St. Martin's Press, Inc.

Rieger, Elmar, and Stephen Leibfried. 2003. *Limits to Globalization: Welfare States and the World Economy*, trans. Benjamin W. Veghte. Cambridge: Polity Press.

Rodrik, Dani. 1997. *Has Globalization Gone Too Far?* Washington D.C.: Institute for International Economic.

——. 1998. "Why Do More Open Economies Have Bigger Government?" *Journal of Political Economy* 106 (5): 997–1032.

Rudra, Nita. 2002. "Globalization and the Decline of the Welfare State in Less- Developed Countries." *International Organization* 56 (2): 411–45.

——. 2007. "Welfare State in Developing Countries: Unique or Universal?" *Journal of Politics* 69 (2): 378–96.

——. 2008. *Globalization and the Race to the Bottom in Developing Countries: Who Really Gets Hurt?* New York: Cambridge University Press.

——., and Stephan Haggard. 2005. "Globalization, Democracy, and Effective Welfare Spending in the Developing World." *Comparative Political Studies* 38 (9): 1015–49.

Ruggie, John G. 1982. "International Regimes, Transactions, and Change: Embedded Liberalism in the Postwar Economic Order." *International Organization* 36 (2): 195–231.

Rybczynski, Tad M. 1984. "Industrial Finance Systems in Europe, United States and Japan." *Journal of Economic Behavior and Organization* 5: 275–86.

Salditt, Felix, Peter Whiteford, and Willem Adema. 2008. "Pension Reform in China." *International*

Social Security Review 61 (3): 47–70.

Scharpf, Fritz W. 2000. "Economic Changes, Vulnerabilities, and Institutional Capabilities." In *Welfare and Work in the Open Economy* (Vol. I), eds. Fritz W. Scharpf and Vivien A. Schmidt. New York: Oxford University Press. Pp. 21–124.

Schmidt, Volker H. 2005. "Varieties of Social Policy: East Asian Welfare Capitalism in Comparative Perspective." Working Paper No. 177. National Singapore University.

Segura-Ubiergo, Alex. 2007. *The Political Economy of the Welfare State in Latin America: Globalization, Democracy, and Development*. New York: Cambridge University Press.

Shalev, Michael. 1983. "The Social Democratic Model and Beyond: Two Generations of Comparative Research on the Welfare State." *Comparative Social Research* 6: 315–51.

Shi, Shih-Jiunn. 2006. "Left to Market and Family – Again? Ideas and the Development of the Rural Pension Policy in China." *Social Policy & Administration* 40 (7): 791–806.

Shin, Doh Chull, and Richard Rose. 1998. "Responding to Economic Crisis: The 1998 New Korea Barometer Survey." Studies in Public Policy 311. Center for the Study of Public Policy (University of Strathclyde).

Shin, Dong-Myeon. 2003. *Social and Economic Policies in Korea: Ideas, Networks, and Linkages*. New York: Routledge.

Shin, Eui-Hang. 2003. "The Role of NGOs in Political Elections in South Korea: The Case of the Citizens' Alliance for the 2000 General Election." *Asian Survey* 43 (4): 697–715.

Shirk, Susan L. 1993. *The Political Logic of Economic Reform in China*. Berkeley, CA: University of California Press.

Shou, Huisheng. 2010. "Race to the Bottom or Move to the Middle? Globalization and Welfare Regime Transformation in the Developing World." Ph.D. Dissertation. University of Illinois at Urbana-Champaign.

Shyu, Huo-yan. 2010. "Trust in Institutions and the Democratic Consolidation in Taiwan." In *Taiwan's Politics in the 21st Century: Changes and Challenges*, ed. Wei-Chin Lee. Singapore: World Scientific Publishing. Pp. 69–100.

Skocpol, Theda. 1987. "America's Incomplete Welfare State: The Limits of New Deal Reforms and the Origins of the Present Crisis." In *Stagnation and Renewal in Social Policy: The Rise and Fall of Policy Regimes*, eds. Martin Rein, Gøsta Esping-Andersen, and Lee Rainwater. New York: M.E. Sharpe. Pp. 35–58.

Smuthkalin, Worawut. 2006. "Political Regime and Welfare State Development in East Asia: How State Leaders Matter to Social Policy Expansion in Taiwan, Thailand, and China." Ph.D. Dissertation. Stanford University.

Social Security Administration (SSA). 2013. *Social Security Programs Throughout the World: Asia and the Pacific, 2012*. Washington D.C.: Social Security Administration.

Song, Ho-Keun, and Kyung-Zoon Hong. 2005. "Globalization and Social Policy in South Korea." In *Globalization and the Future of the Welfare State*, eds. Miguel Glatzer and Dietrich Rueschemeyer. Pittsburgh, PA: University of Pittsburgh Press. Pp. 179–202.

Strange, Susan. 1996. *The Retreat of the State: The Diffusion of Power in the World Economy*. New York:

Cambridge University Press.（＝ 2011，櫻井公人訳『国家の退場——グローバル経済の新しい主役たち』）

Starke, Peter. 2006. "The Politics of Welfare State Retrenchment: A Literature Review." *Social Policy & Administration* 40 (1): 104–20.

Streeck, Wolfgang, and Kozo Yamamura. 2001. *The Origins of Nonliberal Capitalism: Germany and Japan in Comparison*. Ithaca, NY: Cornell University Press.

Stubbs, Richard. 2005. *Rethinking Asia's Economic Miracle*. New York: Palgrave Macmillan.

Swank, Duane. 2002. *Global Capital, Political Institutions, and Policy Change in Developed Welfare States*. New York: Cambridge University Press.

Swenson, Peter. 2002. *Capitalist against Market: The Making of Labor Markets and Welfare State in the United States and Sweden*. Oxford, UK

Tajika, Eiji. 2002. "The Public Pension System in Japan: The Consequences of Rapid Expansion." WBI Working Paper. Washington D.C.: The World Bank.

Takahashi, Wataru. 2012. "The Japanese Financial Sector's Transition from High Growth to the Lost Decades." In *East Asian Capitalism: Diversity, Continuity, and Change*, eds. Andrew Walter and Xiaoke Zhang. New York: Oxford University Press. Pp. 201–22.

Tanaka, Aji. 2001. "Does Social Capital Generate System Support in Japan? An Empirical Analysis of Political System Support." Paper prepared for the Annual Meeting of the American Political Science Association, August 30–September 2.

Tang, Kwong-Leung. 2000. *Social Welfare Development in East Asia*. New York: Palgrave.

Tang, Wenfang. 2005. *Public Opinion and Political Change in China*. Stanford, CA: Stanford University Press.

Teeple, Gary. 1995. *Globalization and the Decline of Social Reform*. Toronto: Garamond Press.

Tremewan, Christopher. 1994. *The Political Economy of Social Control in Singapore*. New York: St. Martin's Press.

Tsebelis, George. 2002. *Veto Players: How Political Institutions Work*. Princeton, NJ: Princeton University Press.（＝ 2009，眞柄秀子・井戸正伸監訳『拒否権プレイヤー』早稲田大学出版部.）

UNCTAD. 2013. *World Investment Report 2013*. New York: United Nations Publication.

Van Elkan, Rachel. 1995. "Accounting for Growth in Singapore." In *Singapore: A Case Study in Rapid Development*, ed. Kenneth Bercuson. Washington D.C.: IMF.

Van Ginneken, Wouter. 2003. "Extending Social Security: Policies for Developing Countries." ESS Paper No. 13. Social Security Policy and Development Branch. International Labor Office.

Van Kersbergen, Kees, and Barbara Vis. 2014. *Comparative Welfare State Politics: Development, Opportunities, and Reform*. New York: Cambridge University Press.

Wade, Robert. 1990. *Governing the Market: Economic Theory and the Role of Government in East Asian Industrialization*. Princeton, NJ: Princeton University Press.

——. 1992. "East Asia's Economic Success: Conflicting Perspectives, Partial Insights, Shaky Evidence." *World Politics* 44 (2): 270–320.

Wan, Ming. 2008. *The Political Economy of East Asia: Striving for Wealth and Power*. Washington D.C.:

CQ Press.

Wang, Zhengxu. 2005. "Before the Emergence of Critical Citizens: Economic Development and Political Trust in China." *International Review of Sociology* 15 (1): 155–71.

———., Russell J. Dalton, and Doh Chull Shin. 2006. "Political Trust, Political Performance, and Support for Democracy." In *Citizens, Democracy, and Markets around the Pacific Rim: Congruence Theory and Political Culture*, eds. Russell J. Dalton and Doh Chull Shin. New York: Oxford University Press. Pp. 135–55.

———., and Roger Goodman. 1998. "Welfare Orientalism and the Search for an East Asian Welfare Model." In *The East Asian Welfare Model: Welfare Orientalism and the State*, eds. Roger Goodman, Gordon White, & Huck-ju Kwon. New York: Routledge. Pp. 3–24.

Whyte, Martin K. 2010. "Do Chinese Citizens Want the Government to Do More to Promote Equality?" In *Chinese Politics: State, Society, and the Market*, eds. Peter Hays Gries and Stanley Rosen. New York: Routledge. Pp. 129–59.

Wibbels, Erik, and John S. Ahlquist. 2011. "Development, Trade, and Social Insurance." *International Studies Quarterly* 55 (1): 125–49.

Wijeysingha, Vincent. 2005. "The Welfare Regime in Singapore." In *East Asian Welfare Regimes in Transition: From Confucianism to Globalization*, eds. Alan Walker and Chack-kie Wong. Bristol, UK: The Policy Press. Pp. 187–211.

Wilding, Paul. 2008. "Is the East Asian Welfare Model Still Productive?" *Journal of Asian Public Policy* 1 (1): 18–31.

Wilensky, Harold L. 1975. *The Welfare State and Equality*. Berkeley, CA: University of California Press.（＝ 2004, 下平好博訳『福祉国家と平等——公共支出の構造的・イデオロギー的起源』木鐸社．）

———. 2002. *Rich Democracies: Political Economy, Public Policy, and Performance*. Berkeley, CA: University of California Press.

———., and Charles N. Lebeaux. 1958. *Industrial Society and Social Welfare; The Impact of Industrialization on the Supply and Organization of Social Welfare Services in the United States*. New York: Russell Sage Foundation.

Williamson, John B., Meghan Price, and Ce Shen. 2012. "Pension Policy in China, Singapore, and South Korea: An Assessment of the Potential Value of the Notion Defined Contribution Model." *Journal of Aging Studies* 26 (1): 79–89.

Wong, Joseph. 2004. *Healthy Democracies: Welfare Politics in Taiwan and South Korea*. Ithaca, NY: Cornell University Press.

Wong, Linda. 2001. "Welfare Policy Reform." In *The Market in Chinese Social Policy*, eds. Linda Wong and Norman Flynn. New York: Palgrave. Pp. 38–62.

Wong, Timoty Ka-Ying, Hsin-Huang Michael Hsiao, and Po-San Wan. 2009. "Comparing Political Trust in Hong Kong and Taiwan: Levels, Determinants, and Implications." *Japanese Journal of Political Science* 10 (2): 147–74.

Woo, Jung-En. 1991. *Race to the Swift: State and Finance in Korean Industrialization*. New York: Columbia University Press.

Woo, Myungshook. 2004. *The Politics of Social Welfare Policy in South Korea*. New York: University Press of America, Inc.

Woo-Cumings, Meredith. 1999. *The Developmental State*. Ithaca, NY: Cornell University Press.

World Bank. 1993. *The East Asian Miracle: Economic Growth and Public Policy*. New York: Oxford University Press.（＝ 1994, 白鳥正喜監訳・海外経済協力基金開発問題研究会訳『東アジアの奇跡——経済成長と政府の役割』東洋経済新報社.）

――. 1994. *Averting the Old Age Crisis: Policies to Protect the Old and Promote Growth*. New York: Oxford University Press.

――. 1997. *Financing Health Care: Issues and Options for China*. Washington D.C.: World Bank.

――. 2000. *East Asia: Recovery and Beyond*. Washington D.C.: World Bank. Wright, Teresa. 2010. "Tenuous Tolerance in China's Countryside." In *Chinese Politics: State, Society, and the Market*, eds. Peter Hays Gries and Stanley Rosen. New York: Routledge. Pp. 109–128.

Yang, Jae-Jin. 2000. "The 1999 Pension Reform and a New Social Contract in South Korea." Ph.D. Dissertation. The State University of New Jersey, Rutgers.

――. 2004. "Democratic Governance and Bureaucratic Politics: A Case of Pension Reform in Korea." *Policy & Politics* 32 (2): 193–206.

Yip, Winnie, and William C. Hsiao. 2008. "The Chinese Health System at a Crossroads." *Health Affairs* 27 (2): 460–68.

Yeung, Henry Wai-chung, Jessie Poon, and Martin Perry. 2001. "Towards a Regional Strategy: The Role of Regional Headquarters of Foreign Firms in Singapore" *Urban Studies* 38 (1): 157–83.

Zhang, Kevin H. 2008. "What Attracts Foreign Multinational Corporations to China?" *Contemporary Economic Policy* 19 (3): 336–46.

Zysman, John. 1983. *Governments, Markets, and Growth: Financial Systems and the Politics of Industrial Change*. Ithaca, NY: Cornell University Press.

統計資料

Asian Development Bank. *Key Indicators*.

Asian Barometer Survey 2006 (http://www.asianbarometer.org). China Statistics Press. *China Labor Statistical Yearbook*.

Directorate-General of Budget, Accounting, and Statistics. *Statistical Yearbook of Taiwan*.

General Statistical Office. *Statistical Yearbook of Vietnam*. International Monetary Fund. *Government Finance Statistics*. Korea Statistical Information Service (http://kosis.kr).

National Bureau of Statistics. *Statistical Yearbook of China*. National Election Commission of Korea (http://www.nec.go.kr).

National Health Insurance Corporation. *National Health Insurance Statistical Yearbook 2010*.

National Statistical Office. *Korean Social Indicators 2011*.

Organization for Economic Co-operation and Development. *OECD Health Data*. (http://www.

oecd.org/health/healthpoliciesanddata)

Organization for Economic Co-operation and Development. *Stat Extracts*. Statistics Bureau, MIAC. *Japan Statistical Yearbook*. (総務省統計局『日本統計年鑑』)

United Nations Conference on Trade and Development, *World Investment Directory 2009*.

World Bank. *World Development Indicators*.

World Health Organization. *WHOSIS. World Value Survey* (Wave 4: 2000–2004).

謝　辞

　本書の執筆の様々な段階において、多くの方々からたくさんの助力、支援、激励を受けた。まず、私が大学院に在籍していた頃からの指導者であり、また助言者でもあるピッツバーグ大学のガイ・ピーターズ博士に感謝したい。彼は私に、興味を持った研究テーマに取り組み続けるまったくの自由を与えてくれるとともに、私が新しい着想を得るために批判的に思考することをいつも助けてくれた。私はまた、とりわけ中国の政治経済の変貌しつつある特質に関して批判的なコメントをくださった、ピッツバーグ大学のトーマス・ラウスキ博士にも多くを負っている。さらに、ジョージタウン大学のニタ・ルドゥラ博士、ピッツバーグ大学のジュード・ヘイズ博士、アイオワ大学のウェンファン・タン博士、そしてコロラド大学のデイヴィッド・ビアース博士にも、私の研究に寄せてくれた彼らの意見に関して感謝したい。私はまた、アメリカ政治学会、ミッドウエスト政治学会、東アジア社会政策ネットワークなどの様々な学術大会や研究集会において有益なコメント、批判、示唆をいただくことができた。

　資金面での支援に関しては、テネシー大学マーティン校の教員研究補助金委員会から、フィールド・リサーチの実施に対して寛大な支援をいただいたことに感謝したい。ピッツバーグ大学アジア研究センターの副所長であるキャサリン・カーリッツ博士に対しても、私の大学院での学習や様々な研究活動を支援しくれたことに関して、感謝の気持ちを表したい。また、本書の執筆過程では、クリント・テイラーとディスタンス・ジョンソンが、原稿の編集や校正をおおいに助けてくれた。もちろん、本書に残っているいかなる過誤や遺漏に関しても、その責任は私のみが負うべきものである。

　なお、本書の二つの章は、以前に公表した論考を基礎としたものである。すなわち、第2章の一部は、Zhiqun Zhu ed., *New Dynamics in East Asian Politics: Security, Political Economy, and Society*, New York: Continuum, 2012, pp. 125-47 に収録さ

れた Mason Kim "Economic Globalization, Democracy, and Social Protection: Welfare Capitalism in East Asia" において論じたことである。また、第3章の旧稿が、*Journal of Asian Politics and History* Vol. 3 (2013), pp. 27-58 に、Mason Kim "What Drives the Institutional Divergence of Productivist Welfare Capitalism in East Asia?" として公表されている。

　最後になるが、韓国で暮らす両親、義理の両親、そして兄弟姉妹にも、彼らの尽きることのない祈り、愛情、支援について、たいへんに感謝している。本書を、他の多くの方々に加えて、妻のインソックと二人の子どもエスターとエリオットに捧げたい。彼女たちは、長い月日の間、そしてさらには長い年月の間、辛抱強く、私にたくさんの支援と激励を与えてくれた。彼女たちがいなければ、私は無に等しい。

索 引

ア行

アジア開発銀行：ADB (Asian Development Bank)　51
アジア・バロメーター調査[1]：Asian Barometer Survey　83, 140, 142
アジア金融危機：Asian financial crisis 金融問題（危機を参照）
新しい政治学：New Politics theory　66-68
エスピン-アンデルセン、イエスタ：Esping-Andersen, Gøsta　4, 56
汚職：corruption　121, 161

カ行

外国直接投資：FDI (foreign direct investment)　70-72, 76, 135（中国、韓国、シンガポールも参照）
開発主義国家：developmental states　6, 17, 20, 22, 101
　韓国　14, 44, 113-115, 172
　シンガポール　14, 126, 134, 138, 172
　台湾　14, 172
　定義：definition　7
　日本　6, 14, 169, 172
　香港　14, 172
開発主義的福祉国家：developmental welfare states（福祉国家を参照）
開発戦略：development strategy（市場順応型経済、市場歪曲型経済を参照）
確定給付型（退職年金制）：DB（社会保険を参照）
確定拠出型（退職年金制）：DC（個人貯蓄を参照）
韓国
　外国直接投資：FDI (foreign direct investment)　71, 114
　韓国開発研究院：KDI (Korea Development Institute)　104-105, 107
　教育：education　103, 116
　金融システム：financial system　73, 113-114
　経済企画院：EPB (Economic Planning Board)　104, 106, 113, 116

国民基礎生活保障制度：MLSG (Mininum Living Standard Guarantee)　33, 123
失業保険：unemployment insurance　33, 119
社会福祉支出：social welfare expenditure　32
対外借入：foreign borrowing　72, 114
機能的等価項目：functional equivalents　36, 37
金大中（キム・デジュン）：Kim Dae-Jung　106-107, 112-113, 118, 120, 122-123
教育政策：education policy　4, 6, 8-10, 19, 25, 29-32, 41, 63, 101, 168-169
　韓国　103, 116
　シンガポール　125-128, 130, 169
　中国　145, 157, 162
　東南アジア　169
拒否権プレイヤー：veto players　67
金融問題：financial issues
　危機：crisis　11, 32, 56, 103, 106, 108, 118-119, 122-123, 131, 138, 173, 176
　持続可能性：sustainability　106-108, 122, 178
クラスター分析：cluster analysis　49-51
クロス・セクション時系列：cross-sectional time-series　87-90
グローバリゼーション：globalization（経済開放度を参照）
経済開放度：economic openness　14, 15, 21, 22, 60, 65, 70, 76, 77
　測定：measurement　85-87
　統計的効果：statistical effects　90-98
　補償効果：compensation effects　94, 99
経済特区：SEZs (Special economic zones)　154, 156
健康保険：health insurance　4, 6, 17, 68
　韓国　33, 81, 104, 108-113, 118, 124
　シンガポール（中央積立基金を参照）
　台湾　81
　中国　147, 151-154, 159, 165
権力資源：power resources　65, 67
権力支持基盤理論：selectorate theory　17, 111
公的扶助：public assistance　38, 39
高齢人口：elderly population　178, 179
国営企業：SOEs (state-owned enterprises)　145-

147, 157
国際労働機関：ILO（International labour Organization） 18, 51
国際通貨基金：IMF（International Monetary Fund） 51, 122
国民基礎生活保障制度：MLSG（Minimum Living Standard Guarantee） 123（韓国も参照）
個人貯蓄：individual savings 11
　　確定拠出型（退職年金制）：defined-contribution 40-41, 149
国家中心論：state-centered theory 68
コーディネートされた市場経済：CMEs（coordinated market economies） 64, 73（資本主義の多様性も参照）

サ行

財閥：chaebol（韓国語の発音で「ジェボル」） 117, 135
産業政策：industrial policy 65, 70, 71, 75
資産調査プログラム：means-tested programs 39, 125, 127, 170
自助：self-help 10, 26, 37, 41, 54, 57, 60, 69, 77, 99, 134, 137, 171
市場型生産主義的福祉：market productivist welfare（生産主義の福祉を参照）
市場順応型経済：market-conforming economies 14, 16, 60, 71, 75-77, 115, 134, 138, 172, 174
市場歪曲型経済：market-distorting economies 14-16, 58, 61, 71, 75-77, 104, 115, 117, 119, 124, 172-173
失業：unemployment 40, 62, 101, 135, 160-161, 174, 176-177, 179
　　失業保険：insurance 33, 38-39, 42, 47, 101, 104, 119, 145, 172
　　失業率：rates 86, 112, 118, 133, 158, 168, 177
資本主義の多様性：VOC（varieties of capitalism） 63, 64（コーディネートされた市場経済、リベラルな市場経済も参照）
社会的保護：social protection（社会保障を参照）
社会保険：social insurance
　　確定給付型（退職年金制）：defined-benifts 40, 149
　　韓国 12, 17, 118
　　多柱構造：multi-pillar system 55, 145, 149, 150, 158
　　日本 45, 54, 169

社会保障：social security 4, 8, 10, 12, 14-15, 20, 59-60, 68-69, 77, 104, 170-172, 174-175, 177-180
　　インドネシア 57
　　韓国 32, 33, 77-81, 103-104, 116-124
　　再分配給付：redistributive benefits 34-36
　　支出：expenditure 28-30, 32
　　市場指向型制度：market-oriented system 14, 15, 33-35, 45, 96, 99, 122
　　シンガポール 32, 33, 77, 124-128, 130-131, 136-137
　　測定：measurement 36-41, 47-49, 51, 85, 87
　　タイ 56
　　台湾 77, 79
　　分断：fragmentation 14, 56
　　中国 144-147, 158-165
　　定義：definition 18
　　日本 57, 77
　　包摂型給付：inclusive benefits 12, 78, 84
　　香港 77
　　マレーシア 77
自由貿易：free trade（経済開放度、貿易を参照）
証券投資：portfolio 14-15, 70, 76, 85, 155（外国直接投資も参照）
職業教育（トレーニング）：vocational training（教育政策を参照）
勝利連合：winning coalition（権力支持基盤理論を参照）
所得ギャップ：income gap（不平等を参照）
全斗煥（ジョン・ドゥファン）：Chun Doo-Hwan 120-122
自立：self-reliance（自助を参照）
シンガポール
　　外国直接投資：FDI（foreign direct investment） 71-72, 135
　　開発主義国家：developmental state 126, 135, 138
　　住宅開発庁：HDB（Housing and Development Board） 128
　　植民地としての歴史：colonial history 133（中央積立基金も参照）
　　人的資本形成：Human capital formation 4, 11, 25-26, 29, 57, 59, 64, 101, 136, 168（教育政策も参照）
　　人民行動党：PAP（People's Action Party）、125, 133-135, 137-140, 143, 174（中央積立基金、シンガポールも参照）

生産主義的福祉：productivist welfare　8-17, 26-28, 30, 57, 101-103, 144, 167-180
　韓国　32, 103-124
　三類型：three types　11-14, 43
　市場指向型：market-oriented　13, 44-49, 52, 54-56, 95-99, 124, 171
　シンガポール　10, 124-144
　測定：measurement　47
　多様性：variation　11, 12, 14-19, 26-27, 32-36, 43-46, 54, 59-61, 69, 70
　中国　145-165
　二元型：dualist　13, 21, 45, 46, 52, 54-56, 152, 154, 160, 163-164, 171
　包摂型：inclusive　12, 43-48, 52, 54-56, 90-95, 111-113, 124, 170
　香港　10
　日本　54, 169
　（ホリデーも参照）
　マレーシア　10
政治的信頼：policical trust　82-84
　韓国　16, 82
　中国　163-165
　日本　82, 143
世界価値観調査：World Value Survey　82, 142
世界銀行：World bank　42, 51, 87

タ行

大韓民国：South Korea（韓国を参照）
台湾
　金融システム：financial system　74-75
　国民党：Nationalist Party　81
　労働保険：labor insurance　81
中央積立基金[2]：CPF（Central Provident Found）　33, 55, 77, 125-134, 137-138, 168, 171, 174
　構造：structure　126-129, 133-134
　問題点：problems　130-131、シンガポールも参照
中国：China
　一時解雇者：laid-off workers　145, 158
　外国直接投資：FDI（foreign direct investment）　154-157, 160
　企業破産法：bankruptcy laws　146, 157
　社会主義福祉：socialist welfare　144-146, 151, 157-162
　人民公社[3]：People's Communes　146, 151, 157
　地方政府：local governments　149-150, 154, 155-159, 161-162
　鉄茶碗[4]：iron rice bowl　146
　都農分離：rural-urban divisions　12-14, 45, 56, 84, 145-146, 149-151, 153-154, 164-165, 171-172, 174-175
　二江[5]モデル：two-jiang model　152
　福祉改革：welfare reform　145, 147, 164
　分権化戦略：decentralization strategy　144-145, 150, 156, 161
　労働契約制：labor contract system　146, 157, 160
中国共産党：CCP（Chinese Communist Party）　145, 160-161, 163
通商産業省（現、経済産業省）：MITI（Ministry of International Trade and Industry）　71
底辺への競争：RTB（race to the bottom）　94, 99, 144, 179
鄧小平：Deng Xiaoping　147

ナ行

二元型生産主義的福祉：dualist productivist welfare（生産主義的福祉を参照）
日本
　金融システム：financial system　73-75
　系列：keiretsu　74
　産業政策：industrial policy　71
　失業：unemployment　177
　社会的保護のための政府支出：government expenditure on social protection　28, 32
　自由民主党：LDP（Liberal Democratic Party）　81
　人口動態の変化：demographic changes　178
ネオマルクス主義：Neo-Marxism　62
年金保険：pension insurance　19, 55
　韓国　32-33, 81, 104-108
　シンガポール（中央積立基金を参照）
　中国　55-56, 84, 147-151, 157-165
　日本　54-55

ハ行

朴正熙（パク・チョンヒ）：Park Chung-Hee　105, 108, 113, 116
批判的市民：critical citizens　16, 82
賦課方式：PAYG（pay-as-you-go）　149

福祉国家：welfare states
　開発主義的：developmental　7-8
　経済理論：economic theories　62（VOWC も参照）
　儒教的：Confucian　6-7
　定義：definition　19
　民主主義と―：democracy　87-84
　ヨーロッパ：European　4, 8, 25, 28-29, 34-35, 107
　ラテンアメリカ：Latin american　4, 29
　政治理論：political theories　65, 66（新しい政治学、権力資源も参照）
福祉システム（welfare system）（福祉国家を参照）
福祉資本主義：welfare capitalism（福祉国家を参照）
福祉資本主義の多様性：VOWC（varieties of welfare capitalism）　62, 64
福祉レジーム：welfare regime（福祉国家を参照）
不平等：inequality　16, 110, 142, 176, 180
不満足な民主主義者：dissatisfied democrats（批判的市民を参照）
貿易：trade　14, 22, 36, 70-71, 73, 75, 77, 167, 172（経済自由化も参照）
　韓国　75-76, 135-137
　シンガポール　75-76, 135-137
　中国　156
　関税率：tariff rates　76
包摂型生産主義的福祉：inclusive productivist welfare（生産主義的福祉を参照）
保護的福祉：protective welfare　12, 25, 35, 122
ホリデー、イアン：Holliday, I.（生産主義的福祉も参照）

マ行
民主主義：democracy　78-84, 173
　韓国　60, 78, 112, 121
　国家社会関係：state-society relationship　80
　政治的圧力と―：political pressure and,　14-16, 78, 86
　測定：measurement　86
　統計的効果　90-91, 93-99
　日本　79-81
　福祉と―　78-79

ヤ行
四小龍経済：four tiger economies　19, 50

ラ行
李光耀（リー・クアンユー）：Lee Kuan Yew　138, 168
リスクプーリング：risk pooling　10, 12-14, 22, 38-40, 43-45, 55, 59, 108, 111, 125, 126, 139, 144, 147, 160
リベラルな市場経済：LMEs（liberal market economies）　64, 73（コーディネートされた市場経済も参照）
レジーム（体制）支持：regime support（政治的信頼を参照）
労働組合：labor unions, trade unions　65-67, 119, 123, 138
労働争議：labor disputes　121, 161

注

1　アジア・バロメーターは 2003 年度より猪口孝主導で継続して行っているアジア全域を対象にした世論調査である。「アジアの普通の人々の日常生活」に焦点を当て、欧米の世論調査と比較できる方法を使いながら、アジア社会の歴史的、社会的、経済的、政治的、文化的、言語的な特異性を十分に配慮した研究設計によって、アジア社会の貴重な世論調査データを作成することが目的である。出所：https://www.asiabarometer.org/ja/surveys
2　シンガポール福祉の礎のようなもので、強制積立制度。
3　中華人民共和国において農村に存在していた組織。
4　中国語発音で「ティエファンワン」。中華人民共和国の改革開放時代の用語。
5　二江とは鎮江市と久江市を指す。

監訳者

阿部 昌樹（あべ　まさき）
- 生年：1959年群馬県生まれ
- 学歴：京都大学大学院法学研究科博士後期課程中途退学、博士（法学）
- 現職：大阪市立大学都市研究プラザ所長・大学院法学研究科教授
- 専攻：法社会学
- 主要業績：『ローカルな法秩序』（勁草書房・2002年）、『争訟化する地方自治』（勁草書房・2003年）、『法の観察』（共編著、法律文化社・2014年）、『自治制度の抜本的改革』（共編著、法律文化社・2017年）等。

全 泓奎（じょん　ほんぎゅ）
- 生年：1969年ソウル市生まれ
- 学歴：東京大学大学院工学系研究科博士課程修了、博士（工学）
- 現職：大阪市立大学都市研究プラザ教授・同副所長
- 専攻：アジア都市論、居住福祉論
- 主要業績：『包摂都市のレジリエンス：理念モデルと実践モデルの構築』（共編著、水曜社・2017年）、『包摂都市を構想する：東アジアにおける実践』（編著、法律文化社・2016年）、『包摂型社会：社会的排除アプローチとその実践』（法律文化社・2015年）、『韓国・居住貧困とのたたかい：居住福祉の実践を歩く』（東信堂・2012年）等。

箱田 徹（はこだ　てつ）
- 生年：1976年千葉県生まれ
- 学歴：神戸大学大学院総合人間科学研究科博士課程修了、博士（学術）
- 現職：天理大学人間学部准教授
- 専攻：思想史、現代社会論
- 主要業績：『フーコーの闘争』（慶應義塾大学出版会・2013年）、「真理戦　後期フーコーの戦争から統治への転回をめぐって」市田・王寺編『〈ポスト68年〉と私たち』（平凡社・2017年）、J・ランシエール『哲学者とその貧者たち』（共訳、航思社・2019年）、K・ロス『68年5月とその後』（単訳、航思社・2014年）、J・ハーバーマス他『公共圏に挑戦する宗教』（共訳、岩波書店・2014年）等。

東アジア福祉資本主義の比較政治経済学──社会政策の生産主義モデル

2019年2月10日　初 版第1刷発行　〔検印省略〕
定価はカバーに表示してあります。

監訳者Ⓒ阿部昌樹・全泓奎・箱田徹／発行者 下田勝司　　印刷・製本／中央精版印刷

東京都文京区向丘1-20-6　郵便振替 00110-6-37828
〒113-0023　TEL (03)3818-5521　FAX (03)3818-5514

発行所　株式会社 東信堂

Published by TOSHINDO PUBLISHING CO., LTD.
1-20-6, Mukougaoka, Bunkyo-ku, Tokyo, 113-0023, Japan
E-mail: tk203444@fsinet.or.jp　http://www.toshindo-pub.com

ISBN978-4-7989-1541-8 C3036
Ⓒ ABE Masaki, JEON Hong-Gyu, HAKODA Tetz

東信堂

海外日本人社会とメディア・ネットワーク——バリ日本人社会を事例として	今野裕昭・吉原直樹編著	四六〇〇円
移動の時代を生きる——人・権力・コミュニティ	吉原直樹・大西仁・吉原直樹監修	三二〇〇円
国際社会学の射程——国際社会学ブックレット1——日韓の事例と多文化主義再考	芝西真和里編訳	一二〇〇円
国際移動と移民政策——国際社会学ブックレット2——社会学をめぐるグローバル・ダイアログ	有田伸・山本かほり編著	一〇〇〇円
トランスナショナリズムと社会のイノベーション——国際社会学ブックレット3——越境する国際社会学とコスモポリタン的志向	西原和久	一三〇〇円
外国人単純技能労働者の受け入れと実態——技能実習生を中心に	坂幸夫	一五〇〇円
開発援助の介入論——インドの河川浄化政策に見る国境と文化を越える困難	西谷内博美	四六〇〇円
食品公害と被害者救済——カネミ油症事件の被害と政策過程	宇田和子	四六〇〇円
吉野川住民投票——市民参加のレシピ	武田真一郎	一八〇〇円
園田保健社会学の形成と展開	山手茂・米林喜男編著	三六〇〇円
社会的健康論	須田木綿子	二五〇〇円
保健・医療・福祉の研究・教育・実践	園田恭一	三四〇〇円
研究道 学的探求の道案内	園田恭一・米林喜男編	二八〇〇円
福祉政策の理論と実際（改訂版）	平岡公一・武川正吾・山田昌弘・黒田浩一郎監修	二五〇〇円
認知症家族介護を生きる——新しい認知症ケア時代の臨床社会学	三重野卓・平岡公一編	四二〇〇円
社会福祉における介護時間の研究——タイムスタディ調査の応用	井口高志	五四〇〇円
発達障害支援の社会学	渡邊裕子	三六〇〇円
介護予防支援と福祉コミュニティ	木村祐子	二五〇〇円
東アジア福祉資本主義の比較政治経済学——社会政策の生産主義モデル	松村直道	二六〇〇円
東アジアの高齢者ケア——国・地域・家族のゆくえ	メイソン・キム著 阿部・全・箱田監訳	三八〇〇円
対人サービスの民営化——行政・営利・非営利の境界線	平岡公一・森川美絵子編著	二三〇〇円
	須田木綿子	

〒113-0023 東京都文京区向丘1-20-6
TEL 03-3818-5521 FAX 03-3818-5514 振替 00110-6-37828
Email tk203444@fsinet.or.jp URL:http://www.toshindo-pub.com/

※定価：表示価格（本体）＋税

東信堂

「居住福祉資源」の思想――生活空間原論序説	早川和男	二九〇〇円
検証 公団居住60年――〈居住は権利〉公共住宅を守るたたかい	多和田栄治	二八〇〇円

【居住福祉ブックレット】

居住福祉資源発見の旅…新しい福祉空間、懐かしい癒しの場	早川和男	七〇〇円
どこへ行く住宅政策…進む市場化、なくなる居住のセーフティネット	本間義人	七〇〇円
漢字の語源にみる居住福祉の思想	李桓	七〇〇円
日本の居住政策と障害をもつ人	伊藤静美	七〇〇円
障害者・高齢者と麦の郷のこころ…住民、そして地域とともに	田中秀樹	七〇〇円
地場工務店とともに…健康住宅普及への途	加藤直人	七〇〇円
居住福祉法学の構想	山本美見	七〇〇円
子どもの道くさ	水月昭道	七〇〇円
奈良町の暮らしと福祉…市民主体のまちづくり	吉田邦彦	七〇〇円
精神科医がめざす近隣力再建…進む「子育て」砂漠化、はびこる「付き合い拒否」症候群	黒田睦子	七〇〇円
最下流ホームレス村から日本を見れば	中澤正夫	七〇〇円
住むことは生きること…鳥取県西部地震と住宅再建支援	片山善博	七〇〇円
世界の借家人運動…あなたは住まいのセーフティネットを信じられますか?	ありむら潜	七〇〇円
「居住福祉学」の理論的構築	髙島一夫	七〇〇円
居住福祉資源発見の旅II	張秀萍	七〇〇円
居住福祉の世界…早川和男対談集	柳中権	七〇〇円
居住福祉の福祉力・教育力・防災力	早川和男	七〇〇円
医療・福祉の沢内と地域演劇の湯田…岩手県西和賀町のまちづくり	高橋典成	七〇〇円
「居住福祉資源」の経済学	金持伸子	七〇〇円
長生きマンション・長生き団地	神野武美	七〇〇円
高齢社会の住まいづくり・まちづくり	千代崎一夫/山下千佳	八〇〇円
シックハウス病への挑戦…その予防・治療・撲滅のために	藏田力	七〇〇円
韓国・居住貧困とのたたかい…居住福祉の実践を歩く	後藤三允奎	七〇〇円
精神障碍者の居住福祉…宇和島における実践(二〇〇六〜二〇一一)	迎田泓	七〇〇円
	全国法人正光会編	

〒113-0023 東京都文京区向丘1-20-6
TEL 03-3818-5521　FAX 03-3818-5514　振替 00110-6-37828
Email tk203444@fsinet.or.jp　URL:http://www.toshindo-pub.com/

※定価:表示価格(本体)＋税

東信堂

〈シリーズ 社会学のアクチュアリティ：批判と創造 全12巻〉

クリティークとしての社会学——現代を批判的に見る眼	西原和久 編	一八〇〇円
都市社会とリスク——豊かな生活をもとめて	宇都宮京子 編	二〇〇〇円
言説分析の可能性——社会学的方法の迷宮から	藤野正弘 編	二〇〇〇円
グローバル化とアジア社会——ポストコロニアルの地平	浦野正樹 編	二三〇〇円
公共政策の社会学——社会的現実との格闘	三重野卓 編	二三〇〇円
社会学のアリーナへ——21世紀社会を読み解く	武川正吾 編	二二〇〇円
モダニティと空間の物語——社会学のフロンティア	東枝敏樹 編	二〇〇〇円
戦後日本社会学のリアリティ——せめぎあうパラダイム	厚東洋輔 編	二三〇〇円
	斉藤日出治 編	二六〇〇円
	池岡義孝 編	二六〇〇円
	西原和久 編	

〈シリーズ世界の社会学・日本の社会学〉

地域社会学講座 全3巻

グローバリゼーション/ポスト・モダンと地域社会	矢澤澄子 監修	二七〇〇円
地域社会学の視座と方法	岩崎信彦 監修	二五〇〇円
地域社会の政策とガバナンス	古城利明 監修	二五〇〇円

タルコット・パーソンズ——最後の近代主義者	似田貝香門 監修	二五〇〇円
ゲオルグ・ジンメル——現代分化社会における個人と社会	中野秀一郎	一八〇〇円
ジョージ・H・ミード——社会的自我論の展開	居安正	一八〇〇円
アラン・トゥーレーヌ——現代社会の行くえと新しい社会運動	船津衛	一八〇〇円
アルフレッド・シュッツ——主観的時間と社会空間	杉山光信	一八〇〇円
エミール・デュルケム——社会の道徳的再建の時代と社会学	森元孝	一八〇〇円
レイモン・アロン——危機の時代家	中島道男	一八〇〇円
フェルディナンド・テンニエス——透徹した碩学 ゲマインシャフトとゲゼルシャフト	岩城完之	一八〇〇円
カール・マンハイム——時代を診断する亡命者	吉田浩	一八〇〇円
ロバート・リンド——アメリカ文化の内省的批判者	澤井敦	一八〇〇円
アントニオ・グラムシ——『獄中ノート』と批判社会学の生成	園部雅久	一八〇〇円
費孝通——民族自省の社会学	鈴木富久	一八〇〇円
奥井復太郎——都市社会学と生活論の創始者	佐々木衛	一八〇〇円
新明正道——綜合社会学の探究	藤本弘一郎	一八〇〇円
米田庄太郎——新総合社会学の先駆者 理論と政策の無媒介的統一	山本鎮滋	一八〇〇円
高田保馬——家族研究・実証社会学の軌跡	北島滋	一八〇〇円
戸田貞三——民主化と社会学の	川合隆男	一八〇〇円
福武直——現実化を推進	蓮見音彦	一八〇〇円

〒113-0023 東京都文京区向丘1-20-6
TEL 03-3818-5521 FAX 03-3818-5514 振替 00110-6-37828
Email tk203444@fsinet.or.jp URL:http://www.toshindo-pub.com/

※定価：表示価格（本体）＋税

東信堂

責任という原理——科学技術文明のための倫理学の試み（新装版）	H・ヨナス著／加藤尚武監訳／飯田亘之・木下喬・山本達・白浜雅司・吉本陵訳	四八〇〇円
主観性の復権——心身問題から『責任という原理』へ	H・ヨナス／H・ヨナス宇佐美公生・滝口清栄訳	二〇〇〇円
ハンス・ヨナス「回想記」	H・ヨナス著／盛永審一郎監訳／木下喬・馬渕浩二・山本達訳	四六〇〇円
生命の神聖性説批判	H・クーゼ著／飯田亘之・石川悦子・小野谷加奈恵・片桐茂博・水野俊誠訳	四六〇〇円
生命科学とバイオセキュリティ——デュアルユース・ジレンマとその対応	四ノ宮成祥編著	二四〇〇円
医学の歴史	河原直人編著	
安楽死法：ベネルクス3国の比較と資料	今井道夫監修	四六〇〇円
死の質——エンド・オブ・ライフケア世界ランキング	石渡隆司訳	二七〇〇円
バイオエシックスの展望	盛永審一郎編著	一二〇〇円
死生学入門——小さな死・性・ユマニチュード	丸祐一・小野谷加奈恵・飯田亘之訳	四四〇〇円
生命の問い——生命倫理学と死生学の間で	松浦悦子編著	三三〇〇円
生命の淵——バイオシックスの歴史・哲学・課題	大林雅之	二〇〇〇円
今問い直す脳死と臓器移植 第2版	大林雅之	一二〇〇円
キリスト教から見た生命と死の医療倫理	澤田愛子	二〇〇〇円
動物実験の生命倫理——個体倫理から分子倫理へ	浜口吉隆	二三八一円
医療・看護倫理の要点	大上泰弘	四〇〇〇円
テクノシステム時代の人間の責任と良心	水野俊誠	二〇〇〇円
原子力と倫理——原子力時代の自己理解	山本達・盛永審一郎訳	三五〇〇円
科学の公的責任——科学者と私たちに問われていること	H・レンク／小笠原道雄編	一八〇〇円
歴史と責任——科学者は歴史にどう責任をとるか	小Th・リット／小笠原道雄訳	一八〇〇円
〈ジョルダーノ・ブルーノ著作集〉より	小Th・リット／小笠原道雄・野平編訳	一八〇〇円
カンデライオ	加藤守通訳	三三〇〇円
原因・原理・一者について	加藤守通訳	三二〇〇円
傲れる野獣の追放	加藤守通訳	四八〇〇円
英雄的狂気	加藤守通訳	三六〇〇円
ロバのカバラ——ジョルダーノ・ブルーノにおける文学と哲学	N・オルディネ／加藤守通監訳	三六〇〇円

〒113-0023 東京都文京区向丘1-20-6
TEL 03-3818-5521　FAX 03-3818-5514　振替 00110-6-37828
Email tk203444@fsinet.or.jp　URL:http://www.toshindo-pub.com/

※定価：表示価格（本体）＋税

東信堂

オックスフォード キリスト教美術・建築事典	P&L.マレー著 中森義宗監訳	三〇〇〇〇円
イタリア・ルネサンス事典	J・R・ヘイル監修 中森義宗監訳	七八〇〇円
美術史の辞典	P.デューロ他 中森義宗・清水忠訳	三六〇〇円
涙と眼の文化史——中世ヨーロッパの標章と恋愛思想	徳井淑子	三五〇〇円
青を着る人びと	伊藤亜紀	三六〇〇円
社会表象としての服飾——近代フランスにおける異性装の研究	新實五穂	
バロックの魅力	河田悌一	一八〇〇円
新版 ジャクソン・ポロック	ますこ ひろしげ	五四〇〇円
書に想い 時代を讀む		
日本人画工 牧野義雄——平治ロンドン日記	荻野厚志編著	二八〇〇円
美を究め美に遊ぶ——芸術と社会のあわい	江藤光紀	
西洋児童美術教育の思想	小穴晶子編	二六〇〇円
——ドローイングは豊かな感性と創造性を育むか？	藤枝晃雄	二六〇〇円
ロジャー・フライの批評理論——知性と感受性の間で	要真理子 前田茂監訳	三六〇〇円
レオノール・フィニー——境界を侵犯する新しい種	要真理子	四二〇〇円
〔世界美術双書〕	尾形希和子	二八〇〇円
バルビゾン派	井出洋一郎	二〇〇〇円
キリスト教シンボル図典	中森義宗	二三〇〇円
パルテノンとギリシア陶器	関 隆志	二三〇〇円
中国の版画——唐代から清代まで	小林宏光	二三〇〇円
中国の仏教美術——後漢代から元代まで	中村隆夫	二三〇〇円
象徴主義——モダニズムへの警鐘	久野美樹	二三〇〇円
セザンヌとその時代	浅野春男	二三〇〇円
日本の南画	武田光一	二三〇〇円
画家とふるさと	小林 忠	二三〇〇円
ドイツの国民記念碑——一八一三年	大原まゆみ	二三〇〇円
日本・アジア美術探索	永井信一	二三〇〇円
インド、チョーラ朝の美術	袋井由布子	二三〇〇円
古代ギリシアのブロンズ彫刻	羽田康一	二三〇〇円

〒113-0023 東京都文京区向丘1-20-6
TEL 03-3818-5521 FAX 03-3818-5514 振替 00110-6-37828
Email tk203444@fsinet.or.jp URL:http://www.toshindo-pub.com/

※定価：表示価格（本体）＋税